Gernot Wagner | Martin L. Weitzman

KLIMASCHOCK

Gernot Wagner | Martin L. Weitzman

KLIMA SCHOCK

Die extremen wirtschaftlichen Konsequenzen des Klimawandels

ueberreuter

Gefördert von der Kulturabteilung der Stadt Wien,
Wissenschafts- und Forschungsförderung.

1. Auflage 2016

ISBN 978-3-8000-7649-9

Covergestaltung: Saskia Beck, s-stern.com
Originaltitel: Climate Shock, ©2015 Princeton University Press
Lektorat: Stephan Gruber, feintext.eu
Satz: Hannes Strobl, Satz·Grafik·Design, Neunkirchen
Druck und Bindung: Druckerei Theiss, St. Stefan im Lavanttal

www.ueberreuter-sachbuch.at

Inhalt

Vorwort

Quiz

Zwei schnelle Fragen:

Denken Sie, der Klimawandel sei ein akutes Problem?

Denken Sie, es sei schwierig, die Welt frei von fossilen Brennstoffen zu machen?

Wenn Sie beide Fragen mit „Ja" beantwortet haben: Willkommen! Sie werden viele Teile dieses Buches bejahen, manchmal vielleicht sogar applaudieren. Sie werden sich in Ihrer Weltanschauung bestätigt fühlen.

Sie sind auch in der klaren Minderheit. Die überwältigende Mehrzahl an Leuten würde entweder die eine oder die andere Frage bejahen, nicht jedoch beide.

Wenn Sie nur die erste Frage mit „Ja" beantwortet haben, sehen Sie sich wahrscheinlich in der einen oder anderen Form als Umweltschützer. Sie glauben, die globale Erderwärmung ist eines der größten gesellschaftlichen Probleme überhaupt. Es ist schlimmer, als die meisten von uns denken. Wir sehen die Effekte bereits und sie werden nur noch mehr werden. Wir sollten wirklich alles tun, um das Problem zu bekämpfen: Solarzellen, Fahrradwege und so weiter.

Sie haben natürlich recht, dass der Klimawandel ein akutes Problem ist. Allerdings ist es tatsächlich äußerst schwer, unsere Welt ohne Öl, Kohle und Erdgas anzutreiben. Es ist eines der schwierigsten Probleme, welche die Welt je gesehen hat. Das wiederum verlangt nach einer der konsequentesten, globalsten Interventionen, die unsere Gesellschaft jemals gesetzt hat.

Wenn Sie nur die zweite Frage mit „Ja" beantwortet haben, denken Sie wahrscheinlich nicht, dass der Klimawandel *das* Problem unserer Generation ist. Das muss nicht heißen, dass Sie den Klimawandel gänzlich verleugnen, allerdings gibt es ja genug andere Probleme. Warum sollten wir uns auf ein Problem konzentrieren, das erst in Jahrzehnten und Jahrhunderten wirklich zum Tragen kommt? Heute sterben Menschen auf der Welt, weil sie zu *wenig* Energie haben. Und was auch immer die USA, Europa und die anderen Klimasünder tun, um ihren Energiekonsum einzudämmen, wird ohnehin von China, Indien und den restlichen Schwellen- und Entwicklungsländern zunichte gemacht. Sie wissen: Es gibt immer Zielkonflikte. Das heißt Abstriche machen. Sie wissen auch, dass Solarzellen und Fahrradwege alleine das Problem nie lösen können.

Auch Sie haben recht. Allerdings hat das nichts damit zu tun, wie groß das Klimaproblem nun tatsächlich ist. Die langen Zeitrahmen, die globalen und oft komplexen Lösungsansätze sind gerade der Grund, warum wir *jetzt* entschlossen handeln müssen.

* * *

Wenn Sie zufällig ein Ökonom sind, haben Sie bestimmt die zweite Frage bejaht. Konventionelles wirtschaftliches Denken macht jede andere Antwort unrealistisch. Sie sind „Realist". Zielkonflikte gibt es schließlich überall. Die Liebe zu Ihren Kindern mag größer sein als alles andere auf der Welt, aber als Ökonom wissen Sie, dass auch sie, streng genommen, nicht unbegrenzt ist. Als Eltern mögen Sie zwar Unsummen an Geld und Zeit in Ihre Kinder investieren, aber schließlich gilt es auch hier, Abstriche abzuwägen und zu machen: zwischen Beruf und Gutenachtgeschichten, zwischen Schokolade und Zähneputzen, zwischen sofortiger Belohnung und Lehren für die Zukunft.

Zielkonflikte kommen vor allem auf durchschnittlicher, nationaler oder globaler Ebene ins Spiel. Und aus globaler Sicht sind sie vielleicht nirgendwo so ersichtlich wie beim Klimawandel. Es ist schließlich die ultimative Auseinandersetzung zwischen Wachstum und Umwelt. Ambitioniertere Umweltpolitik heute bedeutet sofortige höhere Kosten. Kohle- und Gaskraftwerke werden früher obsolet oder erst gar nicht gebaut. Das bedeutet höhere Kosten, sowohl für Kohlekraftwerkbesitzer als auch für Konsumenten. Die große Zielkonfliktfrage ist dann, wie sich diese Kosten zu den Vorteilen verhalten – sowohl aufgrund von geringerem Kohlenstoffausstoß als auch wegen der rein wirtschaftlichen Gewinne aus Investitionen in sauberere, neuere Technologien.

Ökonomen sehen sich oft als die neutralen Schiedsrichter in der Mitte. Unsere Luft ist schließlich um einiges schlechter, als sie es während der Steinzeit war, trotzdem genießen wir ein besseres, längeres Leben. Die Meeresspiegel steigen an und werden Hunderte Millionen an Leben und Lebensgrundlagen verschlingen, aber wir haben schließlich auch in der Vergangenheit Städte versetzt und Gebäude wieder neu aufgebaut. Fossile Brennstoffe gänzlich zu vermeiden, ist schwierig, aber die menschliche Erfindungsgabe – technologischer Fortschritt – wird bestimmt auch diesmal der Retter sein. Das Leben wird anders werden, aber wer sagt, dass es schlechter sein wird? Die Märkte – Kapitalismus – haben uns ein längeres Leben und Reichtum beschert. Passend regulierte Märkte werden auch diesmal ihre Magie spielen lassen.

Vieles spricht für diese Logik. Der Schlüsselbegriff allerdings lautet: „passend reguliert". Was sind die tatsächlichen Kosten des Klimawandels? Was wissen wir, was wissen wir (noch) nicht, was können wir nicht wissen? Und wohin führt uns das, was wir nicht wissen?

Die letzte Frage ist die entscheidende: Das meiste, was wir wissen, sagt uns, dass der Klimawandel schlimm ist. Fast alles, was wir nicht wissen, sagt uns, dass das tatsächliche Problem wahrscheinlich noch viel schlimmer ist.

„Schlimm" oder „noch schlimmer" bedeutet nicht hoffnungslos. Tatsächlich ist fast jede Vorhersage in diesem Buch von den Worten „außer wir handeln" umrahmt. Wir wagen keine Vorhersagen, nur um zuzusehen, dass sie auch eintreffen werden. Wir wagen diese Vorhersagen, wohin uns unregulierte Marktkräfte führen könnten, um diese Kräfte dann in eine bessere, produktivere Richtung umzuleiten. Dieses Umleiten können wir tatsächlich. In vielerlei Hinsicht ist es nicht eine Frage, *ob* wir dies tun, sondern *wann*. Die Lösung liegt auf der Hand: Wir müssen einfach nur handeln.

Kapitel 1

Notruf 112

Russischer Polizeikorruption sei Dank für Aufnahmen, die sowohl NASA als auch allen anderen Raumfahrt-Agenturen entgingen: Am 15. Februar 2013 explodierte am Himmel über der russischen Stadt Tscheljabinsk ein 20 Meter großer Asteroid im morgendlichen Berufsverkehr. Die Explosion war heller als die Sonne. Es dauerte nicht lange, bis spektakuläre Videos im Internet auftauchten. Die meisten wurden mit Dashboard-Kameras gemacht, die viele russische Autofahrer installiert haben, um sich gegen die Launen von Verkehrspolizisten zu wappnen. Die Explosion verletzte 1500 Personen, die meisten durch zerschmetterte Glasscheiben. Das Ereignis war ein ernüchternder Weckruf für die Raumfahrt-Agenturen, ihre Asteroiden-Erkennungs- und Verteidigungssysteme auf Vordermann zu bringen.

An Geld für solche Bestrebungen mangelt es immer. Die technischen Kapazitäten bestehen aber – oder zumindest könnten sie bestehen. Eine Studie der amerikanischen Akademie der Wissenschaften hat berechnet, dass es zehn Jahre dauern und etwa zwei bis drei Milliarden US-Dollar kosten würde, einen Testversuch zu starten, um einen Asteroiden umzulenken, der auf Kurs in Richtung Erde unterwegs ist. Das mag nicht ganz so glamourös sein, wie einen Astronauten innerhalb der nächsten zehn Jahre auf den Mond zu senden, aber es könnte zumindest genauso wichtig sein.

Der Tscheljabinsk-Asteroid wäre zwar zu klein gewesen, um ihn umzulenken. Trotzdem wäre es gut gewesen, im Vorhinein zu wissen, dass er Kurs auf die Erde genommen hatte. Viele Verletzungen hätten so vermieden werden können. Die Chance, dass ein größerer Asteroid die Erde ansteuert, ist gering, aber sie ist nicht null. Wissenschaftliche Vermutungen sprechen von einer Wahrscheinlichkeit von eins in tausend Jahren. Das wiederum sind zehn Prozent Wahrscheinlichkeit pro

Jahrhundert. Allerdings sind das nur Vermutungen. Wir haben noch nicht das nötige Geld investiert, um es genau zu wissen. Tatsache aber ist, dass ein paar Milliarden Dollar es NASA, ESA und anderen erlauben könnten, sowohl die Gefahr zu erschließen, als auch Abwehrmaßnahmen gegen sie zu schaffen. Das ist ein relativ kleiner Betrag, verglichen mit den Kosten einer potenziellen Bedrohung für die ganze Menschheit. Vor ungefähr 65 Millionen Jahren war es ein gigantischer Asteroid, der das fünfte globale Aussterben verursachte und die Dinosaurier vernichtete.

Der Klimawandel ist kein Ereignis, welches aus dem Weltraum auf uns zukommt. Ganz im Gegenteil, es ist hausgemacht. Allerdings sind die potenziellen Auswirkungen ähnlich dramatisch. Elizabeth Kolbert argumentiert in ihrem Buch *Das sechste Sterben* überzeugend, dass dieses Mal *wir* der Asteroid sind. Tatsächlich scheint es, als ob wir globale Veränderungsraten erleben, die zumindest zehn Mal so schnell sind wie zu jedem anderen Zeitpunkt in den letzten 65 Millionen Jahren.

* * *

Als Hurrikan Sandy die Ostküste der USA verwüstete und Manhattan südlich des Empire State Buildings teilweise unter Wasser und fast gänzlich ohne Strom war, sagte der New Yorker Gouverneur Andrew Cuomo ironisch zu Präsident Barack Obama: „Mittlerweile haben wir alle zwei Jahre eine hundertjährige Flut.“ Hurrikan Irene verursachte im August 2011 die allererste präventive wetterbedingte Stilllegung des gesamten hundert Jahre alten New Yorker U-Bahn- und Bus-Systems. Es dauerte nur vierzehn Monate, bis es zur zweiten solchen Stilllegung kam. Sandy schlug im Oktober 2012 zu. Alles in allem tötete Irene 49 Menschen und zwang 2,3 Millionen zur Flucht. Sandy tötete 147 Personen, 375.000 flohen.

New York ist selbstverständlich nicht alleine. Taifun Haiyan wütete im November 2013 auf den Philippinen, tötete mindestens 6000 Menschen und vertrieb vier Millionen. Nicht einmal ein Jahr zuvor hatte Taifun Bopha zugeschlagen, über 1000 Menschen getötet und 1,8 Millionen vertrieben. Die europäische Hitzewelle im Sommer 2003 tötete alleine in Frankreich 15.000 Menschen. In ganz Europa waren es über 70.000. Die Liste ist lang und spannt sich über arme und reiche Länder und Kontinente.

Die Gesellschaft – vor allem in reichen Ländern wie den USA und in Europa – war noch nie so gut wie jetzt gegen Katastrophen gewappnet. Wie so oft trifft es die Ärmsten am stärksten. Das macht die letzten Todesfälle in Städten wie New York noch viel bemerkenswerter.

Die Parallelen zwischen Stürmen und anderen Wetter- und Klimakatastrophen einerseits und Asteroideneinschlägen andererseits spiegeln sich in den Kosten wider – sowohl in Sachen Geld als auch Todesfällen. Die deutlichen Unterschiede zeigen, dass das Klimaproblem noch viel wichtiger und teurer ist.

Zuerst das Offensichtliche: Stürme gibt es schon sehr lang. Es gab sie lange bevor Menschen begonnen haben, Kohlenstoff in die Atmosphäre freizusetzen. Allerdings ist auch klar, dass wärmere globale Durchschnittstemperaturen zu mehr Energie in der Atmosphäre führen, was wiederum zu mehr extremen Wetterereignissen führt: Stürme, Überflutungen und auch Dürrekatastrophen. Das Meereswasser vor der Küste New Yorks war in den Tagen vor Sandy um drei Grad Celsius wärmer als normalerweise zu dieser Zeit. Die Gewässer vor der Küste der Philippinen waren ebenso um drei Grad wärmer als normal, als Haiyan an Energie gewann. Zufall? Vielleicht. Die Erwärmung vor New York passierte direkt an der Meeresoberfläche. Die Erwärmung vor den Philippinen passierte hundert Meter unter der Meeresoberfläche. Allerdings fällt die Beweislast mittlerweile auf diejenigen, die die Verknüpfung von höheren Temperaturen und damit höherer Energie mit intensiveren Stürmen bezweifeln.

Das ist insbesondere deshalb der Fall, weil die besten Forschungsarbeiten viel weiter gehen, als bloß Korrelationen aufzuzeigen. Die Forschung hat noch nicht das letzte Wort gesprochen, allerdings zeigen die aktuellsten Studien auf, wie der Klimawandel sowohl zu mehr als auch zu intensiveren Stürmen führt. Orkane zählen zu den Wetterphänomenen, bei denen eine direkte Verbindung zum Klimawandel äußerst schwer herzustellen ist. Vor allem weil sie so selten vorkommen. Es ist aus statistischer Sicht viel leichter, Verbindungen zu häufigeren Phänomenen wie extremen Temperaturen, Überflutungen sowie Dürrekatastrophen herzustellen.

Denken Sie an einen betrunkenen Autofahrer: Sich betrunken ans Steuer zu setzen, erhöht die Unfallgefahr. Allerdings passieren auch genug Unfälle gänzlich ohne erhöhte Blutalkoholwerte. Oder vergleichen Sie es mit Doping im Sport: Keiner der vielen Tour-de-France-Etappensiege von Lance Armstrong war ausschließlich seinem Blutdoping zuzuschreiben. Er musste trotzdem noch radeln. Allerdings half das Doping mit ziemlicher Sicherheit, schneller zu radeln. Große Stürme – ebenso wie mehrere Le-Tour-Siege – gab es schon immer. Dies bedeutet aber natürlich nicht, dass eine erhöhte Zahl an roten Blutkörperchen keinen Effekt hat. Ähnliches trifft bei erhöhten Kohlendioxidwerten in der Atmosphäre zu.

Die „Zuschreibungswissenschaft" wird zunehmend besser darin, den menschlichen Fußabdruck tatsächlich auch in einzelnen Wetterereignissen zu erkennen. Der britische Wetterdienst hat ein eigenes Klimaüberwachungs- und Zuschreibungsteam, welches ebensolche Zuschreibungsstudien erstellt. Eine dieser Studien, die in der Zeitschrift *Nature* publiziert wurde, sieht eine 90-prozentige Chance, dass „menschlicher Einfluss" das Risiko einer Hitzewelle, ähnlich jener in Europa im Jahr 2003, „zumindest verdoppelt" hat und dass ähnliche Temperaturen in keinem anderen Jahr seit 1851 zu beobachten waren. Diese Zuschreibungen werden in Zukunft nur noch klarer werden, sowohl durch Fortschritte in der Forschung als auch, weil extreme Wetterereignisse tatsächlich immer extremer werden.

Der Kommentar des New Yorker Gouverneurs Cuomo in Sachen „hundertjährige Flut alle zwei Jahre" mag zwar ironisch gemeint gewesen sein, aber er war nicht vollkommen aus der Luft gegriffen. Bis Ende des Jahrhunderts können wir erwarten, dass die heutige hundertjährige Flut alle drei bis zwanzig Jahre eintrifft. Das ist in hundert Jahren, lange nach Ablauf von unser aller Lebenserwartung. Aber wir wissen, dass wir nicht so lange warten können, bis wir handeln. Heute schon ist die alljährliche Chance, dass ein Sturm die Deiche in Manhattan überflutet, von einem Prozent im 19. Jahrhundert auf 20 bis 25 Prozent gestiegen. Das bedeutet teilweise Überflutungen im Süden Manhattans alle vier bis fünf Jahre.

Im Gegensatz zu Asteroiden gibt es hier kein zwei bis drei Milliarden Dollar teures zehnjähriges NASA-Programm, um jegliche Auswirkungen von Stürmen und anderen Wetter- und Klimaextremen wie Überflutungen und Dürren abzuwenden. Es gibt auch keine Schnelllösungen für weniger spektakuläre Ereignisse wie die immer rasanter ansteigenden Meeresspiegel. Als erste Verteidigungslinie würden höhere Deiche sicherlich helfen. Aber auch die haben ihre Grenzen. Höhere Meeresspiegel machen Sturmfluten immer kraftvoller. Höhere Meeresspiegel bedeuten auch selbst reichliche Kosten. Stellen Sie sich vor, Sie stehen im Hafen Ihrer Lieblingsküstenstadt. Dann stellen Sie sich vor, dort am Ende des Jahrhunderts zu stehen, wenn die Meeresspiegel zwischen dreißig Zentimetern und einem Meter angestiegen sind. Es ist nur eine Frage der Zeit, bis Deiche nicht mehr ausreichen werden – bis Rückzug die einzige Option sein wird.

Dann ist es zu spät, um zu handeln. Wir können Gletscher und polare Eiskappen nicht wiederherstellen, zumindest nicht in menschlichen Zeitintervallen. Die Größe des Problems wird durch vergangenes Handeln bestimmt sein, ohne zukünftigen Generationen wirkliche Optionen zu lassen. Handlungsbedarf besteht also jetzt.

Eine mögliche Antwort einer schnellen Lösung kommt unter dem Namen „Geo-Engineering" daher: kleine reflektierende Partikel in die Stratosphäre zu senden, um zu versuchen, den Planeten so zu kühlen. Geo-Engineering ist bei Weitem nicht perfekt. Es beinhaltet viele mögliche Nebenwirkungen. Auf keinen Fall ist Geo-Engineering ein Ersatz dafür, den Kohlendioxidausstoß einzudämmen. Trotzdem könnte es eine sinnvolle, zeitlich begrenzte Ergänzung zu Emissionsreduktionen sein. (Wir werden auf die vollen Auswirkungen und Konsequenzen des Geo-Engineerings in Kapitel 5 eingehen.)

* * *

Es kommt leider noch schlimmer. Das klimatische Äquivalent von mehreren Tscheljabinsk ähnlichen Asteroiden ist zwar übel, allerdings ist es möglich, sich auch daran anzupassen: Für kleine Asteroiden gilt es einfach, von Fenstern wegzutreten, um nicht von den zerschmetternden

Glasscheiben getroffen zu werden. Für relativ kleine klimatische Veränderungen gilt es, ein bisschen nördlicher oder auch höher hinauf zu ziehen. Das ist oft leichter gesagt als getan, aber es ist zumindest möglich. Für viel dramatischere Klimaveränderungen – solche, die etwa die weltweiten Agrarzonen lahmlegen – ist es hingegen schwer, an Anpassungsmöglichkeiten zu denken, die keine ernsthaften und teureren Störungen verursachen.

Unterdessen ignorieren die prominentesten ökonomischen Modelle solche Denkweisen fast gänzlich. Viele Beobachter ordnen einer durchschnittlichen globalen Erwärmung von mehr als zwei Grad Celsius über vorindustriellen Werten das Potenzial zu, Ereignisse in die Wege zu leiten, die verschiedenste Varianten der Bezeichnung „Katastrophe“ verdienen. Ökonomen fällt es nicht immer leicht, so eine Beschreibung zu interpretieren. Sie denken in Sachen Geld und wirtschaftliche Auswirkungen. Wie hoch sind die Kosten im Vergleich zur globalen Wirtschaft? 10 Prozent, 50 Prozent oder noch mehr?

Es ist tatsächlich notwendig, Klimaveränderungen in Euro und Cent zu übersetzen. Solche Kosten-Nutzen-Berechnungen können allerdings nur als eine mögliche Entscheidungshilfe dienen. Wir müssen auch das Risiko einer tatsächlichen planetaren Katastrophe und fundamentaler globaler Veränderungen abwägen. Das Klimaproblem ist vor allem eine Frage von Risikomanagement – eine Frage von existenziellem Risikomanagement auf globaler Ebene, um es genau zu sagen.

Kamele in Kanada

Unter den Kandidaten der hartnäckigsten gesellschaftlichen und politischen Probleme rangiert der Klimawandel ziemlich nahe am Ideal. Trotz Stürmen, Überflutungen und Waldbränden, die bereits heute auftreten, werden wir die schlimmsten Konsequenzen des Klimawandels nie persönlich erleben. Sie werden in Hunderten von Jahren auftreten, und wahrscheinlich in den unberechenbarsten Varianten. Der Klimawandel hebt sich von den meisten gesellschaftlichen Problemen klar ab. Er ist fast einzigartig global, einzigartig langfristig, einzigartig irreversibel und einzigartig ungewiss – zumindest ist er einzigartig in der Kombination all dieser vier Eigenschaften.

Diese vier Faktoren sind es auch, die es so schwierig machen, den Klimawandel tatsächlich zu stoppen. So schwierig, dass es – außer durch einen unvorhersehbaren Schock des kollektiven Globalgewissens – kaum möglich scheint, das Klimaproblem tatsächlich nur durch eine Kombination aus Emissionsreduktionen und die Anpassung an bereits eingetroffene Veränderungen zu lösen. Zumindest müssen wir uns auch auf gehörig viel Leiden einstellen. Wie so oft werden sich die Reichen anpassen. Die Armen werden leiden.

Dann gilt es, dem fast unumgänglichen Geo-Engineering ins Auge zu sehen: ein technischer Lösungsversuch von globaler Dimension. Die prominenteste Geo-Engineering-Idee befasst sich damit, kleinste Schwefelpartikel in die Stratosphäre zu senden, in einem Versuch, quasi einen künstlichen Sonnenschutz für den Planeten zu schaffen, der dabei helfen soll, die globalen Durchschnittstemperaturen zu senken.

All das, was wir über die Ökonomie des Klimawandels wissen, deutet in diese Richtung. Grobes Geo-Engineering ist so billig und es hat solch große Hebelwirkung, dass es fast die gegenteiligen Eigenschaften des Klimaproblems hat. Das „Freerider"-Problem, jenes des Trittbrettfahrers, hat uns den Klimawandel beschert: Niemand hat tatsächlich das Eigeninteresse, genug zu tun, um seinen eigenen Kohlenstoffausstoß zu verringern. Das „Free*driver*"-Problem, jenes des Gratis-Fahrers, wird uns direkt zum Geo-Engineering führen: Es ist so einfach, sich hinter das Lenkrad zu setzen und es auch durchzuziehen. Denn es wird bestimmt jemanden geben, der es auch wirklich in Erwägung ziehen wird, ungeachtet der globalen Auswirkungen.

Doch bevor wir diese Richtung erkunden, befassen wir uns zuerst mit den vier großen Faktoren, die uns das Klimaproblem erst beschert haben. Beginnen wir mit der Frage, warum das Klimaproblem das ultimative „Freerider"-Problem ist:

Klimawandel ist einzigartig global. Die Pekinger Luftqualität ist schlecht. So schlecht, dass die Pekinger Stadtverwaltung mittlerweile des Öfteren Schulen geschlossen und andere dramatische Konsequenzen gezogen hat. Doch Pekings Luft – ähnlich übrigens wie die Luft in

Mexiko-Stadt oder auch in Los Angeles – ist ein lokales Problem. Chinesischer Ruß scheint mittlerweile in Messstationen im Westen der USA auf, genauso wie Sand aus der Sahara manchmal bis nach Europa weht, allerdings sind all diese Effekte immer noch nur regional wirksam.

Für Kohlenstoff jedoch ist das nicht der Fall. Es ist egal, wo auf der Welt eine Tonne Kohlenstoff ausgestoßen wird. Die Auswirkungen des Klimaproblems mögen zwar regional spezifisch sein, aber das Phänomen selbst ist global. Zumindest unter Umweltproblemen ist es fast einmalig global. Auch das Ozonloch über der Antarktis berührt uns alle, aber selbst in Zeiten vor dem Montreal-Protokoll hat es nie den gesamten Globus überschattet. Selbiges gilt für den Verlust der Artenvielfalt oder auch die Abholzung des Regenwaldes. All dies sind großteils regionale Probleme. Tatsächlich ist es wieder das Klimaproblem, das all diese Einzelprobleme zu einem globalen Phänomen mit globalen Auswirkungen verbindet.

Die globale Natur des weltweiten Klimawandels ist auch einer der Hauptgründe, warum es schier unmöglich scheint, vernünftige Klimapolitik zu machen. Es ist schwer genug, die eigenen Wähler davon zu überzeugen, dass Emissionsgrenzen nötig sind, selbst wenn die positiven Auswirkungen ebendieser Begrenzungen den Wählern selbst – und nur ihnen – zugutekommen. Es ist noch viel schwieriger, die Wähler davon zu überzeugen, wenn die Kosten lokal anfallen, aber die Vorteile global sind – auch wenn die Vorteile die Kosten um ein Vielfaches übersteigen. Klimawandel ist nun einmal ein globales „Freerider"-Problem.

Klimawandel ist einzigartig langfristig. Das vergangene Jahrzehnt war das wärmste seit Beginn der Aufzeichnungen. Das Jahrzehnt davor war das zweitwärmste. Das davor war das drittwärmste. Die Auswirkungen sind mittlerweile rund um uns sichtbar, das proklamierte auch eine prominente US-Studie von 2014. Diese Auswirkungen sind nirgends so offensichtlich wie nördlich des Polarkreises: Das Eis des Arktischen Ozeans hat mittlerweile die Hälfte seiner Fläche und drei Viertel seiner Masse verloren, und das in den vergangenen dreißig Jahren. Ein Artikel im Magazin *Foreign Affairs*, der den „kommenden Arktis-Boom" beschreibt, nimmt all das als gegeben an. Doch man braucht nicht in die Arktis zu reisen, um die Auswirkungen persönlich zu sehen. Sie sind überall: weniger Schnee im Winter, (trotzdem) mehr Hochwasser im Frühjahr und Sommer, mehr Sommerhitze und -dürren, eine kürzere Herbstsaison. Der Klimawandel ist hier und er wird immer offensichtlicher.

Dennoch werden die größten Auswirkungen erst viel, viel später auftreten. Sie sind fern – sowohl aus geografischer als auch aus zeitlicher Sicht. Oft werden sie auch einfach auf globaler Ebene beschrieben: globale durchschnittliche Temperaturwerte oder auch globale durchschnittliche Meeresspiegel. Der zweite große Grund, warum Klimapolitik so schwierig ist: Die heftigsten Auswirkungen sind noch weit weg – ungeachtet der Tatsache, dass es für eine Vermeidung ebendieser Auswirkungen jetzt zu handeln gilt.

Klimawandel ist einzigartig irreversibel. Auch wenn wir morgen jeglichen Kohlendioxidausstoß stoppen würden, würden wir noch Jahrzehnten mit Temperaturanstiegen und Jahrhunderten mit höheren Meeresspiegeln ins Auge sehen. Das vollkommene Schmelzen der Westantarktischen Eisdecke könnte bereits jetzt unaufhaltsam sein und mit ihm ein paar weitere Meter an Meeresanstieg.

Über zwei Drittel des überflüssigen Kohlenstoffs in der Atmosphäre, der nicht dort war, bevor wir Menschen damit begonnen haben, Kohle en masse zu verbrennen, wird auch in hundert Jahren noch dort sein. Mehr als ein Drittel wird auch in 1000 Jahren noch dort sein. Diese Veränderungen werden lange nach unseren Lebzeiten noch weiterbestehen. Zumindest in menschlichen Maßstäben gesehen, sind die fast gänzlich irreversibel. Der dritte Grund, warum Umweltpolitik so schwierig ist.

* * *

Als ob diese drei Gründe nicht genug wären, gibt es noch eine vierte einzigartige Eigenschaft des Klimawandels, und sie ist wahrscheinlich die wichtigste überhaupt: die Unsicherheit – all das, wovon wir wissen, dass wir es nicht wissen. Und vielleicht noch viel wichtiger: all das, wovon wir noch gar nicht wissen, dass wir es nicht wissen.

Das letzte Mal, dass die Kohlenstoffkonzentrationen in der Atmosphäre so hoch waren, wie sie es heute sind, nämlich 400 Teile pro Million („parts per million", kurz ppm), zeigte die geologische Uhr „Pliozän" an. Das war vor über drei Millionen Jahren, als natürliche Veränderungen, nicht etwa Autos oder Fabriken, für die erhöhten Kohlendioxidwerte verantwortlich zeichneten. Die globalen Durchschnittstemperaturen waren um 1 bis 2,5 Grad Celsius wärmer als heute, die Meeresspiegel waren bis zu zwanzig Meter höher, in Kanada lebten Kamele.

Nun, wir würden keine dieser dramatischen Veränderungen *heute* erwarten. Der Treibhauseffekt braucht Jahrzehnte bis Jahrhunderte, um seine volle Kraft zu entfalten. Trotz der bereits offensichtlichen Veränderungen etwa in der Arktis dauert es schließlich Jahrhunderte, bis polare Eisfelder schmelzen. Die globalen Meeresspiegel benötigen deshalb mehrere Jahrzehnte bis Jahrhunderte, um entsprechend anzusteigen. Die Kohlendioxidkonzentrationen mögen zwar vor drei Millionen Jahren bei 400 ppm gewesen sein, aber die Meeresspiegel könnten leicht Jahrhunderte hinterhergehinkt sein. Dieser Zeitunterschied ist natürlich wichtig und zeigt die Irreversibilität des Ganzen auf – siehe den zweiten und dritten Punkt, warum Klima so ein schwieriges Problem ist. Aber all das ist nur ein geringer Trost. Schließlich gibt es noch einen wichtigen Faktor: die Unsicherheit.

Fundamentale Unsicherheiten

Die besten verfügbaren Klimamodelle kommen in ihren Temperaturprognosen den Werten, welche die Welt während des Pliozäns erfahren hat, relativ nahe. Aber sie prognostizieren weder einen Meeresanstieg um die zwanzig Meter, noch prognostizieren sie Kamele in Kanada. Nicht jetzt. Nicht in hundert Jahren. Das ist aus zwei wichtigen Gründen so.

Erstens sind Klimamodelle meist ungebührlich auf das eingestimmt, was wir tatsächlich messen können, oft so, dass die Modelle in Wirklichkeit äußerst konservativ sind. Bis vor Kurzem prognostizierten die prominentesten Klimamodelle den Meeresanstieg aufgrund der Tatsache, dass wärmeres Wasser mehr Platz braucht. Dazu zogen sie noch das Schmelzen von Berggletschern in Betracht. Beide Faktoren sind relativ leicht zu berechnen. Ersteres ist alleine für ein Drittel des Meeresanstiegs während der vergangenen zwei Jahrzehnte verantwortlich. Es ist natürlich auch klar, dass schmelzende Gletscher und Eisfelder auf Grünland und in der Antarktis zu weiteren Meeresanstiegen führen werden. Aber das Ausmaß dieses Anstiegs etwa in diesem Jahrhundert ist höchst ungewiss. Nennen wir das eine „bekannte Unbekannte". Bis vor Kurzem war die Wissenschaft einfach noch nicht so weit, den daraus resultierenden Meeresanstieg auch konkret zu beziffern. Das wurde daher einfach weggelassen.

Zweitens zeigt all dies auf, dass es trotz allen Fortschritts in der Wissenschaft noch immer der Fall ist, dass wir vieles über das Klima einfach noch nicht gänzlich verstehen. Durchschnitte etwa sind schon schlimm genug. Während eine durchschnittliche globale Erwärmung von 0,1 Grad pro Jahrzehnt vielleicht relativ leicht zu handhaben – vielleicht sogar angenehm – erscheint, würden nur wenige bestreiten, dass es nach einem Jahrhundert solcher Anstiege der Durchschnittstemperatur zu erheblichen Kosten kommen würde. Doch Durchschnitte verstecken zwei deutliche Unsicherheiten, die zu noch viel größeren Problemen führen könnten.

Das erste dieser Probleme ist die Tatsache, dass in der Präsentation von Durchschnittswerten zumindest vier wichtige Faktoren verborgen bleiben: Erstens stiegen die Temperaturen im vergangenen Jahrhundert zusehends schneller an. Die 0,1 Grad pro Jahrzehnt zeigen das nicht auf. Zweitens variierten trotz dieses ansteigenden Trends die Temperaturen von Jahr zu Jahr und auch von Jahrzehnt zu Jahrzehnt erheblich. (Deshalb auch das berühmte „Jahrzehnt ohne Erwärmung", das nach genauerer Beobachtung noch dazu gar keines war.) Drittens ist die Luft über den Ozeanen meist kühler als über Land. Da zwei Drittel der Welt von Meeren bedeckt sind, bedeutet ein globaler Durchschnittsanstieg von 0,07 Grad in Wirklichkeit einen Temperaturanstieg von 0,11 Grad über Land. Und schließlich erwärmen sich die Temperaturen über den Polen viel schneller als anderswo. Die polaren Temperaturen steigen mehr als doppelt so schnell an wie die globalen Durchschnitte. Dies ist natürlich besonders schlecht, da die Pole auch diejenigen Orte sind, wo sich noch das meiste Eis befindet. Schmelzende Pole bedeuten höhere Meeresspiegel, wie die neuesten Klimamodelle nun auch höchst offiziell prognostizieren.

Dann gibt es noch die tatsächlichen, fundamentalen Unsicherheiten. Egal ob Durchschnitt oder polare Extreme: Jegliche Prognosen erfordern mehrere Schritte, von denen jeder Hand in Hand mit bekannten und – noch irritierender – unbekannten Unbekannten geht. Unsicherheiten existieren in Bezug auf die tatsächliche Menge der globalen Kohlendioxidemissionen, auf die Verknüpfung ebendieser Emissionen mit den Konzentrationen in der Atmosphäre, auf die Verknüpfung dieser Konzentrationen mit deren Auswirkungen auf die globalen Temperaturen, auf die Verknüpfung der Temperaturen mit den eigentlichen globalen Auswirkungen, auf die Verknüpfung dieser Auswirkungen mit den tatsächlichen Schäden und schließlich darauf, wie wir als Gesellschaft auf diese Schäden reagieren werden: Wie werden wir uns an die neuen globalen Situationen anpassen und wie effektiv werden diese Maßnahmen tatsächlich sein?

Einen dieser Schritte zu konkretisieren – nämlich den Zusammenhang zwischen Konzentrationen und Temperaturen –, hat sich mittlerweile als besonders schwierig erwiesen. Trotz wichtiger wissenschaftlicher Fortschritte in vielen Klimafragen haben uns die vergangenen drei Jahrzehnte an Forschung keinen Schritt näher an die wirkliche Antwort gebracht. Die Verdoppelung der Kohlendioxidkonzentration in der Atmosphäre – etwas, das ohne äußerst ambitionierte Klimaziele bestimmt eintreffen wird – wird schließlich gemäß den neuesten wissenschaftlichen Erkenntnissen „wahrscheinlich" zu globalen durchschnittlichen Temperaturanstiegen von 1,5 bis 4,5 Grad Celsius führen. Dieser Faktor – welcher durch ein Verdoppeln der Kohlenstoffkonzentration passiert – heißt „Klimasensitivität". Unsere Gewissheit, dass dies auch der tatsächliche Umfang ist, hat sich zwar erhöht, allerdings hat sich dieser „wahrscheinliche" Bereich seit Ende der 1970er-Jahre nicht verändert. Eine Tatsache, die wir in Kapitel 3 („Am Ende kommt's dick") noch eingehend erkunden werden. Nur so viel schon jetzt: Der statistisch-wissenschaftliche Terminus heißt auf Englisch „Fat Tails"– auf Deutsch „fetter Schwanz".

Diese Bezeichnung alleine zeigt noch ein gänzlich anderes Problem auf: 1,5 bis 4,5 Grad sind „wahrscheinlich" im besten Sinn des Wortes. Die Chance ist gut, dass wir uns tatsächlich in diesem Bereich wiederfinden werden. Wir können also erwarten, dass die durchschnittlichen globalen Temperaturen durch eine Verdoppelung der Kohlenstoffkonzentration in der Atmosphäre in ein oder zwei Jahrhunderten in diesem Bereich sein werden. Allerdings besteht auch eine Chance, dass dies nicht der Fall sein wird. Der Weltklimarat IPCC (Intergovernmental Panel on Climate Change) beschreibt alles unter einem Grad Celsius als „extrem unwahrscheinlich". Diese Einschätzung ist ziemlich glaubhaft, da die Welttemperaturen mittlerweile bereits um 0,8 Grad angestiegen sind, obwohl wir die Kohlenstoffkonzentration noch nicht einmal verdoppelt haben. (Die 400 ppm, die wir soeben erreicht haben, bedeuten einen 40-prozentigen Anstieg über die vorindustriellen Werte von 280 ppm.) Es besteht allerdings natürlich auch eine Chance, dass die endgültigen Temperaturanstiege durch ein Verdoppeln des Kohlenstoffs in der Atmosphäre über den 4,5 Grad liegen werden. Das ist „unwahrscheinlich", aber die Chance ist tatsächlich größer als null. Viel zu groß.

Eine globale Erwärmung von 4,5 Grad sprengt übrigens bereits jegliche Vorstellungskraft. Denken Sie zurück an die Kamele in Kanada. Die hatten wir schon bei 1 bis 2,5 Grad höheren Temperaturen als heute. Temperaturanstiege von 4,5 Grad insgesamt – mehr als 3,5 Grad über heutigen Werten – deuten auf einen Planeten hin, den niemand von uns wiedererkennen würde.

Und selbst die 4,5 Grad erzählen immer noch nicht die gesamte Geschichte. Klimasensitivität beschreibt, was passiert, wenn sich die Konzentrationen verdoppeln. Doch was passiert, wenn sich die Kohlenstoffkonzentrationen mehr als verdoppeln? Die Internationale Energieagentur (IEA) prognostiziert Konzentrationen von 700 ppm, also zweieinhalb Mal das vorindustrielle Niveau. Dann sehen wir einem „wahrscheinlichen" Anstieg zwischen zwei und sechs Grad Celsius entgegen.

Klimaforscher warnen, dass bereits eine globale Erwärmung von zwei Grad Celsius katastrophale Ereignisse in die Wege leiten könnte. Es ist nicht ganz klar, welche Beschreibung für eine globale Durchschnittserwärmung von sechs Grad Celsius angebracht ist: „Katastrophal" scheint dem nicht mehr gerecht zu werden. Mark Lynas, der Grad für Grad akribisch die Klimaauswirkungen zusammengetragen hat, beendet sein

Buch *Six Degrees* („Sechs Grad“) an ebendieser Stelle. Die Einleitung für das letzte Kapitel über den Anstieg von sechs Grad beginnt mit einem Verweis auf Dantes sechsten Kreis der Hölle. HELIX, ein unlängst begonnenes Forschungsprojekt mit Unterstützung der Europäischen Union, versucht auf wissenschaftliche Weise, die Klimaauswirkungen Grad für Grad aufzuzeichnen. Es endet ebenfalls bei sechs Grad Celsius. Mittlerweile liegt gemäß unseren eigenen Berechnungen in Kapitel 3 die Chance bei zirka zehn Prozent, sogar eine Erderwärmung von über sechs Grad zu erreichen.

* * *

Sobald die Forschung das allzu wirkliche Potenzial für solche Katastrophen aufzeigt, kommt ein allzu reales psychologisches Phänomen ins Spiel: das der kognitiven Dissonanz. Fakten mögen zwar Fakten sein, so die Psychologie, aber zu viele unbequeme Fakten auf einmal bewirken nichts, außer dass sie alle auf einmal abgelehnt werden. Egal, was Tatsache ist, irgendwie *fühlt* es sich einfach an, dass das Ganze so nicht stimmen kann.

Diese Wankelmütigkeit menschlicher Natur und die Grenzen unseres Verständnisses – und Verstands – sind der Kern dessen, was die Klimapolitik zu einem wirklichen Dilemma macht. Intelligenz alleine reicht hier nicht aus. Um dieses Dilemma der Klimapolitik zu überwinden, ist eine gänzlich neue Denkweise erforderlich.

Das Badewannenproblem

Stellen Sie sich die Atmosphäre als gigantische Badewanne vor: Es gibt den Hahn – Kohlenstoffemissionen von menschlichen Aktivitäten – und den Abfluss – die Fähigkeit des Planeten, den Kohlenstoff wieder aufzunehmen. Während großer Teile der Menschheitsgeschichte und während Hunderttausender Jahre davor waren Zufluss und Abfluss in relativer Balance. Dann aber begann die Menschheit damit, Kohle en masse zu verbrennen, und drehte den Hahn gehörig auf, weit mehr, als es der Abfluss hätte ausbalancieren können. Der Kohlenstoffpegel in der Atmosphäre begann zu steigen – auf ein Niveau, das wir zuletzt im Pliozän gesehen haben, vor über drei Millionen Jahren.

Was ist da zu tun? Diese Frage stellte der MIT-Professor John Sterman zweihundert seiner Studenten und Studentinnen. Genauer genommen fragte er, was zu tun sei, um die Konzentration von Kohlendioxid in der Atmosphäre auf heutigem Niveau zu stabilisieren. Wie weit müssten wir den Hahn zudrehen, um den Pegel nicht mehr zu erhöhen?

Hier ist, was man *nicht* tun sollte: Die Emissionen von Kohlenstoff in die Atmosphäre zu stabilisieren, stabilisiert allein noch nicht den Pegel. Sie fügen schließlich immer noch Kohlenstoff hinzu. Nur weil der Zufluss nun von Jahr zu Jahr stabil ist, heißt das noch nicht, dass der Wasserstand in der Badewanne nicht mehr steigt. Zu- und Abfluss müssen ausgeglichen sein, und das wird bei heutigem Stand der Dinge (bei 400 ppm) nicht passieren, ohne dass der Zufluss radikal hinuntergeht.

Das sollte ein ziemlich offensichtlicher Punkt sein. Es ist aber auch ein Punkt, der den Hörern und Hörerinnen am MIT nicht offensichtlich zu sein scheint, und diese Studenten und Studentinnen sind nicht gerade „durchschnittlich“. Trotzdem verwechseln über 80 Prozent der Befragten in Stermans Studie den Hahn mit der Badewanne. Sie verwechseln Emissionen mit Konzentrationen.

Zugegebenermaßen wurde diesen zweihundert MIT-Studenten nichts von der Badewanne erzählt. Sie sahen nur einen Auszug der „Zusammenfassung für Entscheidungsträger“ vom zu jener Zeit letzten IPCC-Bericht. Dies ist das Dokument, welches die Problemlage den Beamten und Politikern erklären sollte. Wenn allerdings ein solch wichtiger Punkt wie jener zum Unterschied zwischen alljährlichen Emissionen und der Kohlenstoffkonzentration in der Atmosphäre – zwischen Wasserhahn und Badewanne – sogar an MIT-Studenten vorbeigeht, welche Hoffnung gibt es dann für den Rest von uns?

Tatsächlich ist es eine „Zusammenfassung für *Entscheidungsträger*“. Otto Normalverbraucher muss es vielleicht nicht so genau verstehen, solange es die Politiker tun. Allerdings sind MIT-Studenten wahrscheinlich keine schlechten Repräsentanten für (besser ausgebildete) Politiker. Außerdem gibt es solche und solche Politiker. Jener anonyme

Beamte, der auch das eigentliche Gesetz schreibt, mag wohl ein Doktorat in seinem Spezialgebiet haben. Zu hoffen wäre es. Ein Politiker aber ist höchstwahrscheinlich kein Experte in jedem Gebiet, mit dem er sich befasst. Und schlussendlich sind es ja auch Herr und Frau Normalverbraucher als Wähler, die entscheiden, wie der Politiker über eine bestimmte Materie zu denken hat.

Es sollte also keine Überraschung sein, dass eine allzu populäre Option unter Politikern „Abwarten und Tee trinken“ ist, wenn es um den Klimawandel geht. Man braucht nicht lange an die Badewanne zu denken, um zu sehen, dass dies nicht die richtige Antwort ist. Wir können schließlich nicht warten, bis die kritische antarktische Eisplatte gänzlich ins Meer rutscht und uns drei Meter näher an den Meeresspiegel während des Pliozäns bringt. Zu diesem Zeitpunkt würden selbst die allerletzten Nachzügler realisieren, dass wir uns tatsächlich in einer Klima-Notlage befinden. Doch die Notlage ist schließlich mit den Kohlenstoff-Konzentrationen verbunden. Wir können allerdings am direktesten die Emissionen in die Atmosphäre kontrollieren. Und selbst, wenn wir diese über Nacht auf null schalten würden – den Hahn also komplett zudrehen –, würden wir das Problem nicht sofort lösen. Es wird Jahrhunderte und Jahrtausende dauern, bis der überflüssige Kohlenstoff auf natürliche Art aus der Atmosphäre abgeflossen sein wird. Abwarten und Tee trinken ist dasselbe wie eine Kapitulation.

* * *

Das Klimaproblem verlangt nach einer vollkommen neuen Denkweise, einer, die sowohl den MIT-Studenten als auch Entscheidungsträgern und der breiteren Öffentlichkeit fremd zu sein scheint. Und nur dass wir nicht meinen, eine Lösung des Klimaproblems sei so einfach wie das Badewannenproblem zu verstehen und auch anzugehen (obwohl dies alleine auch schon schwer genug zu sein scheint) – denn dieses Problem zeigt nur zwei der vier offenbar einzigartigen Eigenschaften des Klimawandels auf: wie einzigartig langfristig und irreversibel das Problem tatsächlich ist. Die Badewanne besagt jedoch nichts über die anderen zwei Eigenschaften: wie *global* und *ungewiss* das Klimaproblem ist. Die globale Natur der Erderwärmung macht es so unglaublich schwierig, den Hahn nun tatsächlich zuzudrehen. Die Unsicherheit hilft auch nicht gerade dabei, obwohl sie selbst einen noch viel größeren Handlungsbedarf darstellt: Wenn man nicht genau weiß, wann die Badewanne übergehen wird, wäre es nur angebracht, den Hahn noch früher zuzudrehen.

Wir schaffen das

Wir können nun in zwei vollkommen entgegengesetzte Richtungen schreiten.

Eine Richtung ist die des Optimismus. Ja, die Situation ist schlimm, aber schauen wir doch auf all den Fortschritt. Der Preis von Solarzellen ist innerhalb von nur fünf Jahren um 80 Prozent gefallen. Viel davon passierte auf den Rücken deutscher und chinesischer Haushalte, deren Regierungen jede Menge an Subventionen ausbezahlten, um diese Kosten zu senken, aber der Preisverfall spricht für sich. Die richtige Antwort darauf: einerseits sich selbst auf den Rücken klopfen und andererseits Chinesisch lernen und Dankeskarten schreiben. Die Subventionen haben viel Geld gekostet, aber der Preisverfall kommt jetzt sowohl den Deutschen und Chinesen als auch dem Rest der Welt zugute.

Solarenergie ist kein perfekter Ersatz für fossile Brennstoffe, zumindest nicht ohne wichtige Verbesserungen in Sachen Elektrizitätsmarktstrukturen sowie Batterietechnologien. Ein Kohle- oder Erdgaskraftwerk kann einfach ein- oder ausgeschaltet werden. Wir können aber nicht kontrollieren, wann und wo die Sonne scheint. Trotz alldem sprechen die Zahlen für sich: An einem sonnigen Sonntagnachmittag bekommt Deutschland mehr als 50 Prozent seiner Elektrizität von der Sonne. Auf das Jahr gerechnet bekommt die Bundesrepublik mittlerweile um die fünf Prozent seiner Elektrizität aus Solarenergie. Und wir sprechen hier von Deutschland, mit viel Industrie und Gewerbe und ohne viel Sonne.

Aus globaler Sicht stehen die Dinge auch sehr gut. Die Welt fügt mittlerweile pro Jahr um die 40 Gigawatt (GW) an Solarenergiekapazität hinzu. Bereits 2013 waren es 40 GW. Im Jahr 2012 waren es auch schon

30 GW, genauso wie im Jahr davor. Die Zahlen selbst sind groß, aber die Zuwachsraten sind noch viel wichtiger. Im Jahr 2000 hatte die gesamte Welt etwa 1 GW an Solarkapazität. Am Ende des Jahres 2010 waren es 40 GW. Bis Ende 2013 waren es 140 GW. Mittlerweile sind es 200 GW. Das ist explosives Wachstum, auf der Überholspur.

Eine der optimistischeren Einschätzungen kommt vom Klimaforscher David Keith: „Es ist technisch möglich, die Emissionen innerhalb eines halben Jahrhunderts fast auf null zu bringen, während wir gleichzeitig hohe Lebensstandards erhalten – und diese auch erhöhen."

Die unumgänglichen und hochwichtigen politischen Kurswechsel passieren auch bereits. Nirgendwo sind zwar bisher die Veränderungen ausreichend, aber zusammengenommen präsentieren sie ein eindrucksvolles Angebot an politischen Rahmenbedingungen. Europa hat seit 2008 einen funktionierenden Emissionshandelsmarkt für Kohlendioxid. Mittlerweile hat Kalifornien den weltweit umfassendsten derartigen Markt, der 80 Prozent aller Treibhausgase miteinbezieht. British Columbia hat eine Kohlendioxidsteuer. China experimentiert mit sieben regionalen Emissionsmärkten und ab 2017 wird das Land einen nationalen Markt haben. Indien hat eine 1-Euro-Steuer pro Tonne Kohle. Das ist nicht viel, aber es gibt sie immerhin. Über 150 Länder haben ihre eigenen Ziele für Emissionsreduktionen. Das Pariser Klimaabkommen schreibt ambitionierte globale Ziele vor. Selbst in den USA tut sich etwas. Eine solide Mehrheit der Amerikaner möchte, dass auch die Politik in Washington endlich handelt. Eine Handvoll von Jahrhundertstürmen wie jene zwei, die New York City innerhalb von zwei Jahren 2011 und 2012 getroffen haben, und wir werden auch dort wirkliche politische Veränderungen sehen.

Tatsächlich wird der Pfad zu einer vernünftigen amerikanischen Klimapolitik immer klarer. Einerseits wird er wahrscheinlich via Bundesstaaten wie Kalifornien gehen. Andererseits verläuft der Pfad auch über das Luftreinhaltegesetz aus dem Jahr 1970. Die amerikanische Umweltschutzbehörde hat dank diesem Gesetz – unterschrieben von Richard Nixon – die Aufgabe, Kohlendioxidemissionsstandards für neue sowie auch für bereits existierende Kraftwerke zu setzen. Zumindest könnte dieses Gesetz einen Verhandlungsgegenstand darstellen, wenn es dazu kommt, dass der US-Kongress wieder ein grundlegendes Klimagesetz mit einem direkten Kohlendioxidpreis diskutiert.

* * *

Optimismus ist gut. Ökonomen sind von Natur aus fast krankhaft optimistisch, obwohl es oft eine andere Art von Optimismus ist. Wachstum ist gut. Handeln ist gut. Technologie ist gut. Für jeden dieser Sätze wäre es angebracht, ihn mit einem Sternchen und einer Anmerkung zu versehen. Aber diese Sternchen sind eben nur das. Wenige Ökonomen mögen glauben, dass Solarzellen alleine die Welt retten können, aber neue Technologien haben uns wiederholt vor den tristesten Umweltproblemen gerettet. Ende des 19. Jahrhunderts drohte etwa New York im Pferdemist zu ersticken. Kurz danach kam der Verbrennungsmotor und verbannte die Pferde in den Central Park. Niemand sah diese neue Technologie damals voraus. Es benötigte auch nicht viel an aktiven politischen Interventionen: Auto erfinden + Öl entdecken = *Heureka!*

Einer dieser technologischen Durchbrüche könnte gleich ums Eck sein. Die menschliche Geschichte wartet offenbar immer dann mit solchen Durchbrüchen auf, wenn sie am notwendigsten sind. Das ist schließlich der Grund, warum wir als Spezies noch hier sind. Allerdings ist die Hoffnung auf einen solchen Durchbruch keine Strategie. Deshalb ist die Politik gefragt. Diese hat auch in der Vergangenheit oft das Notwendige gemacht.

Bei vielen Schadstoffen wurden (und werden) die Dinge oft schlechter, bevor sie sich verbesserten (und verbessern). In den Vereinigten Staaten etwa war es der Cuyahoga River in Cleveland, der Feuer gefangen und damit auch einen entscheidenden Funken für die aufkeimende Umweltschutzbewegung in den 1960er-Jahren versprüht hat. Richard Nixon unterschrieb schließlich das nationale Umweltpolitikgesetz von 1969 und bestellte die Umweltschutzbehörde. Und das war nur der Anfang. Zusätzlich unterschrieb er 1970 das Luftreinhaltegesetz, 1972 das Wasserreinhaltegesetz und 1973 das Gesetz zur Erhaltung gefährdeter Arten, um nur ein paar Meilensteine zu nennen. Ein Dutzend weiterer Gesetze half, die „Umweltschutzdekade“ abzurunden. Und der amerikanische Kongress hat auch seither kühn gehandelt, mit breiten überparteilichen Mehrheiten. George H. W. Bush unterschrieb 1990 eine grundlegende Gesetzesnovelle zum Luftreinhaltegesetz. Unter anderem führte dies zu Maßnahmen, die den sauren Regen und das daraus resultierende Waldsterben eingedämmt haben.

All dies trifft auf relativ lokale Schadstoffe zu: das Quecksilber, welches direkt den Intelligenzquotienten Ihrer Kinder um ein paar Punkte verringert; der Ruß, der ihr Asthma bedingt; der Smog, der sie triefäugig macht und ihre Großeltern frühzeitig tötet; oder auch die Giftstoffe, die es für jeden gefährlich machen, das Leitungswasser zu trinken. Sie sehen, riechen oder schmecken das Problem. Die Politik reagiert. Problem gelöst.

Die Realität ist natürlich um einiges chaotischer, als es diese einfache Kette verspricht. Niccolò Machiavelli hat es im *Fürst* prägnant auf den Punkt gebracht, der posthum im Jahr 1532 erschienen ist: „Dabei muß man erwägen, daß es gar keine Sache von größerer Schwierigkeit und von zweifelhafterem Erfolge gibt, als sich zum Haupte einer neuen Staatsverfassung aufzuwerfen. Denn Alle die, welche sich in der alten Ordnung der Dinge wohl befanden, sind der neuen feindlich; und diese hat nur laue Verteidiger an denen, welche dabei zu gewinnen hoffen."

London hatte seine erste große Erfahrung mit Luftverschmutzung in den 1280er-Jahren. König Edward I. schuf im Jahr 1285 die erste Luftreinhaltekommission. Im Jahr 1306 machte er das Verbrennen von Kohle illegal. Die Strafe für Wiederholungstäter: der Tod. Man sollte glauben, dass dies mit der richtigen Überwachung und Vollstreckung das Problem ein für alle Mal lösen sollte. Allerdings wurde das Gesetz bald wieder annulliert – und seither wurde wieder eine Menge Kohle verbrannt.

Trotz dieser doch etwas komplizierten Realität für herkömmliche Schadstoffe ist der Klimawandel noch um einiges komplizierter. Das Klimaproblem hat einfach sehr wenig mit herkömmlichen, lokalen Umweltproblem gemein. Es ist schließlich globaler, langfristiger, irreversibler und ungewisser als alle anderen dieser Probleme. Die Normalpolitik gilt hier nicht. Wir sind ja nicht einmal derselben Meinung, wie groß das Problem nun tatsächlich ist. Martin Luther King jr. hatte seinen Traum zu einer Zeit, als der Albtraum noch fast jedem klar war. Wir sind in Sachen Klimaproblem einfach noch nicht so weit, vor allem natürlich nicht in den USA, aber auch anderswo.

Nein, wir schaffen das nicht

All das, was wir über Chemie und Physik wissen, all das, was wir über die Ökonomie und Psychologie menschlichen Verhaltens wissen, und all das, was wir über unsere Politik wissen, sagt uns, dass die Dinge erst schlechter werden, bevor sie auch wieder besser werden. Die Tatsache, dass Kohlendioxid in der Atmosphäre Wärme einfängt – der Treibhauseffekt –, wurde im Jahr 1824 entdeckt, im Jahr 1859 in einem Labor gezeigt und im Jahr 1896 quantifiziert.

Mittlerweile haben die Menschen um die 940 Milliarden Tonnen Kohlendioxid in der Atmosphäre angesammelt und die Zahl wird jährlich größer. Sie ist inzwischen groß genug, um eine Konzentration von 400 ppm an Kohlendioxid zu erreichen. Und die Konzentration erhöht sich alljährlich immer noch um 2 ppm.

Dann ist da noch das größte Problem, und wieder einmal ein einzigartiges: Dieser alljährliche Marsch in die falsche Richtung passiert aufgrund von sieben Milliarden von uns oder zumindest wegen der einen Milliarde jener – wir beide sowie Sie, liebe Leser und Leserinnen, mit einbezogen –, die am stärksten für den Kohlenstoffausstoß verantwortlich sind. Die Verantwortung liegt also bei uns allen und auch niemandem. Man kann nicht mit dem Finger auf jemanden zeigen. Der Feind sind wir. Wir alle. Die politische Aufgabe ist kompliziert. Es ist oft schwer, optimistisch zu sein.

Für jede positive Nachricht in Sachen Klimapolitik scheint es auch eine negative zu geben. Ja, Indien hat eine 1-Euro-Steuer pro Tonne Kohle, es gibt aber auch über 35 Milliarden Euro an Subventionen für fossile Energieträger aus. China mag zwar sieben regionale Versuche für Emissionshandelssysteme haben, es stellt aber auch fossile Subventionen von über 25 Milliarden Euro pro Jahr bereit. Insgesamt subventioniert die Welt fossile Energieträger mit über 450 Milliarden Euro pro Jahr.

Das ist in etwa dasselbe, als wenn die durchschnittliche Tonne Kohlendioxid mit über 13 Euro subventioniert werden würde, mit niedrigeren Subventionen in den meisten Industrieländern und viel höheren Zahlen in ölreichen Ländern wie Venezuela, Saudi-Arabien und Nigeria. Jeder dieser Euros ist ein Schritt zurück fürs Klima. Wir sind weit davon entfernt, die richtigen Anreize zu setzen. Stattdessen lenken wir die Märkte in die exakt entgegengesetzte Richtung.

* * *

Ein weiterer Grund, warum wir nicht immer den optimistischen Pfad wählen, ist, dass er aus ökonomischer Sicht ein ziemlich ausgetretener Pfad ist. Wir wissen schon seit Langem, was zu tun wäre. Subventionen für fossile Energieträger sind ein gutes Beispiel, wo die Antwort nicht offensichtlicher sein könnte: Hör auf damit, fossile Energieträger zu subventionieren! Jetzt! Es ist jedoch schwer, dies politisch durchzusetzen. Fragen Sie nur den früheren nigerianischen Präsidenten Goodluck Jonathan, der im Jänner 2012 die Subventionen für Treibstoffe stoppte. Nach nationalen Aufständen machte er sofort einen teilweisen Rückzieher. All dies besagt aber nichts darüber, was tatsächlich die richtige Antwort wäre.

Weit über ein Ende der fossilen Subventionen hinausgehend, sind auch die allgemeinen Rahmenbedingungen einer vernünftigen Klimapolitik klar – und sie sind es bereits seit Jahrzehnten.

Die Lösung für den Klimawandel

Niemand wird den Wirtschaftsnobelpreis dafür gewinnen, die Lösung für den Klimawandel gefunden zu haben. Der Ökonom, der die Lösung entwickelt hat, starb nämlich ein Jahrzehnt vor der erstmaligen Verleihung des Preises und die Schweden vergeben den Preis nicht mehr posthum. Arthur C. Pigou identifizierte das allgemeine Problem sowie dessen Lösung – wir kennen dies mittlerweile unter dem Begriff „Pigou-Steuer". Jede der 35 Milliarden Tonnen Kohlendioxid, die weltweit alleine *heuer* ausgestoßen werden, verursacht zumindest um die 35 Euro an Schäden, wahrscheinlich viel mehr. Die korrekte – die einzig korrekte – Lösung ist es, den Preis jeder dieser Tonnen gemäß diesen Schäden festzusetzen.

Der Durchschnittseuropäer verursacht ungefähr zehn Tonnen. Das sind zehn mal 35 Euro, also zumindest 350 Euro pro Person und Jahr. Allerdings würde niemand vorschlagen, dass jeder Europäer am Ende des Jahres eine Überweisung von 350 Euro an den Fiskus sendet. Ganz im Gegenteil. Es geht nicht um die Gesamtsumme. Es geht vielmehr darum, dass jeder von uns die richtigen Anreize im täglichen Leben wiederfindet. Jedes Mal, wenn wir die Heizung einschalten oder den Benzintank auffüllen, sollten wir den richtigen Anreiz wiederfinden. Bei 35 Euro pro Tonne Kohlendioxid sind das etwa 8 Eurocent pro Liter Benzin. Pigous Schlüsselerkenntnis war es, dass wir diese Kosten direkt an der Tankstelle sehen und bezahlen sollten. Dies ist der einzige Weg, tatsächlich die richtigen Anreize zu setzen und die Kosten in unser tägliches Verhalten miteinzubeziehen. Dies steht im vollkommenen Gegenteil zu unserem jetzigen Verhalten, wo wir die Vorteile unseres Handelns privatisieren, während wir die Kosten vergesellschaften.

Das Resultat eines solchen Kohlendioxidpreises? Wir würden weniger Kohle, Öl und Erdgas verwenden. Wir stoßen weniger Schadstoffe in die Umwelt aus. Besser gesagt, wir würden die „optimale" Menge ausstoßen. Diese liegt nicht unbedingt bei null. Sie ist aber natürlich viel weniger als heute, wo der Durchschnittsamerikaner 20 Tonnen pro Jahr ausstößt und der Durchschnittseuropäer immer noch zehn. Beide Zahlen sind zu hoch.

Wie kommt man zu einem solchen Kohlendioxidpreis? Nun: entweder durch eine Steuer oder durch einen Emissionsmarkt. Setze eine Obergrenze für Emissionen, teile Emissionshandelszertifikate an große Emissionsquellen aus und lass diese untereinander handeln: ein Markt für Kohlendioxid. In einem theoretischen Vakuum ohne Unsicherheiten ergeben die beiden Methoden genau dasselbe Ergebnis. Ökonomen lieben es, endlose Debatten über die Vor- und Nachteile des einen oder anderen Weges zu führen.

Steuern sind einfacher, so besagt eine Argumentationslinie. Nein, sind sie nicht! Schauen Sie sich doch mal an, wie kompliziert das Steuerrecht in der Praxis ist.

Steuern schrauben den Preis der Umweltbelastung in die Höhe. Das ist es, was wir brauchen. Ja, für jetzt. Aber der Emissionshandel setzt eine Obergrenze für Emissionen. Darum geht es schlussendlich. Wenn Emissionen billiger als angenommen werden, umso besser.

Steuern versprechen Preissicherheit. Vielleicht, ohne politische Einmischung. Aber erstens kann auch jedes Emissionshandelsgesetz in Hinblick auf Preissicherheit gestaltet werden. Das ist mit einer Preisunter- sowie -obergrenze leicht zu regeln. Und zweitens verhalten sich die Preise auf einem Emissionsmarkt gerade richtig: In einer Rezession sind sie niedrig, da die Nachfrage nach Emissionszertifikaten entsprechend niedrig ist. Wenn es der Wirtschaft gut geht, sind auch die Preise höher. Und egal, ob Flaute oder Aufschwung, die Obergrenze für Emissionen stellt sicher, dass diese tatsächlich hinuntergehen.

Aber wenn die Emissionshandelspreise auf einmal dramatisch ansteigen oder ganz auf null sinken, gerät das gesamte System in Verruf. Natürlich, aber wir sprechen hier ja nicht davon, dass die Preise plötzlich in den Himmel schnallen. Wenn überhaupt würden wir erwarten, dass die Preise insgesamt viel niedriger sind, als sie gemäß den Erwartungen sein sollten. Die Industrie hat nun mal so ihre Tendenz, innovative Lösungen zu finden, die ihre Kosten oft dramatisch senken.

Steuern erlauben es anderen politischen Maßnahmen, wie etwa Angaben zum unternehmensweiten Durchschnittsverbrauch an Benzin, ebenfalls Wirkung zu zeigen. Bei einer Emissionsobergrenze hingegen wären diese Maßnahmen ohne allgemeine Wirkung. Sie verschieben einfach nur die Emissionen von einem Wirtschaftssektor in den anderen. Das stimmt. Aber dies verweist einfach nur auf die Wichtigkeit einer allgemeinen Emissionsobergrenze. Mit einer solchen sind weniger dieser anderen Maßnahmen notwendig.

Dies ist so ziemlich der Stand der Dinge in dieser Debatte. Obwohl das letzte Kapitel auch hier erst geschrieben werden muss. Die aktuellsten theoretischen Erkenntnisse zeigen auf, wie Steuern eine internationale Koordination leichter machen könnten. Zumindest in der Theorie ist es einfacher, eine internationale Einheitssteuer zu verhandeln, deren Erlöse in jedem einzelnen Land bleiben. Ein solches System führt auf recht raffinierte Art und Weise zu einer Kraft, die dem globalen „Freerider"-Effekt entgegenwirkt. Wenn wir alle erst einmal übereinstimmen, eine solche Universalsteuer pro Tonne Kohlendioxid auszuhandeln, dann würde eine höhere Steuer mich direkt betreffen, da meine eigene Energie etwas teurer wird. Allerdings würde sie mir auch helfen, da jeder andere ebenfalls teurere Energie vorfinden und somit den Kohlendioxidausstoß eindämmen würde. Im Gegensatz dazu würde das Verhandeln über ein Emissionshandelsgesetz nur dazu führen, dass jeder Einzelne selbst weniger zur Lösung beitragen möchte. Eine globale Einheitssteuer würde also zu einer Lösung führen, die nahe am globalen Optimum liegt. Nichts davon beschreibt freilich die Politik, die wie so oft die größte Hürde darstellt. Die Theorie ist verhältnismäßig einfach.

* * *

Für den Moment gilt es einfach, aufzuzeigen, dass sowohl Kohlendioxidsteuern als auch Emissionshandelssysteme Pigous Vision in Theorie und auch in Praxis in die Realität umsetzen. Diejenigen, welche die Umweltverschmutzung verursachen, bezahlen auch für die Schäden. Als Resultat werden sie dann weniger Schäden verursachen. Wir beide, zusammen mit fast allen anderen Ökonomen, würden, sofern richtig implementiert, entweder Steuern oder ein Emissionshandelssystem begrüßen.

Nun könnten wir endlose Debatten darüber führen, wie man das eine oder das andere im richtigen Leben durchsetzen kann. Wie haben es die Schweden geschafft, im Jahr 1991 die weltweit erste Kohlendioxidsteuer durchzusetzen? Warum sind die Franzosen an ihrem Versuch, eine solche Steuer zu implementieren, im Jahr 2009 gescheitert? Warum hat Europa das weltweit erste große Emissionshandelsgesetz für Kohlendioxid? Warum braucht dies in den USA so lange? Und warum subventionieren wir noch immer fossile Energieträger in der Höhe von über 13 Euro pro Tonne Kohlendioxid pro Jahr, wenn der richtige Preis zumindest 35 Euro in die andere Richtung wäre?

Viele Disziplinen haben nützliche Dinge über jede dieser Fragen zu erzählen. Politikwissenschaftler, Psychologen, Soziologen sowie Klimaforschungskommunikatoren haben alle ihre eigene Variante einer überaus wichtigen Frage: Wenn die Forschung uns schon seit einigen Jahren erklärt, dass das Klimaproblem tatsächlich ein schwerwiegendes ist, warum hat die Welt zumindest bisher noch nicht entsprechend reagiert?

Zum einen ist es unheimlich schwer, den enorm einflussreichen Interessengruppen entgegenzutreten. Pigous Vision einer Welt ohne externe Schäden stehen Unsummen Geld derer gegenüber, die von einer ebensolchen Welt profitieren. Einfach von dieser Vision zu sprechen, wird sie kaum in die Realität umsetzen. Anstatt „Kohlendioxidsteuer!" oder „Emissionshandelsgesetz!" zu schreien, müssen sich Ökonomen konstruktiv an den eigentlichen politischen Debatten beteiligen. Das bedeutet oft zweit-, dritt- oder viertbeste Lösungen (oder noch schlechtere), die ihrerseits jede Menge an Ineffizienzen und unbeabsichtigten Folgewirkungen mit sich bringen, die aber tatsächlich die Dinge in unserer höchst imperfekten Welt so nehmen, wie sie sind – und die vielleicht sogar andere Barrieren und Probleme beseitigen.

Die Reform des Elektrizitätsnetzes ist ein gutes Beispiel. Die derzeitigen Netze sind oft weit davon entfernt, die richtigen Botschaften an Haushalte und Unternehmen zu senden. Elektrizitätspreise werden aus allerlei Gründen gemittelt, subventioniert und künstlich stabilisiert, was wiederum verzerrte Preise durch das Netz sendet. Einen Kohlendioxidpreis zu haben, wäre toll, aber die Reform des Elektrizitätsnetzes ist ein wichtiger Schritt in Richtung Gleichbehandlung von Energieeffizienzmaßnahmen, Laststeuerung und Nachfragemanagement sowie erneuerbarer Energie. Das Ganze ist auch eine Debatte, die mit oder ohne Kohlendioxidpreis geführt werden muss und oft auf gänzlich anderer Ebene. In den USA etwa findet die Kohlendioxidpreis-Debatte im Kongress statt. Die Reform des Elektrizitätsnetzes hingegen ist vor allem Sache der Bundesstaaten. Dies alleine bedeutet aber noch lange nicht, dass die Debatte vernünftiger geführt wird. Vielleicht ganz im Gegenteil, da schließlich für die Energieunternehmen so viel am Spiel steht. Aber zumindest bedeutet es für Ökonomen, dass sie sich tatsächlich auf solche Debatten einlassen sollten, anstatt einfach nur die Pigou'sche Linie des optimalen Kohlendioxidpreises zu vertreten.

Treibstoffpreise sind ein weiteres gutes Beispiel, wo die Diskussion um die allerbeste Lösung oft am Ziel vorbeischießt. Der Straßenverkehr hat Unsummen an externen Kosten. Die allerbesten Lösungen sind klar:

Steuern pro Liter Benzin, pro gefahrenem Kilometer und etwa pro Tonne Gewicht auf der Straße. Aber anstatt über diese direkten Maßnahmen zu sprechen, wird die Debatte oft über Treibstoffverbrauchswerte geführt. In den USA sind ebendiese strengeren Werte wahrscheinlich jene Regulierung aus Präsident Obamas erster Regierungsperiode, die den größten positiven Einfluss auf das Klima hat. Die Meinungen gehen auseinander, wie effizient solche Verbrauchsregeln sind. Es ist allerdings klar, dass strengere Verbrauchswerte tatsächlich politisch möglich sind, während höhere Benzinsteuern oder gar Kohlendioxidpreise einfach nicht durchsetzbar waren. Auch hier wäre es angebracht, dass sich die Ökonomen in Debatten über Treibstoffverbrauchswerte engagieren, anstatt einfach „Benzinsteuer!“ zu schreien.

Wir werden dies in diesem Buch nicht tun.

Tatsächlich werden wir weder an der einen noch an der anderen Übung teilnehmen. Wir werden nicht die Mantras der „Benzinsteuer“, der „Kohlenstoffsteuer“ oder auch des „Emissionshandelsgesetzes“ bei jeder Gelegenheit wiederholen. Wir werden uns auch nicht in der komplizierten Welt der Reform des Elektrizitätsnetzes oder etwa in den Debatten um die richtigen Treibstoffverbrauchswerte verlieren. Diese Debatten sind aber wichtig und sie benötigen vernünftiges ökonomisches Denken.

Schwieriger als all das, was jemals war

Stattdessen werden wir uns in diesem Buch auf grundlegende ökonomische Erkenntnisse besinnen und uns auf zwei Themen konzentrieren, die beide weit über die Standarddebatten hinausgreifen: die Ökonomie der Ungewissheiten und Geo-Engineering. Zwei Themen, die beide höchst unbehaglich, höchst emotional und auch höchst zentral für unser Verständnis des Klimaproblems sind. Sie zeigen auch beide direkt auf, warum es so wichtig ist, jetzt zu handeln.

Der Klimawandel birgt fundamentale Unsicherheiten, manchmal bis zum Punkt von echter Ahnungslosigkeit. Warum sagen derzeitige Klimamodelle aufgrund heutiger Kohlendioxidwerte keinen Anstieg der

Meeresspiegel von bis zu 20 Metern oder etwa Kamele in Kanada vorher, obwohl wir heute in Sachen Kohlendioxid auf dem gleichen Wert sind wie vor ungefähr drei Millionen Jahren, als die Erde beides erlebt hat? Kurz gesagt, wir wissen es nicht. Aber Unsicherheit ist keine Ausrede für Untätigkeit. Sie ist ein Aufruf, das Klimaproblem so bald wie möglich anzugehen.

Dieses Problem zu lösen, ist tatsächlich höllisch schwer. Und wenn die Welt es nicht löst, wird es uns mit voller Kraft in all seinen unangenehmen und unerwarteten Weisen erfassen. Wo wir daher letztlich anlangen werden, ist das Thema Geo-Engineering. All das, was wir darüber wissen, wie sich Menschen tatsächlich verhalten und wie sie sich nicht verhalten, führt uns zum Glauben, dass – sofern die Politik nicht sofort und entscheidend agiert – die Welt bald vor einer äußerst schmerzhaften Entscheidung stehen wird. Es mag zwar an Torheit grenzen, zu glauben, dass Technologie (in Form von Geo-Engineering) uns abermals vor einer schlimmen planetaren Katastrophe retten könnte. Aber das ist tatsächlich die Welt, der wir uns nähern.

Schon alleine von Geo-Engineering – sowie auch von Ungewissheit – zu sprechen, ist nicht allzu beruhigend. Das sollte es auch nicht sein. Geo-Engineering ist auf keinen Fall eine geeignete Ausrede dafür, nichts in Sachen vernünftiger Klimapolitik zu unternehmen, genauso wie wir nicht mit dem Rauchen beginnen sollten, nur weil eine experimentelle Lungenkrebsmedizin im Labor vielversprechend zu wirken scheint. Allein die Tatsache, von Geo-Engineering zu sprechen, sollte ein Weckruf für Klimapolitik sein. Entschieden und sofort.

Wir werden bald auf die Ökonomie der Unsicherheit – und mit ihr der fetten Schwänze – sowie Geo-Engineering zurückkommen. Zunächst aber ein rascher Überblick über die wichtigsten wirtschaftlichen Begriffe und den generellen Stand der Dinge. Dies alles wird uns auf unserer Reise in das, was wir nicht wissen und auch nicht wissen können, begleiten.

Kapitel 2

Auskunft

Badewanne

(1) Wanne, die Wasser enthält, typischerweise mit Hahn und Abfluss ausgestattet.

(2) Überbeanspruchter Vergleich, in welchem Wasser Kohlendioxid und andere Treibhausgase darstellt, und der somit versucht, eines der komplexesten wissenschaftlichen Probleme überhaupt wie das tägliche Bad erscheinen zu lassen. Trotz alldem wären Klimaforscher – und der Rest von uns – gut beraten, sich täglich die Bedeutung der Badewannenanalogie vor Augen zu halten. Das Nonplusultra der Klimapolitik ist, den Wasserstand in der Badewanne zu senken.

Das ist extrem schwierig, bei einer Wanne so groß wie die globale Atmosphäre, wo keine einzelne Person weder den Zufluss noch den Abfluss kontrolliert. Es ist das Verhalten von sieben Milliarden von uns, die am menschlichen Hahn drehen, und es ist hauptsächlich das Verhalten der Natur, das den Abfluss kontrolliert. Und selbst da haben natürlich Menschen einen Einfluss: Waldrodung zum Beispiel behindert den Abfluss; Bäume zu pflanzen erleichtert ihn.

Es gibt natürliche saisonale Schwankungen: Mehr Land und deshalb mehr Vegetation in der nördlichen Hemisphäre bedeutet, dass die atmosphärischen Kohlendioxidwerte während der nördlichen Vegetationsperiode sinken. Sie steigen wieder im nördlichen Herbst und Winter. Ohne menschlichen Beitrag wären Zu- und Abfluss über ein Jahr hinweg ungefähr in Balance. Dies ist jedoch mittlerweile seit der industriellen Revolution nicht mehr der Fall gewesen.

Die natürliche saisonale Schwankung der globalen Kohlendioxidkonzentration beläuft sich auf ungefähr 5 Teile pro Million (ppm) in einem durchschnittlichen Jahr. Der derzeitige jährliche Anstieg beläuft sich auf über 2 ppm. Drei Jahre an fossilen Emissionen übersteigen also die jährlichen Schwankungen. Und dieser jährliche Anstieg von 2 ppm selbst ging bis vor Kurzem Jahr für Jahr noch in die Höhe. (Es stellte sich heraus, dass 2015 das erste Jahr war, in dem der jährliche Anstieg nicht mehr zugenommen hat – ganz ohne globale Rezession. Das ist eine rühmliche Ausnahme, die hoffentlich mehr ist als eben nur das.) Die Tatsache eines jährlichen Anstiegs von 2 ppm macht die Badewannenanalogie so wichtig.

Erinnern Sie sich an das Experiment mit den MIT-Studenten aus Kapitel 1: Es ist nicht genug, die jährlichen Emissionen zu stabilisieren und zu vermeiden, dass die Emissionen Jahr für Jahr weiter ansteigen. Die Emissionen müssen auf fast null reduziert werden, um die Konzentration von Kohlendioxid in der Atmosphäre zu senken. Dies ist der Punkt, wo der Schock in *Klimaschock* seine volle Kraft zeigt. Es ist schwer genug, sicherzustellen, dass der *Zufluss* von Kohlendioxid in die Atmosphäre nicht mehr ansteigt. Die atmosphärischen Werte von Kohlendioxid, das bereits in der Atmosphäre ist, wieder zu senken, ist noch um ein Vielfaches schwieriger.

Die Internationale Energieagentur (IEA) prognostiziert, dass ohne signifikante Kurskorrekturen die Konzentration von Treibhausgasen bis zum Jahr 2100 auf um die 700 ppm steigen wird. Entlang dieser Kurve wird die Zahl selbst danach noch höher steigen.

Die IEA nennt diesen Pfad das „New Policies Scenario" – ein Szenario, in dem neue politische Rahmenbedingungen bereits miteinbezogen sind. Unter anderem nimmt es an, dass erneuerbare Energien und Investitionen in Energieeffizienz weiterhin gefördert werden, dass Kohlendioxid-Steuern und Emissionshandelssysteme weiterhin ausgebaut werden und dass Subventionen für fossile Brennstoffe teilweise verringert werden. Zum Vergleich: Die Welt hat soeben 400 ppm alleine für Kohlendioxid überschritten. Wenn wir alle Treibhausgase gemäß dem Kyoto-Protokoll miteinbeziehen, sind wir bereits bei 440 bis 480 ppm. Wenn es also zu keiner dramatischen Kurskorrektur kommt, wird sich die Badewanne noch einige Zeit lang gehörig füllen.

Es besteht natürlich immer die Hoffnung, dass ein technologisches Wunder den Hahn auf magische Art und Weise zudreht oder den Abfluss radikal erweitert. Dies ist aber tatsächlich nur eine Hoffnung. Die Technologie, welche dabei zumeist erwähnt wird, heißt Geo-Engineering – auf gut Deutsch: „Klimaklempnern". Manchmal wird es als eben so ein „Wunder" beschrieben: die Kraft der Sonne etwas zurückdrehen, damit der Planet kühler wird. Allerdings behandelt diese Technologie tatsächlich nur die Symptome – nämlich die erhöhten Temperaturen –, ohne die Grundursache anzugehen. Sie würde weder den Hahn noch den Abfluss berühren und nicht den eigentlichen Wasserstand verändern. Außerdem könnte sie noch mit großen, unbeabsichtigten Nebenwirkungen aufwarten, die wir derzeit einfach noch nicht kennen.

Eine weitere Technologie könnte allerdings tatsächlich den Abfluss gehörig erweitern: Kohlendioxid direkt aus der Atmosphäre zu entfernen. Diese Technologie kommt unter verschiedensten Namen daher: „Air Capture" – „Luftabsaugung", „Direct Carbon Removal" (DCR) – „Direkte Kohlenstoff-Beseitigung" oder auch „Carbon Dioxide Removal" (CDR) – „Kohlenstoffdioxid-Beseitigung". Verwirrenderweise wird diese Technologie ebenfalls manchmal „Geo-Engineering" genannt. Dies ist jedoch eine Fehlbezeichnung. Kohlendioxid aus der Atmosphäre zu entfernen, attackiert die Grundursache. Das ist gut. Allerdings bedeutet es auch, dass der Prozess relativ langsam und – zumindest bis jetzt – viel zu teuer ist. Einige Unternehmen beginnen derzeit damit, Patentrechte anzustreben, um von einem Kohlendioxidpreis profitieren zu können, der die Anreize für solche Technologien schafft. Doch zuerst müssen wir tatsächlich Kohlendioxidpreise haben. Anders würden solche Technologien einfach nicht auf ihren eigenen Beinen stehen. Kohlenstoff zu verbrennen plus Kohlendioxid aus der Atmosphäre zu entfernen, wird, quasi definitionsgemäß, immer teurer sein, als nur Kohlenstoff zu verbrennen.

Durchbrüche

Dank Durchbrüchen haben wir Menschen erstmals unsere Höhlen verlassen, haben Tiere domestiziert, haben das Rad erfunden, haben Städte gebaut, haben uns hinters Steuer gesetzt und haben das Fliegen gelernt. Wir führen längere, komfortablere Leben als jemals zuvor in der Geschichte, alles dank technologischer Durchbrüche. Technologischer Fortschritt wird also auch diesmal den Tag retten.

Vielleicht. Vielleicht auch nicht. Die Innovationsgeschwindigkeit ist heute so hoch und so beispiellos in der Geschichte, dass es schwer ist, aus der Vergangenheit viele Schlüsse zu ziehen. Auch hier zeigen die Zeichen in beide Richtungen.

Manche Umweltprobleme lösen sich in Luft auf, weil das eine Unternehmen, das die Patente für den verunreinigenden Stoff hält, einen umweltfreundlicheren Ersatz erfindet. Und selbst dann sind gezielte politische Maßnahmen gefragt (siehe „Montreal-Protokoll"). Manche Umweltprobleme scheinen sich nie zu lösen (siehe „Kyoto-Protokoll"). Aber einfach herumzusitzen und auf einen Durchbruch zu warten ist keine brauchbare Strategie. Wir müssen uns auf das Schlimmste vorbereiten. Und wir können viel mehr tun, als auf Erlösung zu hoffen. Sowohl das Problem als auch die Lösung schauen uns mitten ins Gesicht.

Externe Effekte

In der Sprache der Ökonomie ist damit dasselbe wie das Wort „Problem" gemeint. Externe Effekte treten ein, wenn der Markt – ganz für sich alleine gelassen – nicht funktioniert. Externalitäten gibt es in zwei Geschmacksrichtungen: positiv und negativ.

Lernen durch Handeln ist ein gutes Beispiel für einen positiven externen Effekt. Ohne zusätzliche Anreize beziehen Forscher, Unternehmer und Investoren nicht die Tatsache mit ein, dass ihre Aktivitäten zum Allgemeinwohl der Gesellschaft beitragen. Daraus ergibt sich, dass weniger erfunden wird, als optimal wäre. (Siehe „Gelenkte technologische Veränderungen".)

Klimaveränderung ist die Mutter aller negativen externen Effekte. Sieben Milliarden Menschen emittieren Zehntausende Milliarden Tonnen Kohlendioxid pro Jahr. Die Kosten sind enorm – zumindest 35 Euro pro Tonne –, aber diejenigen, die die Verschmutzung verursachen, bezahlen nicht direkt dafür. (Siehe praktisch jeden anderen Teil dieses Buches.)

Gelenkte technologische Veränderungen

Die allererste Solarenergiezelle auf einem Dach zu installieren, kostet Zeit und Geld. Die millionste geht rasch und billig. Der Trick ist, die anfängliche Hürde zu überwinden. Die beste Methode: Innovation zu subventionieren. Um genau zu sein, „Lernen durch Handeln" zu fördern.

Die Solarinitiative in Kalifornien ist ein gutes Beispiel einer solchen Politik: Sie fördert Solarenergieinstallationen – mit hohen Fördergeldern am Anfang, die danach fast sofort zurückgehen. Unabhängige Studien besagen, dass diese Strategie am erfolgreichsten ist.

Nicht alle Subventionen sind gut. Sie werden oft missbraucht. Einmal eingeführt, bleiben sie oft lange nach ihrer nützlichen Anwendungsperiode bestehen. Die 450 Milliarden Euro an Förderungen für fossile Energiestoffe sind ein gutes Beispiel. Es mag vor einiger Zeit tatsächlich auch für sie einen Grund gegeben haben – lange bevor die Welt mit dem Klimaproblem aufgewacht ist. Derselbe Grund, der jetzt für saubere Energietechnologien gilt, hat auch einmal für Öl, Kohle und Erdgas gegolten: große potenzielle Vorteile, die scheinbar unüberwindbaren Hürden ins Auge sehen. Fest verwurzelte Interessengruppen – die Pferdekutschen- oder die Walöl-Lobbys etwa – taten alles, um die neuen Industrien daran zu hindern, Fuß zu fassen. Früher oder später hat sich allerdings das Glück gewendet. Märkte und politische Interessengruppen haben begonnen, die neue Industrie der alten vorzuziehen. Das ist auch der Punkt, an dem die Subventionen enden sollten. „Erziehungszölle" für junge, unterentwickelte Industrien sind dann nicht mehr angebracht. Die Aufgabe besteht jetzt vielmehr darin, große Monopole aufzubrechen, wie es etwa vor hundert Jahren mit Standard Oil der Fall war.

Trotz dieser Vorbehalte sind die positiven externen Effekte von Lernen durch Handeln so real wie die negativen Kohlendioxid-Externalitäten. Die Lösung für die Kohlendioxid-Externalität ist klar (siehe „Kohlendioxidpreis"). Die Lösung für die positive Lernen-durch-Handeln-Externalität ist ebenso klar: gezielte Subventionen. Der allgemeine Prozess trägt die Überschrift: Gelenkte technologische Veränderungen.

Gesetz der Nachfrage

Der Preis steigt, die Nachfrage sinkt. Dies kommt näher an ein „Gesetz" heran als jede andere ökonomische Beobachtung.

Es gibt tatsächlich nur eine scheinbare Ausnahme für diese Regel, und sie wurde bisher nur in Situationen vorgefunden, in denen Menschen so arm sind, dass die Angst vor dem Verhungern bestimmt, was gegessen wird. Arme ländliche Chinesen im Süden des Landes essen viel Reis. So wie viele andere auch möchten sie gerne mehr Fleisch essen, wenn sie reicher werden. Aber wenn der Preis von Reis steigt, essen manche weniger Fleisch und stattdessen mehr Reis mit Gemüse. Reis ist in diesem Fall das, was als „Giffen-Gut" bekannt ist, benannt nach Sir Robert Giffen, der angeblich dasselbe Phänomen unter den Armen in der viktorianischen Ära beobachtet hat. Für unser Thema hat dieses Phänomen aber keine besondere Relevanz.

Die Nachfrage für fast jedes Gut geht tatsächlich hinunter, wenn der Preis steigt. Dieses Verhältnis gilt auch für schädliche Güter – darum gibt es etwa Steuern auf Zigaretten. Und es verweist auf die offensichtlichste Lösung: einen Kohlendioxidpreis. Wenn der Preis für den Ausstoß von Kohlenstoff steigt, sinkt auch ebendieser Ausstoß.

Irreversibel

Dies ist ein relatives Konzept. Sehr wenig ist tatsächlich vollkommen irreversibel. Aber der Klimawandel agiert auf solch langen Zeitskalen – Jahrzenten und Jahrhunderten –, dass viele der Auswirkungen tatsächlich so gut wie irreversibel sind. Erhöhte Kohlendioxidwerte bleiben für Jahrhunderte und Jahrtausende in der Atmosphäre. Diese zu verringern, ist extrem schwierig. Denken Sie an die gigantische, planetengroße Badewanne: Unsummen an Kohlendioxid in der Atmosphäre, kleiner Abfluss.

All dies macht andere Irreversibilitäten, wie den Anstieg der Weltmeere, noch viel schlimmer. Ja, die Pole waren schon einmal eisfrei. Und selbst wenn sie dieses Mal auch wieder eisfrei werden, würden sie bestimmt irgendwann wieder einmal zufrieren, wenn die Kohlendioxidkonzentrationen wieder zu vorindustriellen Werten zurückkehren. Aber das Zufrieren würde nicht vor Hunderten oder gar Tausenden Jahren passieren – viel zu lange für jene, die jetzt oder in den nächsten Generationen vom Klimawandel berührt werden. Grünland und die westantarktische Eisdecke alleine enthalten genug Wasser, um die globalen Meeresspiegel um über zehn Meter zu erhöhen. Das beeinflusst zumindest zehn Prozent der Weltbevölkerung direkt und indirekt so ziemlich alle anderen.

Kohlendioxid

Das Problem. Zumindest das Hauptproblem.

Andere Treibhausgase wie Methan und mächtige Industriegase wie Hydrofluorcarbonat (HFC) sowie Kohlenstoffruß haben auf kürzere Zeit gesehen ebenfalls signifikante Auswirkungen – für einige Jahre und vielleicht auch ein oder zwei Jahrzehnte. Die Höhe der letztendlichen Erderwärmung ist aber am direktesten mit Kohlendioxid verknüpft.

Technisch gesehen hat Wasserdampf einen noch größeren Gesamteffekt. Aber das ist hier unerheblich. Wasserdampf ist nichts, das die Menschheit direkt kontrolliert. Die chemische Kette läuft von Kohlendioxid über höhere Temperaturen zu mehr Wasserdampf. Am Ende ist es immer noch das Kohlendioxid, um das es geht.

Kohlendioxidpreis

Die Lösung. Zumindest die Hauptlösung.

Es gibt auch viele andere Lösungen, aber die meisten versuchen, irgendwie einen Preis für den Ausstoß von Treibhausgasen herzustellen. Manche Methoden machen das relativ direkt und billig. Andere sind teurer, allerdings oft auch undurchsichtiger und daher manchmal politisch einfacher durchzusetzen. Keine Methode ist allerdings typischerweise so effizient darin, die fundamentalen Wirtschaftskräfte in die richtige Richtung umzuleiten, wie es ein Preis für Kohlendioxid ist. Der wiederum könnte entweder durch eine Kohlendioxidsteuer oder durch ein Emissionshandelsgesetz zustande kommen.

Wie schon vorhin gesehen, gibt es auch noch eine andere wichtige Möglichkeit, die oft in der Diskussion untergeht: Förderungen für saubere Energien (siehe „Gelenkte technologische Veränderungen").

Klimaforschung

Das Jahr, in dem der Treibhauseffekt entdeckt wurde: 1824.
Das Jahr, in dem der Treibhauseffekt in einem Labor gezeigt wurde: 1859.
Das Jahr, in dem der Treibhauseffekt quantifiziert wurde: 1896.
Das Jahr, in dem der heutige Umfang der hochwichtigen „Klimasensitivität" erstmals bestimmt wurde: 1979.

Klimasensitivität

Verdoppeln Sie die Kohlendioxidkonzentrationen in der Atmosphäre und die globalen Durchschnittstemperaturen gehen ebenso nach oben. Die Höhe des Anstiegs nennt man „Klimasensitivität". Das Problem ist, dass wir das exakte Ausmaß nicht kennen.

Trotz vieler Fortschritte in der Klimaforschung steht das Intervall der Klimasensitivität scheinbar schon immer bei 1,5 bis 4,5 Grad Celsius oder zumindest steht es so seit 1979. Unser Vertrauen in das Intervall hat sich erhöht und für den kurzen Zeitraum von 2007 bis 2013 hat es sich sogar etwas eingeengt auf 2 bis 4,5 Grad. Niedrige Temperaturanstiege schienen für eine Weile weniger wahrscheinlich zu sein. Schlechte Nachrichten. Allerdings ist das neuerliche Erweitern auch keine gute Nachricht. Es bedeutet schließlich, dass die Unsicherheiten noch grundlegender sind als zuvor angenommen. Der exakte Wert der Klimasensitivität wird möglicherweise nie wirklich feststehen. Oder besser gesagt, sobald wir die genaue Zahl tatsächlich wissen – Hunderte Jahre in der Zukunft –, wird es zu spät sein, damit uns das weiterhilft.

Zu diesem Gefühl der Ungewissheit kommt noch hinzu, dass dieses Intervall von 1,5 bis 4,5 Grad nur der „wahrscheinliche" Temperaturanstieg durch ein Verdoppeln der Kohlendioxidkonzentration in der Atmosphäre ist. Wir können zwar erwarten, dass sich der endgültige Wert in diesem Intervall befinden wird, aber hundertprozentig sicher ist es nicht. Tatsächlich besagt die überaus präzise Definition davon, was „wahrscheinlich" bedeutet, dass genau eine 66-prozentige Chance dafür besteht, dass die endgültige Zahl in diesem Intervall liegt. Die Kehrseite bedeutet dann, dass eine 34-prozentige Chance besteht, dass sich die richtige Zahl unter oder über diesem Intervall befindet – mit viel mehr Raum darüber. Dies ist der Punkt, wo die tief sitzende Unsicherheit wirklich relevant wird. Hier bitten wir Sie noch um etwas Geduld. Das nächste Kapitel, „Am Ende kommt's dick", befasst sich fast ausschließlich damit.

Kyoto-Protokoll

Genaue Bezeichnung: „Protokoll von Kyoto zum Rahmenübereinkommen der Vereinten Nationen über Klimaänderungen".

Nur wenige kennen den ganzen Namen, obwohl dieser eigentlich wichtig ist. Der Teil des „Rahmenübereinkommens" ist jener, wo die Rechtsmittel tatsächlich Wirkkraft haben. Die Klimarahmenkonvention der Vereinten Nationen war ein Resultat des Weltgipfels in Rio de Janeiro im Jahr 1992. Sie wurde von 195 Nationen ratifiziert, einschließlich den USA. Sie gab uns auch das berühmte Ziel der „Stabilisierung der Treibhausgaskonzentrationen in der Atmosphäre auf einem Niveau, auf dem eine gefährliche anthropogene Störung des Klimasystems verhindert wird". Obwohl dies ein rechtskräftiger Vertrag ist, scheint dieses Ziel mittlerweile weit hinter uns zu liegen. Es ist auch ziemlich unklar, wen man verklagen könnte, wenn zum Beispiel die eigene Insel unter den steigenden Meeren untergeht.

Das Kyoto-Protokoll selbst, im Gegensatz zur Rahmenkonvention, ist eine ganz andere Sache. Zum einen haben es die USA zwar unterschrieben, aber nie ratifiziert. Die Europäische Union hat es zwar ratifiziert und strebt die Ziele wirklich an. Leider ist das aber weit davon entfernt, was nötig wäre, um das Klimaproblem tatsächlich zu lösen.

Ein globales Problem in seiner reinsten Form benötigt eine globale Lösung. Das bedeutet, die Handlungen von sieben Milliarden Menschen in Richtung einer sensiblen Klimapolitik zu lenken. Der Hoffnungsschimmer ist, dass es nicht einmal alle 195 Ländern benötigt, um tatsächlich Fortschritte zu machen. Es gibt Unmengen an Lösungsansätzen. Aber am Ende sind es nur eine Handvoll der großen Umweltsünder, die überwiegend für das Klimaproblem verantwortlich zeichnen. Nimm die USA, Europa, China, Indien, Japan, Russland und einen Teil Brasiliens und Indonesiens – den großen Teil, der die Waldrodung umfasst – und es sind bereits über 60 Prozent der globalen Emissionen. Nun, wie man jedes dieser Teile des Klimapuzzles löst, ist eine andere Frage, aber zumindest ist es nicht ein 195-teiliges, multidimensionales Puzzle. Es gibt tatsächlich Hoffnung, dass in diesen Ländern und Regionen ernsthafte Klimapolitik nur mehr eine Frage der Zeit ist. Das Pariser Klimaabkommen vom Dezember 2015 ist einer dieser Hoffnungsschimmer: Es setzt die Rahmenbedingungen, um einzelne Nationen – besonders die großen – dazu zu motivieren, viel mehr zu machen. Zeit ist natürlich der allerwichtigste Faktor. Die Aufgabe lautet, das Rad der Geschichte anzukurbeln.

Montreal-Protokoll

Genaue Bezeichnung: „Montrealer Protokoll über Stoffe, die zu einem Abbau der Ozonschicht führen".

Das 1987 unterzeichnete Protokoll wird oft als eine der größten umweltpolitischen Erfolgsgeschichten angesehen. Ganze Bücher wurden darüber geschrieben, warum es funktioniert hat. Die gesamte Geschichte ist etwas kompliziert, aber eine Kurzversion lautet etwa so: Der Konzern DuPont, der viele der Patente für die Gase hielt, welche die Ozonschicht zerstörten, sah Geschäftschancen in alternativen Gasen, die für die Ozonschicht sicherer waren. Das Gewinnstreben fand eine glückliche Verbindung mit der Öffentlichkeitsarbeit der Firma. Sobald DuPont entschied hatte, seine Position fast über Nacht um 180 Grad zu verändern, dauerte es auch für die US-Regierung (unter niemand anderem als Präsident Ronald Reagan) nicht lange, ihre Meinung zu ändern. Prompt wurde das Protokoll ratifiziert, das mittlerweile maßgeblich zum Schutz der Ozonschicht beigetragen hat, indem die verantwortlichen Gase durch umweltverträgliche Ersatzprodukte ersetzt worden sind. Das Ozonloch schrumpft nun seit Jahren und wird sich, so die Prognosen, bis Mitte des Jahrhunderts komplett schließen. Krise verhindert.

Das war tatsächlich ein überaus guter Schritt für die Ozonschicht. Mittlerweile wissen wir aber auch, dass es fürs Klima ein Schritt zurück war. Das Montreal-Protokoll reguliert Fluorchlorkohlenwasserstoffe (FCKW). DuPont entdeckte, dass diese leicht durch teilhalogenierte Fluorkohlenwasserstoffe (H-FKW) ersetzt werden konnten. Leider sind H-FKW als Treibhausgase 100- bis über 10.000-mal so wirksam wie Kohlendioxid. Gut, dass wir diese Gase nur in kleinen Mengen verwenden, aber das bedeutet nicht, dass ihre Verwendung nicht reduziert werden sollte. Schnell. Leider fiel bis vor Kurzem die Kontrolle der H-FKW nicht unter das Montreal-Protokoll, sondern unter Kyoto. Mittlerweile ist das glücklicherweise der Fall.

Der Erfolg des Montreal-Protokolls zeigt eine wichtige Lehre auf: Veränderungen sind tatsächlich möglich. Es mag zwar mit dem Klima schwieriger sein als mit dem Ozonloch, aber das bedeutet nicht, dass der

Klimawandel ein unkontrollierbares, galoppierendes Problem ist. Es benötigt gezielte Arbeit und fast beispiellosen politischen Führungswillen, aber es gibt tatsächlich einen guten Grund, warum jede Klimaprognose eine Ausschlussklausel benötigt: „Hier ist, was passieren wird, *außer die Gesellschaft ändert ihren Kurs.*" Die schlimmsten wissenschaftlichen Prognosen zum Stand des Ozonlochs haben sich nicht bewahrheitet. Nicht weil die Wissenschaftler falsch gelegen sind, sondern weil die Welt zusammengekommen ist, um etwas gegen das Problem zu tun, bevor es außer Kontrolle geraten wäre.

Dasselbe gilt für den Klimawandel. Die Welt könnte tatsächlich das Problem kontrollieren, wenn sie es nur wollte. Die Politik könnte – *sollte* – die Menschheit in eine Richtung lenken, welche die verheerendsten Klimaprognosen schließlich genau deshalb als gänzlich falsch hinstellen wird, weil die Gesellschaft auf die schlimmsten Prognosen gehört und reagiert hat.

Ökonomisches Klimamodell DICE

Aufgrund der enormen Unsicherheiten bei jeglichen Klimaprognosen wäre es einfach, den Schluss zu ziehen, dass man nie alles wissen kann. Das ist aber eindeutig nicht gut genug. Das ökonomische Klimamodell DICE, entwickelt von Bill Nordhaus, ist eines der prominenteren Modelle, die versuchen, Sinn aus der Sache zu machen. Es nimmt die allgegenwärtigen Zielkonflikte zwischen Klima und Wirtschaft als Ausgangspunkt und kalkuliert den optimalen Pfad und somit den Preis für Kohlendioxidemissionen.

In vielerlei Hinsicht sind DICE und Co einfach Werkzeuge. Es liegt an anderen, ihre spezifischen Annahmen zu machen und einen optimalen Kohlendioxidpreis zu berechnen. Nordhaus hat seine eigenen Lieblingsannahmen und kommt auf einen Preis um die 17,50 Euro pro Tonne Kohlendioxid, die heute ausgestoßen wird.

Die wohl beste derzeitige Zahl wird freundlicherweise von groß angelegten Bemühungen der US-Regierung zur Verfügung gestellt. Deren Preis ist um die 35 Euro pro Tonne, abgeleitet vom Durchschnitt dreier Modelle, DICE miteinbezogen. Das ist ein guter Anfang, aber es ist noch weit davon entfernt, tatsächlich alle Kosten des Klimawandels zu quantifizieren.

Die Modelle versuchen ihr Bestes, all das miteinzubeziehen, was wir tatsächlich wissen: die „bekannten Bekannten" also, und selbst da verpassen sie einiges. Quasi definitionsgemäß umfassen sie nicht die „bekannten Unbekannten". Und wie so oft sind es auch hier wahrscheinlich die „unbekannten Unbekannten", die am folgewirksamsten sein werden. Die 35 Euro können daher einfach nur eine Untergrenze darstellen. Das meiste, was in der Zahl nicht miteinbezogen ist, erhöht sie nur.

Ozeanische Versauerung

Die ozeanische Versauerung ist eine oft ignorierte, jedoch kritische Folge der steigenden Kohlendioxidwerte in der Atmosphäre. Das meiste emittierte Kohlendioxid findet sich letzten Endes in den Weltmeeren wieder und versauert sie dabei.

Die Ozeane sind bereits um mehr als zehn Prozent saurer als um das Jahr 1990, als die ersten ernsthaften Messungen begonnen haben. Sie sind wahrscheinlich über 25 Prozent saurer, als sie zu Beginn der industriellen Revolution waren. Dieser Anteil ist zwar geringer als der 40-prozentige Anstieg der Kohlendioxidwerte in der Atmosphäre, aber selbst kleine Veränderungen im Säuregehalt der Ozeane können einen großen Einfluss haben. Und die jetzigen Veränderungen sind nicht mehr klein. Die ozeanische Versauerung erhöht sich derzeit zehn Mal so schnell wie während dem letzten großen Aussterben von Meeresorganismen vor ungefähr 56 Millionen Jahren – als sich die Welt vom Paläozän ins Eozän bewegte. Die unmittelbaren Ursachen damals? Ein scharfer Anstieg der Kohlendioxidkonzentrationen in der Atmosphäre und eine plötzliche globale Erwärmung um etwa 6 Grad Celsius.

Es ist zu wenig über die vollen Auswirkungen versauerter Ozeane bekannt. Das teilweise ozeanische Aussterben vor 56 Millionen Jahren wird meist nicht zu den großen planetaren Massensterben gezählt, wie etwa der große Asteroid vor 65 Millionen Jahren, der zum Aussterben der Dinosaurier führte. Manche Meeresorganismen starben aus, während andere florierten. Das beruhigt aber kaum. Saurere Gewässer sind beispielsweise für Schalentiere besonders schlecht, da sie das Formen der Schale überhaupt verhindern. Viel schwerer noch ist es, die tatsächlichen weiteren Auswirkungen aufzuzeigen, mit vielleicht noch dramatischeren Konsequenzen.

Die „Alkalinitätbeimengung" wird mittlerweile als eine Art Geo-Engineering als direkte Antwort vorgeschlagen: genug Kalziumkarbonat – sprich zerbröselte Kalksteine – in die Ozeane einzuführen, um deren Säuregehalt wieder zu verringern. Eine Hürde dabei ist, dass dieser Schritt die Aufnahme von Kohlendioxid in den Ozeanen weiter erhöht und der Zyklus von Neuem beginnt. Eine noch größere Hürde: Jede dieser Methoden ist eher teuer – ganz im Gegenteil zu Geo-Engineering à la Pinatubo (siehe „Trittbrettfahrer und Gratis-Chauffeur"). Ja, diese Methoden liegen sogar viel näher an den Kosten dessen, was eine Reduzierung des Kohlendioxidausstoßes überhaupt kosten würde, wenn nicht sogar deutlich darüber. *Ipso facto*, warum nicht gleich den Kohlendioxidausstoß verringern? Das zu tun, würde sowohl die Versauerung der Ozeane als auch den allgemeinen Klimawandel in Angriff nehmen.

Trittbrettfahrer und Gratis-Chauffeur

Trittbrettfahrer sind der Grund, warum Sie dieses Buch überhaupt lesen. Das Konzept erörtert den Kern des globalen Problems, das der globale Klimawandel darstellt. Es ist Beggar-thy-Neighbor-Politik (der Versuch, den Nachbarn zum Bettler zu machen) im Extrem – außer dass hier alle sieben Milliarden von uns Nachbarn sind. Warum sollten wir handeln, wenn einen das Handeln persönlich mehr kostet, als es einem bringt? Die Vorteile, die durch das Handeln insgesamt für die Gesellschaft entstehen, mögen zwar die Kosten überschatten, aber die Vorteile werden auf sieben Milliarden andere aufgeteilt. Die Kosten kommen voll auf Sie zu. Dieselbe Logik trifft auch auf jeden anderen zu. Zu wenige werden daher machen, was im Interesse aller wäre. Jeder andere ist Trittbrettfahrer.

Gute Gründe zeigen auf, dass kleinere Trittbrettfahrer-Probleme tatsächlich gelöst werden können – durch gemeinschaftliches Engagement oder andere informelle Arrangements. Elinor Ostrom hat für diese Erkenntnis einen Nobelpreis erhalten. Hochalpine Bauern etwa haben ihre Kühe seit Jahrhunderten auf gemeinsame Almen gebracht, ohne an der geteilten Ressource Raubbau zu betreiben. Das Geheimnis ist, dass die Landwirte nicht nur um schlecht definierte Weiderechte konkurrieren. Sie treffen sich auch am Markt, in der Schule und in der Kirche. Sie kennen die Leute persönlich, die durch ihr Handeln beeinflusst werden. Etwas Ähnliches gilt für Dorfbrunnen, gemeinschaftlich geleitete Fischereien und viele andere Beispiele von potenziellen Trittbrettfahrerproblemen auf relativ kleinem Niveau, die am Ende leicht gemanagt werden können.

Die Klimaerwärmung ist anders. Sie ist schließlich die Mutter aller externen Effekte. Hunderttausende – sogar Millionen – an überzeugten Umweltschützern, die alle ihren eigenen Kohlendioxidausstoß minimieren, können alleine wenig bewirken. Jene mit dem größten Engagement können ihre persönlichen Emissionen auf null herunterbringen – etwas, das mit jetzigen Technologien weder möglich noch am Ende erstrebenswert ist – und es wird noch immer weit davon entfernt sein, was tatsächlich nötig ist. Die Zahlen reichen zusammengerechnet einfach nicht aus. Sie werden sich nur dann erst richtig aufaddieren, wenn die Umweltschützer ihre kollektive Stärke in maßgebliche politische Veränderungen in die richtige Richtung investieren, sprich für einen Kohlendioxidpreis in der einen oder anderen Form.

* * *

Kohlendioxid ist das Problem. Ein Kohlendioxidpreis ist die Lösung. Dann gibt es noch das Geo-Engineering – das Klimaklempnern. Insbesondere bezieht sich dieser Begriff auf technische Eingriffe in Kreisläufe, die das Weltklima regulieren. Manche beziehen dabei die verschiedensten Versuche, Kohlendioxid wieder aus der Atmosphäre zu entfernen, mit ein. Wir nicht.

Stattdessen beschreiben wir mit Geo-Engineering etwas, das näher an einem Vulkanausbruch liegt: Schwefeldioxid in die Stratosphäre zu entlassen (im Fall von Vulkanen auch viele andere Schadstoffe), welches dann die globale Temperatur senkt, indem es Sonnenlicht zurück in die Atmosphäre reflektiert. Der Ausbruch des Vulkans Tambora von 1815 brachte uns das „Jahr ohne Sommer". Gemäß manchen Berichten führte er zu 200.000 Toten in Europa im Jahr 1816. Gemäß anderen Berichten zwang er Mary Shelley und John William Polidori, den Großteil ihrer Schweizer Alpinferien drinnen zu verbringen, was wiederum sowohl zu *Frankenstein* als auch *Der Vampyr*, der ersten Vampirgeschichte überhaupt, führte. Gemäß noch anderer Berichten verwandelte sich Letzteres schlussendlich in *Dracula*.

Eigentliche Geo-Engineering-Ansätze haben wenig mit gewaltigen vulkanischen Eruptionen zu tun und auch nichts mit Frankenstein oder Dracula. Die meisten Ansätze befassen sich mit kontrollierten, kleinen Versuchen, die globale Klimaerwärmung durch das Versprühen von Schwefelsäure oder anderen kleinen Schwefelteilchen in großer Höhe zu bremsen. Diese Form des Geo-Engineerings hat eine wichtige Eigenschaft: Sie ist billig – zumindest im engeren Sinn der Kosten, die dabei für diejenigen anfallen, welche die eigentlichen Gase freisetzen. Tatsächlich ist es so billig, dass trotz aller Debatten und möglichen Probleme rund um das Geo-Engineering die Kosten nicht zu den Problemen *zählen*. Willkommen beim Vater aller externen Effekte, dem Gratis-Chauffeur-Effekt.

Es wäre so billig, die weltweiten Temperaturen durch grobes Geo-Engineering zu senken, dass es eine Person – oder noch wahrscheinlicher das Forschungsprogramm eines einzelnen Landes – bewerkstelligen könnte. Es kostet nicht viel, eine Flotte von hoch fliegenden Flugzeugen zu entsenden, die Jahr für Jahr Schwefel in große Höhen bringen könnten. Viele Vulkane haben ebendies gemacht und dabei global die Temperaturen gehörig gesenkt. Pinatubo, der zuletzt im Jahr 1991 ausbrach, kühlte die globalen Durchschnittstemperaturen um etwa 0,5 Grad Celsius im darauffolgenden Jahr ab. Sofern die Welt nicht bald handelt und zunächst die Treibhausgase kontrolliert – und möglicherweise selbst wenn sie es tut –, könnten wir bald einem Planeten entgegensehen, der auf diese Weise verändert wird.

Diese Kombination aus geringen Kosten und großer Hebelwirkung macht den Gratis-Chauffeur-Effekt fast zum genauen Gegenteil dessen, was dieses Problem überhaupt erst verursacht hat: der Trittbrettfahrer-Effekt.

Zielkonflikte

Das Konzept der Zielkonflikte sitzt in der DNA jedes Ökonomen. Schließlich gibt es fast nie wirklich absolute Linien. Vollkommene Verbote machen manchmal Sinn – Mord und Totschlag wären gute Beispiele oder auch das Montreal-Protokoll, das mehr oder weniger Fluorchlorkohlenwasserstoffe verbannte. Aber Verbote sind auch oft mit hohen Kosten verbunden. Kohlendioxid zu verbieten, ginge nicht. Es wäre einfach zu teuer.

Einer der wichtigsten Zielkonflikte überhaupt besteht zwischen Klima und Wachstum. Wir können einfach nicht daran vorbeiblicken, dass die Art und Weise, wie sich Europa und die USA seit der industriellen Revolution ökonomisch entwickelt haben und wie es China, Indien und viele andere derzeit tun, mit vielen unberücksichtigten Kosten einhergeht. Die wahrscheinlich größten dieser Kosten verursacht der unverminderte Klimawandel.

Die Kehrseite dieses Klima-Wachstum-Zielkonflikts ist, dass es tatsächlich einen optimalen Wachstumspfad geben muss, der die Vor- und Nachteile in Balance hält. Theoretisch zumindest. Die große Frage ist, ob in der Praxis so ein Pfad tatsächlich zumindest *auffind*bar wäre – ganz zu schweigen von *erreich*bar. Dazu benötigt man eine allumfassende Kosten-Nutzen-Analyse. Siehe „Ökonomisches Klimamodell DICE“ für ein Modell, das dies zu tun versucht. Aber was passiert, wenn die Unsicherheiten so groß sind, dass eine solche Berechnung einfach nicht möglich ist?

Denken Sie an das „wahrscheinliche“ Intervall für die Klimasensitivität, wo sich die globalen Temperaturen durch ein Verdoppeln der Kohlendioxidkonzentration in der Atmosphäre wahrscheinlich letztendlich wiederfinden werden. Die „unwahrscheinlichen" Zahlen außerhalb dieses Rahmens könnten leicht das endgültige Resultat darstellen. Und diese Nachricht wäre alles andere als gut.

Kapitel 3

Am Ende kommt's dick

Im Jahr 1995 verkündete der Weltklimarat IPCC (Intergovernmental Panel on Climate Change), dass es „eher wahrscheinlich als nicht" der Fall sei, dass die globale Klimaerwärmung auf menschliche Aktivität zurückzuführen ist. Im Jahr 2001 galt es bereits als „wahrscheinlich". Im Jahr 2007 war es „sehr wahrscheinlich". Im Jahr 2013 war es „extrem wahrscheinlich". In der offiziellen Fachsprache des Weltklimarates verbleibt mittlerweile nur mehr ein letzter Schritt: „faktisch sicher". Die große Frage ist, wie sicher sich die Welt sein muss, um in einer Art und Weise zu handeln, die dem Problem gerecht wird.

Eine ebenso wichtige Frage ist, ob diese Worte zum Thema, wie sicher wir etwas wissen, wirklich das vermitteln, was sie auch sollten. Die immer größere Wahrscheinlichkeit des menschlichen Einflusses auf den Klimawandel hat drei Seiten. Nur eine davon ist gut.

Die erste schlechte Nachricht ist, dass wir Menschen tatsächlich global die Temperaturen und Meeresspiegel erhöhen. Es wäre ein klarer Grund zum Feiern gewesen, wenn beispielsweise der Report aus dem Jahr 2013 verkündet hätte, dass die Forscher die Sache bisher vollkommen falsch verstanden hätten. Stellen Sie sich die Schlagzeilen vor: „Weltklimarat entschuldigt sich: Klimawandel existiert nicht mehr." Leider haben wir kein solches Glück. Die neuesten Forschungsergebnisse haben abermals grundlegende Konzepte der Mittelschulchemie und -physik bestätigt, die ins 19. Jahrhundert zurückgehen: Mehr Kohlendioxid in der Atmosphäre erwärmt sie auch.

Die gute Nachricht sodann – zumindest in einem etwas verqueren philosophischen Sinn – ist die Bestätigung der schlechten Nachricht: Die Klimaforschung hat in den vergangenen zwei Jahrzehnten solche Fortschritte gemacht, dass sie mittlerweile definitive Erklärungen abgeben kann, dass der Klimawandel *extrem wahrscheinlich* auf menschliche Aktivitäten zurückzuführen ist. Wir wissen also längst genug, um zu handeln. Diese Realität zu leugnen, ist mittlerweile vorsätzliche Ignoranz.

Allerdings gibt es noch eine weitere schlechte Nachricht: die vermeintliche Sicherheit, die durch all diese Worte über sicheres Wissen fälschlicherweise vermittelt wird. Zumindest gemäß einem wichtigen Maßstab scheinen wir heute keinen Schritt näher dran zu sein, die tatsächlichen Auswirkungen unseres Handels auf das Weltklima zu verstehen, als wir es in den 1970er-Jahren waren, am Beginn der modernen Klimaforschung und lange vor dem ersten Bericht des Weltklimarates. Noch schlimmer ist, dass unsere bisherigen Erkenntnisse andeuten, dass das, was in den extremsten Situationen passieren könnte – am Schwanz der Verteilungskurve –, alles andere in den Schatten stellen könnte.

Sensibles Klima

Im Jahr 1896 – acht Jahrzehnte bevor Wally Broecker den Ausdruck „Klimawandel" ins Leben rief – berechnete der schwedische Forscher Svante Arrhenius erstmals den Temperatureffekt, den eine Verdopplung des Kohlendioxids in der Atmosphäre hätte. Arrhenius kam auf einen Umfang von 5 bis 6 Grad Celsius. Dieser Effekt – die Auswirkung einer Verdopplung der atmosphärischen Kohlendioxidwerte auf die endgültigen globalen durchschnittlichen Oberflächentemperaturen – ist mittlerweile als „Klimasensitivität" bekannt und wurde ein ikonischer Beurteilungsmaßstab.

Das Konzept der Klimasensitivität selbst ist bereits ein Kompromiss, eine Methode, um ein unglaublich komplexes Thema etwas verständlicher zu machen. Diese Zahl hat ihre Vorteile. Zum einen ist der Ausgangspunkt der Kohlendioxidwerte fast egal. Eines der wenigen gesicherten Fakten ist, dass die endgültigen globalen Temperaturen pro prozentueller Veränderung der Kohlendioxidkonzentrationen linear ansteigen. Ein Verdoppeln der Konzentrationen, fast egal von welchem Niveau aus, führt zum selben endgültigen Temperaturanstieg. Diese

Tatsache hilft dabei zu verstehen, wie wichtig die Klimasensitivität als Zahl ist.

Ein Verdoppeln der vorindustriellen Kohlendioxidwerte von 280 Teilen pro Million (ppm) gilt als so gut wie sicher. Die Welt hat mittlerweile Werte von 400 ppm überschritten. Die Werte steigen weiterhin um 2 ppm pro Jahr. Bezieht man andere Treibhausgase mit ein, so schätzt die Internationale Energieagentur (IEA), dass die Welt bis zum Jahr 2100 irgendwo um die 700 ppm stehen wird – außer die größten Umweltsünder nehmen dramatische zusätzliche Maßnahmen in Angriff.

Glücklicherweise hat sich das von Arrhenius berechnete Intervall für die Klimasensitivität von 5 bis 6 Grad als zu pessimistisch herausgestellt. Im Jahr 1979 kam eine Studiengruppe der US-amerikanischen Akademie der Wissenschaften zum Schluss, dass die beste Schätzung bei 3 Grad Celsius liegt, plus/minus 1,5 Grad.

„Zum Schluss kommen" ist hier eine etwas starke Redewendung. Der Erkenntnisprozess wird oft wie folgt nacherzählt, nicht ohne Bewunderung für ein wissenschaftliches Genie bei der Arbeit: Jule Charney, der Studienleiter, nahm zwei der prominentesten ihm zur Verfügung stehenden Schätzungen als Ausgangspunkt – 2 Grad an einem Ende des Spektrums, 4 Grad am anderen. Er nahm einfach den Durchschnitt – 3 Grad – als Mittelpunkt. Zu den Endpunkten fügte er dann je ein halbes Grad hinzu, da es ja schließlich Ungewissheiten gab: 1,5 bis 4,5 Grad.

35 Jahre voller immer besserer Klimamodelle später hat sich unser Vertrauen in das Intervall selbst erhöht, doch das, was wir mittlerweile das „wahrscheinliche" Intervall nennen – die 1,5 bis 4,5 Grad Celsius –, hat sich nicht verändert. Das sollte bereits ein Hinweis sein, dass hier etwas eher Eigenartiges am Werk ist. Doch das ist immer noch nicht alles.

Ein globales Lotteriespiel

Der Weltklimarat definiert „wahrscheinlich" als eine 66-prozentige Chance. Das beantwortet noch immer nicht die Frage, ob am Ende nicht doch alles gut ausgehen wird. Bei einer Klimasensitivität, die näher an 1,5 Grad liegt, mag das der Fall sein. Bei einer näher an 4,5 Grad jedoch nicht.

Wenn wir die Definition wörtlich nehmen, ergibt sich auch eine Chance von 34 Prozent, dass wir überhaupt außerhalb des Intervalls sind. Der Weltklimarat gibt uns keine präzise Auskunft darüber, in welche Richtung diese 34 Prozent gehen würden, aber es gibt jedenfalls viel mehr Raum über 4,5 als unter 1,5 Grad (siehe Abbildung 3.1).

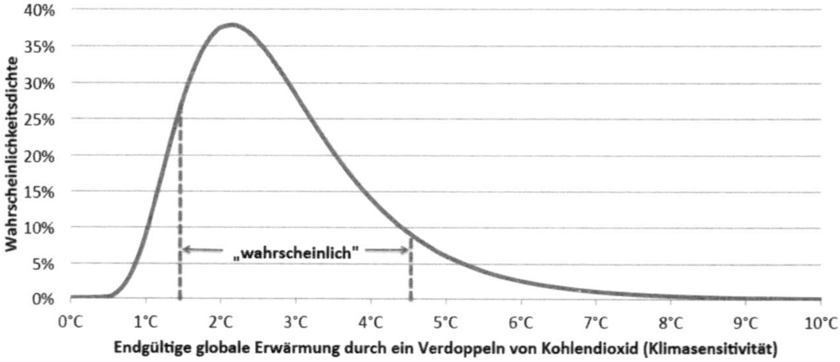

Abbildung 3.1

Bei jeder Zahl, die unter 1,5 Grad liegt, sollten wir feiern – idealerweise mit einer Flasche Champagner, eingeflogen aus Frankreich extra für diesen Anlass, die beim Öffnen sogleich einen kleinen Puff an Kohlendioxid ausstößt. Leider ist das eher unwahrscheinlich. Und nicht einmal diese niedrigen Klimasensitivitätswerte von 1,5 Grad würden garantieren, dass der Klimawandel keine negativen Konsequenzen hätte. Bei 700 ppm würden die endgültigen Temperaturen immer noch um über 2 Grad ansteigen. Denken Sie zurück an die Kamele in Kanada. Diese sind bei Werten von 2 bis 3,5 Grad über vorindustriellen Temperaturen glücklich und zufrieden dort herummarschiert, wo es jetzt gefrorene Tundra gibt.

All dies macht die Tatsache, dass wir auch Werte über 4,5 Grad nicht gänzlich ausschließen können, noch viel dramatischer. Jegliche Möglichkeit von Klimasensitivitätswerten in diesem noch höheren Bereich sollte die Alarmglocken schrillen lassen. Die wichtigste Frage ist daher, wie schnell die Wahrscheinlichkeit solcher Werte auf null fällt. Man könnte sich eine Extremsituation vorstellen, in der die Chance von

Werten über 4,5 Grad höher als zehn Prozent ist, in der wir aber Werte über 4,6 Grad gänzlich ausschließen können. Leider sind wir aber nicht so glücklich. Es ist *extrem unwahrscheinlich* – im umgangssprachlichen Sinn, nicht etwa in der strikten IPCC-Definition des Wortes –, dass die Chance hoher Klimasensitivitätswerte so schnell auf null fällt.

Es ist viel wahrscheinlicher, dass die Chance von höheren Werten unangenehm langsam heruntergeht, bevor sie Wahrscheinlichkeiten nahe genug an null erreicht, um uns die Sicherheit zu geben, dass höhere Werte nicht möglich sind. Dieses Szenario liegt näher an dem, was Statistiker ganz wissenschaftlich als einen „fetten Schwanz" beschreiben. Die Chance für 4,6 Grad ist kleiner als die für 4,5 Grad, aber nicht viel kleiner.

Die entscheidende Frage ist dann: Wie hoch ist die Chance solcher extremen Klimasensitivitätswerte? Der Weltklimarat selbst nennt Werte von über 6 Grad „sehr unwahrscheinlich". Das wäre eine gute Nachricht, wäre da nicht die Tatsache, dass „sehr unwahrscheinlich" als eine Chance zwischen null und zehn Prozent definiert ist. Und dieses Intervall ist wiederum immer noch nur die Wahrscheinlichkeit, dass die Klimasensitivität bei über 6 Grad liegt, nicht die eigentlichen Temperaturanstiege.

* * *

Springen wir gleich zur Lösung. Nehmen wir den letzten Weltklimaratsbericht beim Wort und nehmen wir an, dass das „wahrscheinliche" Intervall für die Klimasensitivität zwischen 1,5 und 4,5 Grad liegt. Ebenso wichtig: Nehmen wir die Definition des Weltklimarates, was dieses „wahrscheinlich" tatsächlich bedeutet, nämlich eine Chance von zumindest 66 Prozent, aber weniger als 90 Prozent. (Alles darüber wäre „sehr wahrscheinlich".) Außerdem nehmen wir die IEA und ihre Interpretation der klimapolitischen Auswirkungen beim Wort. Zusammengefasst also, wo wir am Ende stehen: eine ungefähr zehnprozentige Chance, dass die endgültigen globalen Oberflächendurchschnittstemperaturen um mehr als 6 Grad ansteigen, sofern nicht zusätzliche dramatische politische Handlungen gesetzt werden.

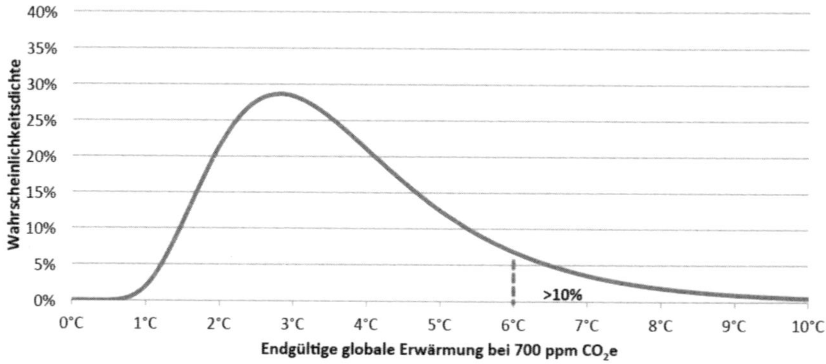

Abbildung 3.2

CO_2e-Konzentration (ppm)	400	450	500	550	600	650	**700**	750	800
Mittlerer Temperaturanstieg	1,3 °C	1,8 °C	2,2 °C	2,5 °C	2,7 °C	3,2 °C	**3,4 °C**	3,7 °C	3,9 °C
Wahrscheinlichkeit von > 6°C	0,04%	0,3%	1,2%	3%	5%	8%	**11%**	14%	17%

Tabelle 3.1: Die Wahrscheinlichkeit einer endgültigen Erwärmung von über 6 °C steigt schnell mit wachsenden CO_2e-Konzentrationen

Abbildung 3.2 und Tabelle 3.1 sind die Kulmination von Berechnungen unzähliger wissenschaftlicher Abhandlungen und unzähliger Stunden Arbeit, um die Zahlen richtig zu interpretieren. Die ersten beiden Reihen in der Tabelle stellen den Schritt von Kohlendioxid-äquivalenten-(CO_2e)-Konzentrationen in der Atmosphäre zu endgültigen Temperaturanstiegen dar. Die dritte Reihe zeigt die entsprechenden Wahrscheinlichkeiten, dass die endgültigen Oberflächentemperaturen die 6 Grad überschreiten. Wo immer wir eine Annahme machen mussten, haben wir versucht, die konservativere Variante zu nehmen, was wohl die endgültige Zahl ebenso zu einer konservativeren macht. Die Chance könnte also noch viel höher sein.

Der furchterregendste Teil des Ganzen ist gerade, wie schnell die Wahrscheinlichkeit von Temperaturanstiegen von über 6 Grad Celsius tatsächlich zunimmt. Vergleichen Sie die Anstiege der Durchschnittstemperatur mit den Anstiegen dieser Wahrscheinlichkeit. Der Schritt von 400 zu 450 ppm ergibt einen Anstieg im Durchschnittswert von 1,3 auf 1,8 Grad. Das mag nach nicht viel klingen. Es könnten zwar bereits hier irreversible Veränderungen in Gang gesetzt werden, aber am Ende ist es „nur“ ein halbes Grad Temperaturunterschied. Ein Anstieg von ein bisschen mehr als einem Drittel. Zur gleichen Zeit steigt die Chance, dass die Temperaturanstiege 6 Grad überschreiten, also die Zahl in der letzten Reihe, von 0,04 auf 0,3 Prozent. Das ist ein Anstieg um fast das Zehnfache. Und all das gilt nur für den Schritt von 400 auf 450 ppm. Die Welt hat mittlerweile 400 ppm überschritten, alleine Kohlendioxid betreffend. Für alle Treibhausgase zusammengenommen sind wir bereits bei 440 bis 480 ppm! Ein weiterer Anstieg auf 500 ppm erhöht die Chance einer wahren Katastrophe auf 1,2 Prozent. Mit Konzentrationen um die 700 ppm – also dort, wo die IEA prognostiziert, dass sich die Welt im Jahr 2100 befinden wird, selbst wenn alle Regierungen ihre jetzigen Versprechen einhalten – steigt die Wahrscheinlichkeit von Temperaturanstiegen über 6 Grad auf ungefähr zehn Prozent. Dies ist eine wahre Manifestation eines dicken Schwanzes (obwohl unsere Berechnung streng genommen aus statistischer Sicht gar keinen fetten Schwanz benötigt; in unserem Fall ist der Schwanz nur „schwer“, nicht ganz „fett“).

Bei 700 ppm läge der durchschnittliche Temperaturanstieg bei ungefähr 3,4 Grad. Dies alleine wäre ein fundamentaler Wandel für die Erde. Die Polarregionen würden sich wahrscheinlich mehr als doppelt so hoch erwärmen, mit allem, was dies mit sich bringt. Die Kosten wären enorm und hätten die Politiker schon längst zum Handeln bringen müssen, um solch eine Möglichkeit auszuschließen. Allerdings sind diese Kosten immer noch nicht mit jenen vergleichbar, die ein durchschnittlicher Temperaturanstieg von 6 Grad bedeuten würde. Es ist diese ungefähr zehnprozentige Chance eines fast sicheren Desasters, die den Klimawandel noch viel kostspieliger macht.

Nun befinden wir uns tatsächlich in jener Gegend, die Nassim Nicholas Taleb als „Schwarzen Schwan" beschreibt oder etwa Donald Rumsfeld als „unbekannte Unbekannte". Wir kennen die vollen Auswirkungen eines endgültigen Temperaturanstieges von 6 Grad Celsius einfach nicht. Wir können sie nicht kennen. Es ist ein blindes globales Lotteriespiel. Katastrophale Hausbrände, Autounfälle und andere persönliche Härtefälle sind fast immer deutlich unwahrscheinlicher als diese zehn Prozent. Und trotzdem versichern sich Personen gegen diese Eventualitäten, sofern es die Gesetze nicht sogar vorschreiben, um zu vermeiden, dass die Kosten auf die Gesellschaft übergewälzt werden. Es wäre also nur angebracht, alles zu versuchen, um solche Risiken von globalem Ausmaß zu vermeiden. Solche Risiken und Kosten können – ja, *dürfen* – nicht einfach auf die Gesellschaft übergewälzt werden.

Etwas „nicht dürfen" klingt streng. Das weckt Bilder von Verboten oder – in Euro und Cent – unbegrenzten Kosten. Dies passt nicht mit der Realität von Zielkonflikten zusammen, die Ökonomen oft als gegeben annehmen. Die Kosten des Klimawandels mögen zwar hoch sein, vielleicht höher, als es irgendjemand für möglich hält. Aber mit Sicherheit, so besagt es die ökonomische Logik, können sie streng genommen nicht *unbegrenzt* sein.

Geld über alles

Zu versuchen, den endgültigen Temperaturanstieg vorherzusagen, ist die eine Angelegenheit. Dessen konkrete Bedeutung für einzelne Personen zu bestimmen, ist aber noch etwas ganz anderes. Selbst wenn wir die Zahl genau wüssten, etwa für den einen heißen Tag im August 2100 in Berlin – was uns eigentlich viel mehr Sorgen macht, sind die daraus resultierenden Klimaschäden und wie viel uns diese kosten werden. Zum einen sind da höhere Meeresspiegel, zum anderen extreme Klimaereignisse wie Dürren oder Stürme, die Ihr Zuhause viel eher treffen, bevor die höheren Meeresspiegel Sie endgültig von dort vertreiben.

Genaue Klimaschäden vorherzusagen, ist schwer und geht mit vielen Ungewissheiten einher. Bekannte Unbekannte gibt es genug. Unbekannte Unbekannte mögen aber auch hier wieder dominieren. Ein böses Erwachen kann an jeder Ecke lauern. Manche dieser kritischen Punkte könnten die Klimaerwärmung selbst noch um ein Vielfaches erhöhen. Große Ablagerungen an Kohlendioxid, die derzeit fest im Permafrost Sibiriens oder Kanadas eingeschlossen sind, könnten so ein kritischer Punkt sein, der eine rasante Wärmerückkopplung verursacht. Andere mögen relativ wenig Einfluss auf die eigentlichen Temperaturen haben, könnten sich aber auf andere Weise auswirken. Das Abschmelzen Grönlands und des westantarktischen Eisfeldes alleine lässt die Meeresspiegel bereits jetzt um bis zu einen Zentimeter pro Jahrzehnt ansteigen. Ein vollständiges Schmelzen Grönlands käme einem sieben Meter hohen Anstieg der Weltmeere gleich. Ein vollständiges Schmelzen des westantarktischen Eisfeldes könnte noch einmal 3,3 Meter hinzufügen. Das würde zwar nicht morgen oder auch nicht in diesem Jahrhundert passieren. (Die Schätzungen des Weltklimarats zum Anstieg der Weltmeere gehen von bis zu einem Meter am Ende dieses Jahrhunderts aus.) Aber die kritischen Punkte, die solche irreversiblen Ereignisse in die Wege leiten und die zu einem vollständigen Schmelzen führen könnten, werden viel früher erreicht sein. Der kritische Punkt für große Teile des westantarktischen Eisfeldes könnte bereits eingetreten sein.

Diese zusammengesetzten Unsicherheiten – zuerst von Emissionen zu Konzentrationen und zu Temperaturen, dann von Temperaturen zu Klimaschäden, gemessen in Euro und Cent – machen es extrem schwer, die richtigen Prognosen abzugeben. Das hat allerdings Ökonomen noch nie davon abgehalten, es wenigstens zu versuchen.

Einer der Besten darin ist Bill Nordhaus. Sein DICE-Modell – kurz für Dynamisches integriertes Klimaökonomie-Modell („Dynamic Integrated Climate-Economy model“) – ist seit den frühen 1990er-Jahren öffentlich verfügbar. Generationen von Studenten und Forschern haben sich damit befasst, haben versucht, Probleme darin zu finden, und haben damit Prognosen zur „optimalen“ Klimapolitik gewagt. Nordhaus’ eigene Prognosen für die vollen Kosten einer Tonne Kohlendioxid sind seit Erscheinen der ersten solchen Berechnung im Jahr 1992 stetig nach oben gegangen. Damals lag seine volkswirtschaftlich optimale Antwort auf den Klimawandel bei einer globalen Kohlendioxidsteuer von ungefähr 1,75 Euro pro Tonne (gemäß dem Euro-Wert von 2014). Das ging Hand in Hand mit einer durchschnittlichen globalen Klimaerwärmung von bis zu 4 Grad Celsius und darüber. Im Tauziehen zwischen Wachstum und stabilem Klima gewann zunächst das Wachstum. Das Klima hat aber seitdem aufgeholt und hat damit ein uneingeschränktes, durch fossile Brennstoffe angeheiztes Wachstum zunehmend von seinem optimalen Weg gedrängt. Heute steht Nordhaus' bevorzugter „optimaler" Preis bei ungefähr 17,50 Euro pro Tonne Kohlendioxid. Der daraus resultierende endgültige Temperaturanstieg liegt bei zirka 3 Grad.

Die Suche nach dem idealen Kohlendioxidpreis ist ein heißes Thema. Nordhaus' formal berechneter Preis von 17,50 Euro ist niedriger als der Durchschnittswert von um die 22 Euro, den er als „illustratives" Beispiel in seinem eigenen Buch präsentiert. Dieser Wert ist wiederum niedriger als der zentrale Wert der US-Regierung von ungefähr 35 Euro, berechnet nach einer Kombination von drei Modellen (inklusive DICE).

Keine dieser Berechnungen beinhaltet dabei angemessene Kosten für die Chance ungewisser Ereignisse – also solche, die im Schwanz der statistischen Verteilung liegen, egal ob fett oder nicht. Nordhaus' Wert für den Anstieg der globalen Durchschnittstemperatur mag unter 3 Grad bleiben, aber das ist nur der Durchschnitt. Dies besagt nichts über die Wahrscheinlichkeit, dass die Temperaturanstiege beispielsweise 6 Grad oder mehr erreichen. Manche anderen Berechnungen versuchen die Ungewissheiten ernster zu nehmen. Die US-Regierung selbst präsentiert das, was sie „95-Prozent-Berechnung" nennt, stellvertretend für Extremsituationen. Der vergleichbare optimale Preis hier: über 85 Euro für eine Tonne Kohlendioxid, die heute ausgestoßen wird.

Was beinhaltet also der Durchschnittswert von 35 Euro und wie wird er berechnet? Zwei Schlüsselfaktoren sind die Berechnungen der Klimaschäden und die Abzinsung. Wir werden uns mit beiden befassen.

Wie viel kostet ein Grad Klimaerwärmung?

Vergleichen Sie die Durchschnittstemperaturen in Stockholm, Singapur und San Francisco. Die Winter in Schweden sind lang, kalt und dunkel.

Man muss schon auf die Sommermonate warten, um durchschnittliche Höchstwerte von über 20 Grad zu finden. Die Bewohner von Singapur haben dieses Problem nicht. Deren durchschnittliche Tiefstwerte sind höher als die durchschnittlichen Höchstwerte in Stockholm. All das lässt die Menschen in San Francisco nur selbstgefällig lächeln, trotz Nebel. Sie genießen das ganze Jahr hindurch stabiles Mittelmeerklima, mit einer Woche Regen im „Winter". Trotzdem sind alle drei Städte pulsierende Metropolen. Historiker mögen sogar argumentieren, dass alle drei ihre jetzige Position der jeweiligen Lage und Geografie zu verdanken haben. Was sollte uns dann zum Glauben führen, dass ein bestimmtes Klima besser oder schlechter wäre als das andere? Oder etwa, dass wärmere globale Temperaturen überhaupt mit Kosten verbunden sind?

Die Kosten des Klimawandels basieren nicht darauf, dass wir uns von irgendeinem mythologischen Klimaoptimum entfernen. Stockholm mag mit dem einen oder anderen zusätzlichen Grad Celsius sogar ein angenehmerer Ort sein. Das ist übrigens genau das, was der schwedische Wissenschaftler Svante Arrhenius – jener, dem der Ruhm der erstmaligen Berechnung des Treibhauseffekts gebührt – vorschlug: Wir sollten absichtlich Kohle verbrennen, „um eine Ära mit angemesseneren und besseren Klimata zu genießen, vor allem in Hinblick auf kältere Regionen der Erde". Zur Verteidigung Arrhenius': Er sagte dies im Jahr 1908, nachdem er den Treibhauseffekt quantifiziert hatte, aber lange bevor klar wurde, dass die Emission von Kohlendioxid in die Atmosphäre mit maßgeblichen Kosten verbunden sein würde. Am Ende sind die Kosten kleiner Temperaturveränderungen hauptsächlich die Kosten der Veränderung selbst – die Anpassung all jener Dinge, an die wir uns schon gewöhnt haben. Und es läuft nicht nur darauf hinaus, dass die Schweden bereits Winterjacken besitzen und die Einwohner von Singapur Klimaanlagen. Es geht schlussendlich um massive Investitionen und industrielle Infrastrukturen, die alle rund um die derzeitigen Klimaverhältnisse – und derzeitigen Meereshöhen – gebaut worden sind.

Es geht also nicht so sehr um die Temperaturen selbst, sondern darum, was der Anstieg der Temperaturen bedeutet. Eine der vielen Auswirkungen ist der Anstieg der Meeresspiegel um 0,3 bis einen Meter bis zum Ende des Jahrhunderts. Dann sind da noch Sturmfluten – die bis dahin aufgrund des Klimawandels intensiver und häufiger werden. Und das ist nur der „normale", durchschnittliche Effekt auf die Meeresspiegel – die bekannten Auswirkungen. Nichts davon berührt die „bekannten Unbekannten", die fetten Schwänze oder sonstigen Annahmen über echte Extremsituationen.

Die neuesten Erkenntnisse der Forschung miteinzubeziehen und zu versuchen, diese Schäden auch zu quantifizieren, würde die Kosten noch höher treiben. DICE & Co hinken permanent den letzten Forschungserkenntnissen hinterher. Im Jahr 2010 lag der durchschnittliche Wert der Kosten einer Tonne Kohlendioxid, die im Jahr 2015 ausgestoßen würde, um die 22 Euro. Eine einfache Aktualisierung im Jahr 2013 hob den Wert auf 35 Euro an.

* * *

Nichts davon soll die Modellierungsversuche schlechtmachen. Ganz im Gegenteil. Die Dinge richtig zu erfassen, ist unheimlich schwierig. Wenn überhaupt, bedeutet all dies, dass wir viel mehr Geld in ökonomische Modelle stecken müssen. Nordhaus' DICE-Modell sowie dessen größte Mitstreiter, FUND und PAGE, wurden alle von Einzelpersonen erfunden. Seither wurden sie über die Jahre hinweg von jeweils einer kleinen Gruppe von Ökonomen akribisch gewartet und verbessert.

Stellen Sie sich den Prozess vor, den ein Großunternehmen durchläuft, um herauszufinden, welchen Zahnpasta-Geschmack es produzieren soll. Es verwendet riesige räumlich-geografische Konsumentendatensätze, die von Dutzenden abkommandierten Statistikern und Programmierern analysiert werden – vom damit einhergehenden Multimillionen Euro schweren Werbeaufwand ganz zu schweigen.

Wir sollten auf keinen Fall die klimaökonomischen Modelle wegen ihrer Unzulänglichkeiten von der Agenda streichen. Wenn überhaupt, sollten wir sie in den Turbogang versetzen: ihre Wirkweise IBM-ifizieren. Hier geht es schließlich um viel mehr als beim Verkauf des richtigen Zahnpasta-Geschmacks. Und dennoch stehen Colgate oder Procter & Gamble massive Datensätze und Rechenleistungen zur Verfügung, während DICE auf jedem Privat-PC laufen kann. Mehr Personal und höhere Kapazitäten würden zumindest helfen, dass die Modelle auch die neuesten erhältlichen Erkenntnisse in Echtzeit miteinbeziehen.

Selbst wenn wir all dies täten, gäbe es noch immer ein großes Problem: Wie sollen wir die Schäden von möglichen katastrophalen Klimaereignissen miteinbeziehen? Mehr Daten würden uns bei dieser Frage nicht unbedingt helfen.

Derzeit schauen DICE & Co für Orientierung hauptsächlich in die Vergangenheit. Hunderte von wissenschaftlichen Studien versuchen, den Einfluss der Klimaerwärmung auf alles Mögliche, von Meereshöhen bis zu Ernteerträgen und tropischen Stürmen, zu quantifizieren. Die Aufgabe lautet dann, diese Auswirkungen in Euro und Cent umzurechnen. Dabei gibt es zwei Probleme: Zum einen kann nur ein kleiner Teil der bekannten Schäden tatsächlich quantifiziert werden. Viele fehlen. Die Liste der derzeit unquantifizierten und – zumindest teilweise – unquantifizierbaren Schäden reicht von bekannten Gesundheitsauswirkungen wie Atemproblemen durch höhere Ozonwerte aufgrund erhöhter Oberflächentemperaturen bis zu den Effekten versauerter Ozeane. Darüber hinaus liegen die einzigen Teile, die wir tatsächlich quantifizieren können, in einem relativ engen, niedrigen Temperaturband: Veränderungen um Teile eines Grads Celsius, vielleicht sogar ein Grad oder auch zwei. Wie aber können wir berechnen, was bei drei, vier oder sogar fünf Grad Erwärmung passieren wird?

Extrapolieren, extrapolieren, extrapolieren.

Das ist es zumindest, was derzeitige Modelle tun. Nimm, was bei ein oder zwei Grad passiert, und rechne es hoch! Wir wissen, dass wir aufgrund von kritischen Punkten und anderen möglichen Überraschungen nicht einfach linear hochrechnen können. Niemand würde das sonst ernst nehmen. Stattdessen verlässt sich DICE hauptsächlich auf eine nahezu quadratische Hochrechnung: Wenn ein Grad Celsius 10 Euro an Schäden verursacht, dann verursachen zwei Grad nicht 20 Euro – das wäre linear –, sondern 40. Konkret kalkuliert Nordhaus, dass eine Erwärmung von einem Grad Celsius weniger als 0,5 Prozent des globalen Wirtschaftsproduktes kostet; 2 Grad kosten ungefähr 1 Prozent; 4 Grad kosten um die 4 Prozent. Danach addieren sich die Summen schnell, aber selbst 6 Grad Celsius bewegen sich unter 10 Prozent.

Wohlgemerkt, das sind große Zahlen: 10 Prozent des totalen, globalen wirtschaftlichen Aufkommens heute wären über sechs Billionen Euro. Falls diese Schäden tatsächlich auftreten, wenn die Temperaturen in einem Jahrhundert oder mehr tatsächlich 6 Grad Celsius erreichen, würde der Prozentsatz der Schäden mit einem gehörigen Wachstumsfaktor multipliziert werden. Aber wie wissen wir, dass dies überhaupt die richtige Zahl ist? Wir wissen es nicht. Sobald wir Schäden in einer Größenordnung von bis zu 6 Grad Celsius extrapolieren, wird jede Hochrechnung zur Ratestunde. Eine quadratische Extrapolation zu verwenden, ist eine bequeme Abkürzung. Nicht viel mehr. Viele andere Hochrechnungen würden zu den beobachteten Werten am niedrigeren Ende der Skala der Temperaturanstiege passen. Allerdings würden diese äußerst unterschiedliche Ergebnisse am oberen Ende ergeben. Zum Beispiel zeigt Abbildung 3.3, wie der Versuch einer exponentiellen Hochrechnung gänzlich andere Zahlen ergeben würde:

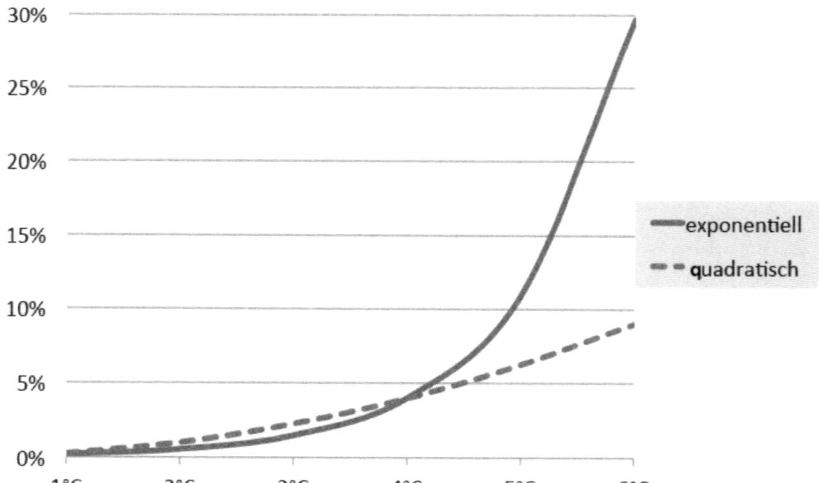

Abbildung 3.3

Bei 1 und 4 Grad Celsius sind die beiden Linien identisch. Für 2 und 3 Grad sind sie nahe genug beieinander, dass man sie praktisch nicht unterscheiden kann. Bei 5 Grad klaffen die Zahlen schon auseinander. Bei

6 Grad könnten sie auch gleich verschiedene Planeten beschreiben: Die quadratische Hochrechnung ergibt Schäden um die 10 Prozent. Die exponentielle Hochrechnung kommt auf Schäden um die 30 Prozent.

Wir behaupten nicht, dass berechnete Schäden von 30 Prozent in irgendeinem Sinn korrekter sind als Schäden von 10 Prozent, wenn die globalen Durchschnittstemperaturanstiege 6 Grad Celsius erreichen. Wir wissen es einfach nicht. Niemand weiß es. Man kann Geschichten erzählen, warum 10 Prozent zu hoch sind, da sich die Menschen ja anpassen können. Selbst mit 6 Grad an Erwärmung wäre Stockholm dann immer noch kühler als Singapur heute. Oder man könnte Geschichten erzählen, warum 30 Prozent immer noch zu niedrig sind, da weder Stockholm noch Singapur diesen Tag erleben würden. Die Küsten beider Städte würden unter mehreren Metern von Wasser verschwinden. *Würden*, nicht *könnten*. Aber es sind wieder die tief liegenden Ungewissheiten über das endgültige Ausmaß der Konsequenzen sowie den Zeitpunkt ihres Eintretens, die die wahren Kosten ausmachen.

* * *

Es ist auch gar nicht so klar, dass Schäden als Prozent des Wirtschaftsaufkommens in einem bestimmten Jahr der richtige Maßstab sind. Die übliche Annahme von DICE und anderen Modellen ist, dass die Wirtschaft ganz normal weitergehen wird, bis plötzlich an einem bestimmten Punkt in der Zukunft die Schäden des Klimawandels subtrahiert werden. Egal wie katastrophal dies ausfällt, diese Schätzungen werden immer relativ klein sein, zumindest verglichen mit den unglaublichen Anhäufungen von Reichtum, die ganz normales Wirtschaftswachstum mit sich bringen wird. Wenn die Wirtschaft um die drei Prozent pro Jahr wächst, wird sich das Wirtschaftsaufkommen innerhalb eines Jahrhunderts fast verzwanzigfachen. Subtrahiert man da 10, 30 oder sogar 50 Prozent nach einhundert Jahren, wird die Welt immer noch um ein Vielfaches reicher sein, als sie es jetzt ist. Kurz gesagt, Klimawandel mag zwar schlimm sein, aber selbst die schlimmsten Szenarien würden die Welt am Ende immer noch um einiges reicher hinterlassen, solange die Wirtschaft bis zum Zeitpunkt der Schäden noch wächst.

Nehmen Sie nun stattdessen an, dass die Schäden die *Wachstumsrate* der Wirtschaft treffen, anstatt einfach nur in hundert Jahren aufzutreten. Der Klimawandel beeinflusst mit Sicherheit auch die Produktivität von Arbeitern, besonders in bereits jetzt heißen (und armen) Ländern. Dann könnten die angehäuften Effekte der Klimaschäden mit der Zeit viel schlimmer werden. Das ist das Schöne – bzw. hier: das Hässliche – an der Aufzinsung: Kleine Schäden Jahr für Jahr multiplizieren sich schnell.

Zu guter Letzt ist es auch wichtig, zu wissen, was die Klimaschäden im Allgemeinen mit Wirtschaftswachstum zu tun haben. DICE & Co nehmen an, dass die Schäden einfach ein Teil des Bruttoinlandsproduktes (BIP) sind: je höher die Temperaturen, desto größer dieser Teil. Dies scheint eine harmlose Annahme zu sein, aber ihre Folgen sind enorm. Die Annahme lautet, dass Wirtschaft – insbesondere das Wirtschaftsaufkommen, gemessen als BIP – und Temperaturen untereinander auswechselbar seien. Oder anders gesagt: Klimaschäden im Ausmaß von einem Prozent des BIP könnten immer durch einen Anstieg des BIP von ein Prozent wettgemacht werden. *Mehr BIP ist gut. Wenn mehr BIP größere Schäden bedeutet, können wir einfach das BIP erhöhen und die Welt wird immer noch besser dran sein.* Viele Ökonomen machen diese Annahme quasi aus Gewohnheit. Wachstum ist schließlich im Allgemeinen gut.

Allerdings können nicht alle Umweltschäden so einfach durch einen Anstieg des BIP wettgemacht werden. Der Verlust menschlichen Lebens, von Ökosystemen oder von Lebensmitteln etwa, kann nicht einfach durch einen Anstieg in Konsumgütern wieder ausgeglichen werden. Um es noch überspitzter auszudrücken: Wenn die globale Nahrungszufuhr durch den Klimawandel leidet, würde ein Anstieg des BIP aufgrund des Verkaufs von mehr iPhones den hungernden Menschen nicht helfen. Extra Nahrungsangebot hingegen schon. Das ist oft die Antwort jener, die für die Standardannahmen eines multiplikativen Wirtschaftsmodells argumentieren. *Menschliche Erfindungsgabe hat in der Vergangenheit scheinbar immer jegliche Umweltschäden wieder wettgemacht. Die Dinge scheinen immer billiger, kleiner, schneller, besser zu werden. Die Technologie wird auch diesmal am Ende wieder gewinnen.* Vielleicht.

Aber was passiert, wenn es tatsächlich Grenzen gibt? Was passiert, wenn wir an einem gewissen Punkt die Verschlechterungen der Umwelt nicht mehr durch eine Anhebung des BIP wettmachen können? Mehr BIP wird dann keine Kompensation mehr sein für größere Klimaschäden. Dies stellt die normale Logik, dass Wirtschaftswachstum Klimaschäden aufheben könne, vollkommen auf den Kopf: Reichere Gesellschaften bevorzugen eine bessere Umwelt oft stärker als Ärmere. In so einer Welt ist klar: Je *höher* das zukünftige BIP sein wird, desto wertvoller ist es heute, etwas für die Vermeidung der Klimaerwärmung zu tun.

Eine Studie analysierte den Schritt von einer Annahme multiplikativer Schäden – also dass ein höheres BIP Umweltschäden wettmachen könne – zur Annahme, dass Schäden additiv seien – dass also etwa Nahrung und iPhones nicht austauschbar sind. Das Resultat ist ein Halbieren des „optimalen" globalen Temperaturanstiegs. Wenn die Standardversion mit multiplikativen Schäden zu 4 Grad Celsius Erwärmung führt, wird der Temperaturanstieg durch diesen einfachen Schritt jetzt „nur" mehr 2 Grad betragen. Das ist ein enormer Unterschied, der wieder einmal zeigt, wie wichtig manche Annahmen in Modellen wie DICE & Co sind. „Müll rein, Müll raus", wie die Redewendung lautet. Hier nimmt sie eine etwas freundlichere Form an: „Optimismus rein, Optimismus raus." Jede auch nur leicht angepasste Annahme in einem dieser Klima-Wirtschaftsmodelle kann einen überaus großen Unterschied ausmachen.

* * *

Und wieder einmal ist die systematische Ungewissheit der wichtigste Faktor. Sie dominiert sowohl die Frage, welche Form die Schäden tatsächlich annehmen, als auch viele andere Bereiche. Selbst wenn wir – mit Sicherheit – wüssten, wie sich die Kohlendioxidemissionen entwickeln, welche Konzentrationen sich ergeben, wie die Temperaturen reagieren und wie die Meeresspiegel ansteigen – und das wissen wir alles *nicht* –, würden wir immer noch die Auswirkungen in Euro und Cent umrechnen müssen.

Die richtige Vorgangsweise ist daher nicht, einfach verschiedene Hochrechnungen heranzuziehen, die jeweils die genauen Wirtschaftsschäden von 10, 30 oder mehr Prozent des BIP berechnen, sobald die Temperaturen 6 Grad Celsius über vorindustriellen Werten erreichen. Die richtige Vorgangsweise ist stattdessen das, was wir zuvor für das Berechnen der endgültigen Temperaturen getan haben: auf die gesamte Verteilung aller möglichen Schäden zu schauen, nicht nur auf die zu erwartenden Schäden bei einer Erwärmung auf einem bestimmten Niveau. Mit anderen Worten: Wenn die Temperaturzunahme beispielsweise 6 Grad erreicht, was ist dann die eigentliche Wahrscheinlichkeit, dass die Schäden 10, 30 oder jede andere Prozentzahl des BIP erreichen?

Es gibt immer eine kleine Chance, dass eine bestimmte Endtemperatur keinen Schaden verursacht. Es gibt auch immer eine kleine Chance, dass es die Welt kostet. Das wahrscheinlichste Ergebnis liegt wohl irgendwo in der Mitte, vielleicht ja irgendwo im Bereich von 10 bis 30 Prozent für eine Erwärmung von 6 Grad. Aber das ist nicht der Punkt. Oder zumindest ist es nicht ausreichend. Bestenfalls ist es eine grobe Schätzung. Schlimmstenfalls ist es vollkommene Raterei.

Daher können wir nicht einfach eine ähnliche Tabelle erstellen, wie wir es für die endgültigen Durchschnittstemperaturen sowie die Wahrscheinlichkeiten eines Anstiegs über 6 Grad Celsius kalkuliert haben. Wir wissen einfach nicht genug, selbst um nur die Zeile der Durchschnittsschäden pro Grad Erwärmung auszufüllen. Bill Nordhaus kalkuliert die zu erwartenden Schäden pro Grad Temperaturanstieg so: 1 Grad Celsius Erwärmung kostet weniger als 0,5 Prozent des globalen BIP, 2 Grad kosten rund 1 Prozent, 4 Grad kosten rund 4 Prozent. Das könnte ein Anfang sein, aber leider nicht viel mehr. Selbst da ist alles über rund 2 Grad bereits weitgehend Rätselraten. Und wir wissen viel zu wenig über die tatsächliche Verteilung der Schäden bei den verschiedenen Temperaturanstiegen, um die dritte Zeile in Tabelle 3.2 überhaupt auszufüllen. Die Wahrscheinlichkeit für katastrophale Schäden von 50 Prozent der Wirtschaftsleistung oder noch mehr kennen wir einfach nicht.

Endgültiger Temperaturanstieg	2 °C	2,5 °C	3 °C	3,5 °C	4 °C	4,5 °C	5 °C	5,5 °C	6 °C
Durchschnittliche globale Schäden	1 %	1,5 %	2 %	3 %	4 %	?	?	?	?***
Wahrscheinlichkeit von Schäden > 50 % von BIP	? %	? %	? %	? %	? %	? %	? %	? %	? %

Tabelle 3.2: Unser Wissen über ökonomische Schäden sinkt schnell mit steigenden globalen Durchschnittstemperaturen

*** Im Text ist unser Intervall für durchschnittliche globale Schäden bei einer Erwärmung von 6 °C mit 10 bis 30 Prozent angenommen, allerdings ist dies kaum wissenschaftlich genug, um es auch hier zu erwähnen. Es ist einfach eine Extrapolation von quadratischen und exponentiellen Kurven.

Wenn es darum geht, Schäden aufgrund hoher Temperaturanstiege zu berechnen, sind die besten ökonomischen Modelle nicht viel besser, als eine Kurve zu verwenden, die sich rund um das spannt, was wir wissen, dass bei niedrigen Temperaturanstiegen passieren wird, und von hier ausgehend hochzurechnen, was bei höheren Temperaturanstiegen passieren wird – obwohl diese absolutes Neuland für die menschliche Zivilisation darstellen und die Auswirkungen solcher Temperaturextreme alles Bisherige in den Schatten stellen könnten. Wir prangern diese Modellierungsbemühungen wie gesagt nicht an. Allerdings ist es angebracht, zu wiederholen, dass die Ungewissheiten wahrscheinlich das endgültige Ergebnis bestimmen werden.

* * *

All das führt uns in den Bereich der philosophischen Debatte darüber, ob eine beliebige Zahl besser ist als gar keine. Wenn Nordhaus für die durchschnittlichen globalen Schäden, die durch einen endgültigen Temperaturanstieg von 6 Grad Celsius versuracht werden, eine Zahl von 10 Prozent errechnet, und eine einfache exponentielle Hochrechnung 30 Prozent gibt, sollten wir dann einfach das Intervall von 10 bis 30 Prozent verwenden? Und was passiert, wenn wir die Schäden grundlegend falsch eingeschätzt haben, weil sie beispielsweise eher die Wachstumsraten als absolute BIP-Zahlen beeinflussen oder weil Schäden von Natur aus additiv statt multiplikativ sind?

Die entscheidende Frage ist: Was ist die Alternative? Diese Schätzungen in offiziellen Kosten-Nutzen-Rechnungen *nicht* zu verwenden, wäre dasselbe, wie wenn die Klimaschäden überhaupt mit null bemessen werden. Das ist auf jeden Fall die falsche Antwort. Also besser die Standardresultate von DICE und anderen Modelle verwenden als gar keine. Die offizielle Zahl der US-Regierung von 35 Euro pro Tonne ist in diesem Zusammenhang so gut wie jede andere, auch wenn sie höchstwahrscheinlich noch eine Unterschätzung ist. Verwenden wir sie zumindest nun, um einen weiteren Punkt zu unterstreichen.

Wie viel kostet ein Grad Klimaerwärmung in hundert Jahren?

Ob die Schäden aufgrund von 6 Grad Celsius an endgültigen Temperaturanstiegen nun 10 oder 30 Prozent der weltweiten Wirtschaftsleistung ausmachen, darüber kann jeder nur spekulieren. Was wir allerdings mit Sicherheit wissen, ist, dass eine jede Zahl diskontiert werden muss. Die grundlegende Logik dieser Diskontierung ist einfach und immer präsent: Es ist eine Kombination von Belohnungsaufschub und Risiko. 1 Euro heute ist mehr wert als derselbe Euro in zehn Jahren. Die Antwort auf die Frage, wie viel mehr das ist, scheint ebenso auf Kunst zu beruhen wie auf handfesten Berechnungen. Aber das *muss* nicht der Fall sein.

Tatsächlich gibt es dafür eine Webseite. Gehen Sie auf die Website treasury.gov, um den Zinssatz für das zu finden, was allgemein als die am wenigsten riskante Investition überhaupt gilt: US-Staatsanleihen. Leihen Sie den USA heute 100 Dollar für bis zu 30 Jahre und Ihre Investition wird jedes Jahr mit der Rate, die dort angezeigt wird, wachsen. Genauer gesagt würden Sie auf die Rate für „Treasury Inflation-Protected Securities" (oder TIPS) schauen. So wird auch noch die Kaufkraft der Anleihe erhalten. Die Inflation wird Ihre Einnahmen nicht verringern. Historisch gesehen lag diese Rate in den letzten zehn Jahren um die 2 Prozent pro Jahr. Im Moment ist sie bei etwa 1 Prozent.

Vergleichen Sie diese Zahlen mit der zentralen Annahme der US-Regierung für die Berechnung der Zahl von 35 Euro. Sie verwendet 3 Prozent. Nordhaus nimmt in seinem DICE-Modell einen Wert von rund 4 Prozent an. Lord Nicholas Stern verwendet in seinem Bericht zur Klimaökonomie 1,4 Prozent. Er wurde für die Wahl dieses niedrigen Zinssatzes auch von allen möglichen Seiten kritisiert. Was ist dann also die richtige Zahl?

Kurz gesagt: Wir wissen es nicht, aber wir sind ziemlich sicher, dass der richtige langfristige Diskontsatz im Laufe der Zeit „in Richtung seines kleinstmöglichen Wertes" heruntergehen sollte. Dies scheint eher eigennützig für jeden, der versucht, für starke Klimapolitik zu argumentieren. Ein niedriger Zinssatz bedeutet, dass künftige Klimaschäden in heutigem Geld mehr wert sind, was sich wiederum in einer ambitionierteren Klimapolitik niederschlagen sollte. Aber es gibt in der Tat einige Gründe, die in diese Richtung zeigen. Und es ist wieder einmal das, was wir nicht wissen, das vor allem in diese Richtung weist. Der Hauptgrund für niedrige Zinssätze ist die Ungewissheit darüber, was der richtige Zinssatz sein soll. Wer weiß schon, was der Zinssatz in ein oder zwei Jahrhunderten sein sollte? Je weniger wir über die richtige Zahl wissen, desto niedriger sollte sie sein. Da wir schließlich umso weniger über den richtigen Zinssatz wissen, je weiter das Datum entfernt ist, sollte die Rate auch mit der Zeit sinken. Also was genau ist diese Zahl? Wahrscheinlich nicht die 4 oder auch 3 Prozent, wie sie derzeit verwendet wird, sondern erheblich niedriger: vielleicht 2 Prozent oder noch geringer. Dies alles liegt so weit in der Zukunft, dass wir es nicht mit hundertprozentiger Sicherheit wissen können. Aber die gebotene Vorsicht diktiert, dass wir zumindest niedrige Raten in Betracht ziehen sollten.

Jede dieser Zahlen konzentriert sich allerdings auf die risikolose Rate. Diese ist das, was Sie sicher bekommen werden, egal, was mit der Welt um Sie herum passiert. Der wesentliche Grund, sich über den Klimawandel Gedanken zu machen, war aber die Unberechenbarkeit. Sollte jedes potenzielle künftige Szenario dann mit der gleichen Zinsenrate diskontiert werden?

Wir wären gut beraten, auf den Finanzsektor zu blicken, um zu sehen, wie eine ungewisse Zukunft skontiert werden soll. Wenn es irgendwo Zweifel gibt, ist es immer gut, jene zu fragen, deren geschäftlicher Erfolg direkt von den richtigen Antworten abhängt. Bob Litterman hat den Großteil seiner Karriere bei Goldman Sachs verbracht. Er leitete in den späten 1990er-Jahren das unternehmensweite Risikomanagement, bevor er in die Vermögensverwaltung wechselte. Er lebte und atmete das Capital Asset Pricing Model (CAPM), das Preismodell für Kapitalgüter, sein ganzes Leben lang. Er war sogar maßgeblich bei der Weiterentwicklung einer wichtigen Variante beteiligt: des Black-Litterman Global Asset Allocation Model. Dieses ermöglicht Investitionsentscheidungen ohne vorherige Annahmen über die zu erwartenden Renditen für jede spezifische Art von Vermögenswerten. Je weniger wir wissen, desto besser ist sein Modell im Vergleich mit der Standardversion.

Litterman nimmt sich kein Blatt vor den Mund, wenn es darum geht, zu beschreiben, wie Klimaökonomen die Diskontierung handhaben: „Sie argumentieren für hohe Zinssätze wegen der hohen Opportunitätskosten für Geld, eine Schätzung der Marktkapitalrendite. Hä!? Warum sollte dann jemals irgendwer in Staatsanleihen investieren, wenn dies das einzige Kriterium wäre? In der Finanzwelt haben wir in den 1960er-Jahren gelernt, warum diese Denkweise falsch ist." Tatsächlich wurde das CAPM in den 60er-Jahren entwickelt und es hat eine einfache Prämisse: Wenn sich eine Investition besonders in wirtschaftlich schlechten Zeiten auszahlt, macht sie das viel wertvoller als eine identische Investition, die sich vor allem in guten Zeiten auszahlt. Diese Verbindung zwischen Rendite der Investition und dem allgemeinen Markt heißt „*Beta*". Ein niedriges *Beta* bedeutet eine schwache Verbindung. Eine schwache Verbindung wiederum erhöht den Wert einer Investition.

Das ist in gewisser Hinsicht der einzige Grund, warum jemand überhaupt in Staatsanleihen investieren sollte, die nur 1 oder 2 Prozent Rendite auszahlen und nicht die durchschnittlichen 7 Prozent des Aktienmarktes. Eine hohe Gesamtrendite ist gut, aber sie ist viel weniger wertvoll, wenn sie sich nur vor allem in wirtschaftlich guten Zeiten auszahlt – also ein hohes *Beta* hat. US-Staatsanleihen haben eine geringe Rendite, aber auch ein geringes *Beta*. Viele ausgewogene Anlageportfolios bestehen zumindest zum Teil aus Anleihen, die als Absicherung für wirtschaftlich schlechte Zeiten dienen.

Dies geht mit wichtigen Auswirkungen auf die Klimapolitik einher: Wenn wir aus irgendeinem Grund denken, dass die Klimaschäden im Allgemeinen klein sind und dann am schlimmsten sind, wenn es der Wirtschaft gut geht, dann sollten die Zinssätze höher sein. Es wäre beispielsweise in Ordnung, die Folgen extremer Wetterereignisse zu akzeptieren, da die Stürme nicht allzu schlimm sein werden und sie ohnehin nur auftreten, wenn das BIP hoch ist. Dies ist eine Ansicht, die hohe Abzinsungssätze unterstützt. Wenn wir aber andererseits glauben, dass die Klimaschäden groß sein werden und vornehmlich dann auftreten, wenn es der Wirtschaft schlecht geht, dann sollten die Zinssätze niedriger sein. Das könnte eine Welt sein, in der der Klimawandel mit mehr extremen Hitzetagen einhergeht, die wiederum die Arbeitsproduktivität verringern und somit auch das BIP.

Oder noch direkter: Wenn es etwa eine 10-prozentige Chance einer Klimakatastrophe gibt, welche die Wirtschaft zum Einsturz bringt und das Leben, wie wir es jetzt kennen, grundlegend verändern wird, dann sagt uns das Einmaleins der Finanz, dass der Diskontsatz, der auf solche weit in der Zukunft liegenden Schäden gesetzt wird, niedrig sein sollte – vielleicht sogar noch niedriger als die Raten von 1 oder 2 Prozent, die risikolose Staatsanleihen ausbezahlen. Wie niedrig? Niemand weiß das sicher, aber das ist der Punkt, an dem wir einen kurzen Abstecher in die höhere Kunst der Finanz machen.

Wall-Street-Puzzles

Trotz aller Raffinessen lässt uns die moderne Finanz mit einer Reihe von fundamentalen Rätseln zurück. Das „Aktien-Risikoprämien-Puzzle“ steht ganz oben auf dieser Liste. Investitionen in US-Aktien bringen durchschnittlich um 5 Prozent mehr an Renditen als Investitionen in kurzfristige US-Staatsanleihen. Diese einfache Tatsache verfolgt Ökonomen seit Jahrzehnten. Die am weitesten verbreiteten ökonomischen Modelle können dieses Faktum einfach nicht nachbilden. Menschen sollten eigentlich nicht so risikoscheu sein, um so eine große Risikoprämie zu benötigen, damit sie in riskante Aktien investieren. Doch sie sind es. Wie erklärt man das?

Die täglichen Aktienkurse gehören zu den am besten bekannten Fakten. Zeitungen drucken sie ab. Umfangreiche Datenbanken sind im Internet frei verfügbar. Die zugrunde liegenden Daten zu hinterfragen, wird uns daher nicht viel bringen. Es ist auch schwer möglich, dies etwa auf Faulheit, Verzerrungen oder andere menschliche Macken zurückzuführen, die letztendlich schuld an dem Rätsel sein könnten. Eine Menge Geld steht auf dem Spiel. Das meiste wird von Fachleuten investiert, die es besser wissen sollten. Der natürlichste Ort, um eine Antwort zu suchen, wäre die ökonomische Theorie selbst. Wir wissen, dass jedes Modell die Realität vereinfacht. Vereinfachen die Standardmodelle die Welt vielleicht zu sehr?

Es stellt sich heraus, dass die Einführung potenziell katastrophaler Risiken das Aktien-Risikoprämien-Puzzle nicht nur erklärt, sondern es sogar auf den Kopf stellt: Am Ende kommt's tatsächlich dick. Die endgültigen Investitionserträge werden einfach nicht von den durchschnittlichen Schwankungen an einem typischen Tag bestimmt. Sie werden vielmehr davon bestimmt, wie die Märkte auf extreme Ereignisse reagieren. Das sind die Art Ereignisse, die eigentlich nie passieren sollten, die aber nun doch relativ regelmäßig auftreten. Mittlerweile haben sie uns in den vergangenen 150 Jahren zumindest eine ganze Woche „schwarzer" Tage beschert: vom *Schwarzen Montag* bis zum *Schwarzen Freitag*, von der *Schwarzen Woche* ganz zu schweigen. Nimmt man diese Art von Katastrophenrisiken ernst, dann rechtfertigen sie auch die großen Aktien-Risikoprämien. Investoren verlangen einfach mehr Geld, um sich gegen diese Risiken abzudecken.

Dasselbe gilt für Klimarisiken. Möglicherweise katastrophale Klimaereignisse erfordern eine „Risikoprämie". Je höher die Chance dieser Katastrophen, desto mehr sollten wir nach dem klimatischen Äquivalent des Kaufes von risikolosen Staatsanleihen suchen, nämlich: der einstweiligen Vermeidung von Kohlendioxidemissionen.

Es gibt noch einen weiteren erschwerenden Faktor in dieser Geschichte und er kommt auf den Diskontsatz und das alles entscheidende *Beta* zurück: Der Grund, warum überhaupt jemand in Staatsanleihen mit niedrigen Renditen investiert, ist ihr geringes *Beta*. Sie zahlen sich in allen Situationen aus, einschließlich der schlechten. Standard-Kapitalgutpreismodelle schätzen diese Investitionen durch die Zuweisung eines niedrigen, teilweise sogar *negativen* Diskontsatzes. Letzterer kommt beispielsweise bei sogenannten Leerverkäufern ins Spiel, die mehr verdienen, wenn der Aktienmarkt schwächer ist.

Dasselbe Versicherungsdenken sollte auch für Klimaschäden gelten. Oder besser gesagt, es sollte dabei gelten, um sie überhaupt zu vermeiden. Bob Litterman beschreibt die Verbindung zum Klima: „Wenn die Risikoprämie groß genug ist, dann sollten die Versicherungsleistungen sogar einen negativen Diskontsatz fordern – und einen so hohen Kohlendioxidpreis heute, dass dieser im Laufe der Zeit fällt, wenn die Ungewissheiten verschwinden." Der Punkt scheint aus einer Investitionsperspektive völlig offensichtlich zu sein, selbst ohne extreme negative Diskontierungen. Er wird aber für jene, die sich auf die richtige Art und Weise der Diskontierung im Klimabereich spezialisieren, eine Überraschung sein. Dort ist immer noch die Diskontierung in Hinblick auf „Opportunitätskosten" oder erwartete „Marktrenditen" die gängige Praxis. Lord Nicholas Sterns Diskontsatz von 1,4 Prozent wurde seit Langem als unterste akzeptable Rate angesehen. Aber die 1,4 Prozent sind keine magische Untergrenze und auch nicht etwa 1 Prozent. Sogar null Prozent müssen nicht die theoretische Untergrenze darstellen. Das ist es ja auch nicht für diejenigen, die als Leerverkäufer an der Wall Street agieren. Wenn sich eine Investition in ein Projekt in den härtesten wirtschaftlichen Zeiten mehr auszahlt, dann muss der richtige Diskontsatz niedriger als der niedrigste risikofreie Diskontsatz sein. Wir wissen nicht, ob dies für den Klimawandel tatsächlich der Fall ist. Aber es ist durchaus möglich, was also eine weitere große Ungewissheit darstellt.

Bei einer großen Chance einer Katastrophe – etwa einer 10-prozentigen Wahrscheinlichkeit eines endgültigen Temperaturanstiegs von 6 Grad Celsius – und bei großen wirtschaftlichen Kosten, die eine solche Katastrophe bedeuten könnte – 10 oder 30 Prozent (oder sogar noch mehr) der globalen Wirtschaft etwa –, wäre es vielleicht angebracht, die Klimaschäden mit einem Diskontsatz in Verbindung zu setzen, der noch niedriger ist als die risikofreie Rendite von Staatsanleihen. Wie immer ist es schwer, eine einzige Zahl zu bestimmen. Aber wir können sehr wohl feststellen, dass es schwierig ist, für Diskontsätze weit über 1 oder 2 Prozente zu argumentieren.

Timing ist alles

Wir sagen immer wieder „endgültig" oder „schlussendlich" in Verbindung mit einer Klimaerwärmung von 6 Grad Celsius und anderen ähnlich extremen Szenarien, da sich eine jegliche solche Katastrophe über viele Jahrzehnte und Jahrhunderte hinweg abspielen würde. Große globale Durchschnittstemperaturanstiege werden nicht morgen passieren; auch würde eine Katastrophe nicht über Nacht auftreten, zumindest nicht auf dieser Berechnung basierend. Je höher die endgültige Temperaturerhöhung ist und je höher die Chance einer ultimativen Katastrophe, desto länger dauert es auch, bis sich beide dieser Szenarien einstellen. Das deutet auf eine der wichtigsten Eigenschaften des Klimawandels hin: seinen langfristigen Charakter. Aber es heißt eindeutig nicht, dass wir uns für den Augenblick entspannen können.

Wenn ein Asteroid, der das Potenzial hat, unsere Zivilisation gänzlich zu zerstören, in einem Jahrzehnt in Richtung Erde rast und das Ganze etwa eine 5-prozentige Chance hätte, den Planeten tatsächlich zu treffen, würden wir bestimmt alles versuchen, um das Objekt von seinem Pfad abzulenken.

Wenn nun derselbe Asteroid in einem Jahrhundert in Richtung Erde rast, würden wir eventuell noch ein paar Jahre lang versuchen, den genaueren Verlauf der Flugbahn zu eruieren. Was wir aber sicher nicht machen würden: Wir würden nicht sagen, dass wir in der Lage sind, das Problem innerhalb von höchstens zehn Jahren zu lösen, und dass wir uns deshalb für die nächsten 90 Jahre einfach zurücklehnen und entspannen können. Noch würden wir uns auf der Tatsache ausruhen, dass wir in 90 Jahren viel bessere Technologien zur Verfügung haben werden und dass wir deshalb wohl sogar 91 oder 92 Jahre nichts tun müssten und alles immer noch gut ausgehen würde.

Nein: Wir würden handeln, und zwar bald. Es würde nichts daran ändern, dass die Technologien in den nächsten 90 Jahren immer besser werden oder dass wir in den nächsten Jahren viel mehr über die genaue Lage und den Pfad des Asteroiden ermitteln, eventuell auch, dass die Chance eines Erdeinschlages „nur" noch 4 anstatt der zuvor errechneten 5 Prozent wäre. Dieser letzte Punkt – die erhöhte Sicherheit rund um die schlussendlichen Auswirkungen – ist genau das, wo sich der Klimawandel als so schwierig herausgestellt hat. Unsere Schätzung der Bandbreite der Klimasensitivität ist heute nicht viel präziser, als sie es vor mehr als drei Jahrzehnten war. Und die Chance einer schlussendlichen Klimakatastrophe ist nicht 5 Prozent; unsere grobe Berechnung basierend auf IEA-Projektionen zeigt, dass sie wahrscheinlich näher an 10 Prozent oder sogar darüber liegt.

Was ist Ihre Zahl?

Der Klimawandel ist von tiefgreifenden Ungewissheiten nur so durchsetzt: von Emissionen bis zu Konzentrationen und endgültigen Temperaturen ist jeder Schritt auf seine Art und Weise zutiefst ungewiss. Weitere Ungewissheiten halten uns davon ab, die Temperaturen einfach in wirtschaftliche Schäden umzulegen. Darüber hinaus gibt es noch Ungewissheiten in Sachen Diskontsätze, um den heute optimalen Kohlendioxidpreis zu berechnen. Bei jedem dieser Schritte ist jedoch eines klar: Gerade weil die Extreme so bedrohlich sind, sollte die Beweislast auf denjenigen ruhen, die argumentieren, dass Extremereignisse keine Rolle spielen, dass die möglichen Schäden gering sind und dass die Diskontsätze hoch sein sollten.

So wenig wir über die Ungewissheiten tatsächlich wissen: Wir wissen, dass die Chance einer endgültigen katastrophalen Erwärmung von 6 Grad Celsius nicht null ist. Gemäß unserer Kalibrierung ist sie etwas größer als 10 Prozent, was noch eine konservative Berechnung darstellt.

Die daraus resultierenden Schäden können nicht leicht bewertet werden, aber wir können die Schäden von diesen 10 Prozent, die das DICE-Modell von Bill Nordhaus annimmt, nur als „Raterei“ ansehen. Gemäß der gleichen imperfekten Logik könnte man leicht eine Schätzung von 10 bis 30 oder mehr Prozent wagen. Wir wissen nicht, wo in diesem Intervall die richtige Zahl steckt. Wir sind uns ziemlich sicher, dass die Schäden nicht weniger als 10 Prozent sind. Wir wissen auch, dass niemand anderer die richtige Zahl kennt. Die wichtigste Frage ist daher nicht, ob die zu erwartenden Schäden bei 6 Grad Celsius 10 oder 30 Prozent der weltweiten Wirtschaftsleistung ausmachen. Die Frage sollte sein, was die vollständige Aufteilung der Schäden und was die Chance eines erheblichen wirtschaftlichen Zusammenbruches ist.

Dann bleibt noch die Diskontierung. Da wissen wir zumindest, dass ein Blick auf die zu erwartende Rendite des Marktes von vielleicht 4 Prozent ein blindes Auge hinsichtlich Jahrzehnten von Fortschritten in der Theorie und Praxis der Vermögensverwaltung bedeuten würde. Wenn wir das rosige Szenario nicht miteinbeziehen, in dem der Klimawandel insgesamt klein ist und dann schädlicher wird, wenn es der Wirtschaft gut geht, dann sehen wir einer viel niedrigeren Diskontrate ins Auge, als sie oft benutzt wird. Wir wissen nicht, ob dir richtige Zahl bei 2 oder 1 Prozent liegt oder auch niedriger. Es könnte überhaupt kein einziges *Klimabeta* geben – die Verbindung zwischen Klimaschäden und dem allgemeinem Status der Wirtschaft –, um eine einzige Zahl rechtfertigen zu können. Aber wir können uns ziemlich sicher sein, dass die Möglichkeit großer Unsicherheiten bezüglich des endgültigen Temperaturanstiegs und der damit einhergehenden katastrophalen Schäden unsere Diskontrate verkleinern, nicht erhöhen sollte. Unsere Schätzung für die Schäden in fünfzig Jahren würde um die 2 Prozent sein. Was auch immer es für eine Zahl ist, sie sollte mit der Zeit hinuntergehen.

Was bedeutet das alles am Ende? Erstens die Einsicht, dass es einfach ist, zu kritisieren. Es ist viel schwieriger, mit konstruktiven Alternativen aufzuwarten. Tabelle 3.2, welche die eigentlichen Schäden durch den Klimawandel zeigt, ist aus gutem Grund fast vollkommen leer und nicht, weil wir es nicht versucht hätten.

Wenn die Frage lautet, welche einzelne Zahl wir verwenden sollten, wenn es darum geht, einen Preis auf eine Tonne Kohlendioxidemission zu setzen, dann sollte die Antwort klar sein: zumindest 35 Euro, also die Zahl der US-Regierung. Wir wissen, die Zahl ist nicht perfekt. Wir sind uns ziemlich sicher, dass sie eine Unterschätzung ist; und wir sind uns ebenso sicher, dass sie keine Überschätzung ist. Sie ist auch alles, was wir haben. (Und sie liegt um einiges über dem derzeitigen Preis, den die meisten für Kohlendioxidemissionen tatsächlich bezahlen – von Kalifornien bis zur Europäischen Union. Schweden ist dabei die einzige Ausnahme, mit einem Kohlendioxidpreis um die 110 Euro pro Tonne. Und selbst dort sind viele wichtige Industriesektoren nicht miteinbezogen.)

Wenn sodann die Frage folgt, wie man sich für die richtige Klimapolitik entscheidet, ist die Antwort um einiges komplexer als die grobe Kosten-Nutzen-Rechnung. Den Preis von Kohlendioxid auf 35 Euro pro Tonne zu setzen, ist ein Anfang. Aber es ist tatsächlich nur ein erster Schritt. Alle Kosten-Nutzen-Rechnungen beruhen auf einer Reihe von Annahmen – vielleicht zu vielen –, um wirklich mit einer einzigen Zahl in Euro aufzuwarten, basierend auf einem repräsentativen Modell eines so großen und ungewissen Phänomens wie dem Klimawandel.

Wir wissen, dass am Ende die Extremereignisse dominieren könnten. Das Entscheidungskriterium sollte sich daher auf die Vermeidung einer solchen Katastrophe konzentrieren. Manche nennen das ein „Vorsorgeprinzip" – sicher ist sicher. Andere nennen es eine Variante der „Pascalschen Wette" – warum sollten wir das Risiko eingehen, wenn die Strafe ewige Verdammnis ist? Wir nennen es das „triste Dilemma": Während diese Extremsituationen die Analyse tatsächlich dominieren könnten, können wir einfach nicht sicher sein, deren Wahrscheinlichkeiten zu kennen. Wir haben schließlich solche Extremszenarien noch nie zuvor beobachtet. Wie können wir da ihre Dynamik verstehen? Die wahren Zahlen sind weitgehend unbekannt. Vielleicht sind sie auch einfach unerkennbar.

* * *

Am Ende ist es Risikomanagement – existenzielles Risikomanagement. Und es hat eine ethische Komponente. Vorsorge ist die umsichtige Haltung, wenn die Ungewissheiten über Katastrophenrisiken so dominant sind wie hier. Kosten-Nutzen-Rechnungen sind wichtig, aber sie alleine sind unzureichend, ganz einfach wegen der Unschärfe, wenn es um die Analyse der Auswirkungen hoher Temperaturen geht.

Der Klimawandel gehört in eine seltene Kategorie von Situationen, in denen es außerordentlich schwer ist, sinnvolle Grenzen für die Größe der planetaren Schäden zu finden. Sich auf die präzisen Schätzungen der Schäden zu konzentrieren, die mit einer endgültigen globalen Durchschnittserwärmung von 4, 5 oder 6 Grad Celsius verbunden sind, schießt am Ziel vorbei. Die entsprechenden Kohlendioxidpreise sind jene, bei denen wir wissen, dass wir nie in die Nähe von 6 Grad und somit einer nahezu sicheren Katastrophe kommen. „Nie" ist natürlich ein strenges Wort. Wir wissen, dass wir selbst aufgrund heutiger atmosphärischer Konzentrationen die Möglichkeit einer solchen Katastrophe nie gänzlich ausschließen können.

Eine Sache, die wir allerdings mit Sicherheit wissen, ist, dass eine mehr als 10-prozentige Chance für eine schlussendliche Erwärmung von 6 Grad Celsius – gleichbedeutend mit dem Ende des menschlichen Abenteuers auf diesem Planeten, wie wir es kennen – einfach zu hoch ist. Und das ist der Weg, auf dem sich unser Planet im Moment befindet. Angesichts der immensen Langlebigkeit von atmosphärischem Kohlendioxid ist die Devise „Abwarten und Tee trinken" einfach keine brauchbare Antwort. Das würde vorsätzlicher Ignoranz gleichkommen.

Nach Ansicht
zweier Ökonomen und deren Gedanken zum Thema:

Vorsätzliche Ignoranz

Kapitel 4

Sieben Milliarden Menschen und ungezählte zukünftige Generationen vs. Jene, die vernünftiger Klimapolitik im Weg stehen
Ein Appell an das Gericht der öffentlichen Meinung

Die Rechtslehre der vorsätzlichen Ignoranz gilt als alte Nachricht in Fällen der Strafverteidigung. Nur weil ich mit dem Rücken zu meinem Partner stand, als dieser die Pistole auf den Bankangestellten richtete, heißt das noch nicht, dass ich nicht auch für den Banküberfall zur Rechenschaft gezogen werden kann.

Diese Rechtslehre reicht mittlerweile über die Grenzen des Strafrechtes hinaus. Der Oberste Gerichtshof der USA hat beispielsweise das Prinzip in Patentrechtsfällen angewandt. So ging es etwa in einem Rechtsfall um eine „innovative Fritteuse": Global-Tech Appliances, Inc., et al. v. SEB S.A., 563 No. 10-6 (31. Mai 2011). In den Worten des Obersten Gerichtshofs: „Personen, die genug wissen, um sich vor kritischen Fakten bewusst zu schützen, haben das eigentliche Wissen über diese Fakten." Um das noch zu präzisieren, hat der Gerichtshof zwei grundsätzliche Anforderungen für vorsätzliche Ignoranz hinzugefügt, mit denen „wir alle übereinstimmen": „Erstens, der Beklagte muss subjektiv glauben, dass es eine große Wahrscheinlichkeit gibt, dass die Fakten tatsächlich existieren. Zweitens, der Beklagte muss absichtlich handeln, um das Erfahren dieser Fakten zu vermeiden." Ibid.

Die Schlüsselworte sind „große Wahrscheinlichkeit" und „absichtlich handeln." Wenig ist absolut sicher. Vorsätzliche Ignoranz zu demonstrieren, verlangt daher einen Beweis, dass der Beklagte genug wissen musste – mit großer Wahrscheinlichkeit. Und dann muss dieser Beklagte absichtlich Taten setzen, sodass er nicht gemäß diesem Wissens handelt.

Wechseln wir jetzt von der Strafverteidigung zum Klimawandel und von der Juristensprache zu einer eher umgangssprachlichen Interpretation dessen, was es bedeutet, „vorsätzlich ignorant" zu sein. Der Klimawandel ist schlecht. Trotz dieser Erkenntnis nicht zu handeln, macht es noch schlimmer. Nach Jahrzehnten von wissenschaftlichen Erkenntnissen und Jahren der öffentlichen Diskussion kann man kaum anders als jene, die sich dieser Realität entgegensetzen – oder sie gar verleugnen –, als „vorsätzlich ignorant" zu beschreiben. Manche mögen einfach nur „ignorant" sein. Aber für viele sind es gezielte Überlegungen, die zu diesen Schlussfolgerungen in direktem Konflikt mit der Wissenschaft führen.

Es ist verlockend, hier einfach zu enden. Die Debatte, *ob* wir handeln müssen, sollte mittlerweile vorbei sein. Zu einem gewissen Grad ist auch die Debatte, *wie* wir handeln sollten, bereits vorbei. Ja, es gibt einige wissenschaftliche und praktische Diskussionspunkte rund um das, was zu tun ist – etwa ob eine Kohlendioxidsteuer oder ein Emissionshandelsgesetz besser wäre, wie man das eine oder das andere in die Praxis umsetzen kann oder wie man sich einem Kohlendioxidpreis mit anderen Maßnahmen nähern kann, etwa mit Emissionsstandards für Autos oder auch Richtlinien für Kraftwerke. Einige dieser Interventionen – Emissionsstandards etwa – haben durchaus ihre Vorteile, aber sie alleine können das Problem einfach nicht beseitigen. Das politische Ziel ist klar: ein Preis oder eine Obergrenze für Kohlendioxidausstöße. Nichts davon ist ein Geheimnis. Man könnte wiederum leicht sagen, dass jeder, der diese Realität verleugnet, vorsätzlich ignorant ist.

Eine Frage steht jetzt noch im Raum: Wie hoch soll der Kohlendioxidpreis nun sein? Das ist tatsächlich der Punkt, über den es genug Diskussionsstoff gibt – sowohl aus akademischer als auch aus ganz praktischer Sicht. Nur um nochmals sicherzugehen: Diese Diskussion kann – darf – aber kein Grund für Untätigkeit sein. Wir wissen in der Tat, dass der derzeit vorherrschende Preis nahe null in den meisten Ländern, mit einigen Ausnahmen, viel zu niedrig ist. Er sollte zumindest die ungefähr

35 Euro pro Tonne Kohlendioxid betragen, die aus dem umfassenden Bericht der US-Regierung zum Thema soziale Kosten hervorgehen.

Diese 35 Euro pro Tonne können nur der Ausgangspunkt sein. Das meiste, was wir über die Forschung in diesem Bereich wissen, verweist auf die Tatsache, dass die Zahl noch höher sein sollte. Fast alles, was wir nicht wissen, macht sie noch einmal höher. Ein ernsthafter Blick auf die Vielzahl der Unbekannten, die in die Berechnung der 35 Euro einfließen, macht das deutlich. Das vorherige Kapitel, „Am Ende kommt's dick", macht das klar. Aber wie hoch sollte die Zahl nun sein?

Weniger als unendlich – unendlich viel weniger

Wenn die Gefahr einer Katastrophe hoch genug und die Katastrophe selbst schlimm genug ist, ist es verlockend, zum Schluss zu kommen, dass wir sie um jeden Preis vermeiden sollten. Höre nicht bei 35 oder 400 oder sogar bei 4000 Euro pro Tonne Kohlendioxid auf! Wenn die Katastrophe unendlich schlimm ist, wäre der optimale Preis für jede Tonne Kohlendioxid jenseits einer Schwelle, die die Katastrophe auslöst, ebenso unendlich hoch. Dies gilt selbst dann, wenn es etwa „nur" eine 10-prozentige Chance für diese Katastrophe gibt. Unendlich mal jede beliebige Zahl ist immer noch unendlich. Das genaue mathematische Urteil wäre also, alles Geld der Welt auszugeben, um dieses Ergebnis zu vermeiden. Oder in der Praxis: die absichtliche Freisetzung von Kohlendioxid – das Verbrennen von Kohle, Öl und Gas sowie jede Waldrodung – einfach zu verbieten. Höre auf, Autos mit Verbrennungsmotoren zu fahren! Lass alle kommerziellen Flugzeuge am Boden! Schalte alle Kraftwerke ab, die mit fossilen Brennstoffen betrieben werden! Stoppe das moderne Leben, wie wir es kennen!

Das kann nicht das richtige politische Rezept sein. Zum einen: Selbst wenn wir es schafften, die Chance einer Klimakatastrophe von 10 Prozent auf vielleicht 1 Prozent zu verringern, gäbe es immer noch unendliche Kosten, die es zu vermeiden gelte – eine 1-prozentige Chance unendlicher Kosten ist immer noch unendlich. Normale Kosten-Nutzen-Rechnungen zerfallen, sobald wir den Begriff „Katastrophe" einführen und diese als unendlich teuer beschreiben.

Natürlich ist wenig tatsächlich unendlich teuer. Nicht einmal der Tod! Der „Wert eines statistischen Lebens“ mag als so herzlose Berechnung erscheinen, wie es der Name besagt, aber die Logik ist unangreifbar. Bei den kleinen alltäglichen Entscheidungen wie beispielsweise, ob wir uns beim Autofahren anschnallen, oder bei den größeren Entscheidungen, wie etwa sich für den einen oder den anderen Beruf zu entscheiden, schätzen die Menschen ihr eigenes Leben nicht unendlich hoch ein. Wenn Ihre Chance, in einem bestimmten Beruf zu sterben, verglichen mit einem anderen doppelt so hoch ist, werden die Löhne oft entsprechend höher sein. Aber sie sind nicht unendlich viel höher. Es mag ein bisschen weit hergeholt klingen, den Wert eines einzelnen statistischen Lebens auf eine planetare Katastrophe umzulegen, aber die Analogie hält.

Es ist nicht schwer, zu erkennen, dass eine endgültige globale Erwärmung von 6 Grad Celsius nichts weniger als katastrophal sein würde – es wäre die Zerstörung der Natur und Zivilisation, wie wir sie heute kennen. Das heißt aber noch nicht, dass wir unendlich viel Geld für die Lösung des Problems verwenden sollten. Wir müssen einen vernünftigen Weg zwischen Überreaktion und unentschuldbarer Untätigkeit finden.

Ein möglicher Leitfaden ist, auf das Risiko der Katastrophe selbst zu blicken. Kurz nach dem 11. September 2001 postulierte der damalige US-Vizepräsident Dick Cheney: „Wenn es eine einprozentige Chance gibt, dass ein pakistanischer Wissenschaftler Al-Qaida dabei hilft, eine Atomwaffe zu bauen oder zu entwickeln, müssen wir es in Bezug auf unsere Antwort als Gewissheit behandeln.“ Das ist in der Tat eine falsche Äquivalenz. Ein Prozent ist nicht 100-prozentige Gewissheit. Stattdessen sollte man als eine entscheidende Metrik die Wahrscheinlichkeit des Ereignisses selbst betrachten. Eine existenzielle Gefahr mit einer wirklich winzigen Chance verdient weniger Aufmerksamkeit als eine mit einer 10-prozentigen Wahrscheinlichkeit oder sogar eine mit einer 1-prozentigen Wahrscheinlichkeit.

Wir würden uns glücklich schätzen, wenn die Wahrscheinlichkeit einer existenziellen Klimakatastrophe nur bei 1 Prozent läge, wie in Herrn Cheneys Al-Qaida-Szenario. Wir haben bei unserer eigenen, eher konservativen Berechnung gesehen, dass das Risiko für endgültige durchschnittliche globale Temperaturzunahmen über 6 Grad Celsius etwa 10 Prozent beträgt, also zehnmal höher ist. Das Entscheidungskriterium könnte dann gut sein, zu versuchen, die Chance einer ultimativen Klimakatastrophe auf jenes eine Prozent zu senken, das Herr Cheney hier zitiert.

Mittlerweile treffen wir aber auf eine andere mögliche Einschränkung: Der Klimawandel ist nicht die einzige potenzielle Katastrophe, die den Planeten betreffen könnte. Was passiert, wenn ein Asteroid auf dem Planeten einschlägt und die Zivilisation auslöscht, lange bevor sich die schlimmsten Auswirkungen des Klimawandels zu zeigen beginnen? Oder was wäre mit einer Pandemie? Oder der Chance des Nuklearterrorismus? Oder Biotechnologie, Nanotechnologie oder außer Kontrolle geratene Roboter, die Amok laufen? Wie sollen wir begrenzte Geldmengen für ein jedes dieser existenziellen Risiken einsetzen?

Worst-Case-Szenarien

Die Meinungen darüber, was zu Recht den Namen „existenzielle Gefahr" oder „globale Katastrophe" verdient, gehen weit auseinander. Einige schließen nukleare Unfälle oder Nuklearterrorismus mit ein. Andere bestehen darauf, dass nur ein Atomkrieg oder zumindest ein großer nuklearer Angriff der Bezeichnung „global" gerecht werden würde. Es gibt ein halbes Dutzend anderer Kandidaten, die es auf die verschiedensten Listen der schlimmsten Gefahren schaffen. Wie wir gleich sehen werden, ist es schwierig, eine klare Reihenfolge zu schaffen. Neben dem Klimawandel werden wir uns mit Asteroiden, Biotechnologie, Nanotechnologie, Kernwaffen, Pandemien, Robotern und seltsamer Materie („Strangelets") befassen.

Dies mag manchen als eine ziemlich kurze Liste vorkommen. Gibt es nicht Hunderte oder Tausende von potenziellen Risiken? Man könnte sich alleine unzählige Möglichkeiten vorstellen, in einem Verkehrsunfall zu sterben. Das ist sicherlich der Fall. Aber es gibt einen bedeutenden Unterschied: Während Verkehrstote auf individueller Ebene natürlich tragisch sind, sind sie kaum katastrophal als Gruppe betrachtet.

Jeder Eintrag auf dieser Liste hat das Potenzial, unsere Zivilisation, wie wir sie kennen, auszulöschen. Einige, wie Pandemien, benötigen vielleicht Monate oder Jahre. Der Klimawandel sticht heraus, da es potenziell Jahrhunderte dauert, bis er seine volle Wirkung zeigt, auch wenn manche Teilwirkungen bereits in heutigen Wetterextremen sichtbar werden. Alle der Worst-Case-Szenarien sind global. Alle sind sehr wirkungsvoll und meist, in menschlichen Zeitskalen gemessen, irreversibel. Und die meisten sind höchst ungewiss.

Nur zwei – Asteroiden und der Klimawandel – ermöglichen es uns, die Geschichte als Maßstab für das ungeheure Ausmaß des jeweiligen Problems heranzuziehen. Für Asteroiden können Sie 65 Millionen Jahre zurückgehen, zu jenem, der die Dinosaurier auslöschte. Für das Klimaproblem können Sie ein wenig mehr als drei Millionen Jahre zurückgehen, um die heutige Konzentration von Kohlendioxid in der Atmosphäre zu finden – und damit einhergehende Meeresspiegel von bis zu 20 Metern höher als heute.

In letzter Konsequenz ist der Klimawandel bei Weitem nicht die einzige mögliche Katastrophe, über die sich die Menschheit Gedanken machen sollte. Andere verdienen ebenso mehr Aufmerksamkeit – und mehr Geld. Obwohl das nicht für alle gilt.

Strangelets etwa scheinen direkt aus der Science-Fiction zu kommen: stabile, jedoch seltsame Elementarteilchen, die das Potenzial haben, die gesamte Erde im Bruchteil einer Sekunde zu verschlucken. Sie wurden bislang noch nie beobachtet. Vielleicht sind sie sogar theoretisch unmöglich. Falls sie jedoch möglich sind, besteht die Chance, dass große Schwerionenbeschleuniger wie CERN sie herstellen könnten. Das hat Forschungsteams dazu gebracht, die Wahrscheinlichkeit solcher Strangelets auszurechnen. Ihr Urteil: Sie ist äußerst gering. Die konkreten Zahlen bewegen sich zwischen 0,0000002 und 0,002 Prozent. Das ist nicht Null, aber fast. Es ist auf alle Fälle weit von den 10 Prozent einer schlussendlichen Klimakatastrophe entfernt, auf die wir auf jetzigem Weg zusteuern.

Daher: Ja, den gesamten Planeten zu verschlucken, wäre die ultimative Katastrophe – mit Sicherheit schlimmer als etwa das Schmelzen der Polarkappen und ein Meeresspiegelanstieg von einigen Metern. Es sind schon seltsamere Dinge passiert. Aber seltsame Materie ist dennoch sehr, sehr, sehr unwahrscheinlich.

Und Wahrscheinlichkeiten zählen. Probleme, die wirklich unwahrscheinlich sind, sollten nicht überproportional viel gesellschaftliche Aufmerksamkeit bekommen. Die Quantenphysik besagt, es gäbe eine verschwindend kleine Chance, dass unser Planet plötzlich von seinem aktuellen Pfad um die Sonne abspringt und ins All schießen könnte. Dies ist aber ganz sicher keine Möglichkeit, über die sich die Menschheit viele Gedanken machen sollte. Strangelets sind insofern etwas anders, als sie in der Tat eine menschliche Kreierung sein könnten. Aber das bedeutet immer noch nicht, dass sie viel an Aufmerksamkeit verdienen. Die Chance ist einfach zu klein.

Wenn wir Worst-Case-Szenarien gemäß ihrer Wahrscheinlichkeit sortieren könnten, hätten wir einen riesigen Schritt nach vorne gemacht. Falls die Chance eines Strangelets so klein ist, dass sie vernachlässigbar ist, könnten uns diese Wahrscheinlichkeiten alleine aufzeigen, worauf unsere Energie fokussiert sein sollte. Aber das ist nicht alles. Die Dimension der Auswirkungen kommt ebenfalls ins Spiel. Und ebenso die Möglichkeit, auch entsprechend reagieren zu können.

Asteroiden gibt es in den verschiedensten Formen und Größen. Wir haben dieses Buch mit jenem, der im Februar 2013 über Tscheljabinsk explodiert ist, begonnen. Seine Auswirkungen haben 1500 Menschen verletzt und einige begrenzte Schäden an Gebäuden verursacht. Wir sollten uns zwar nicht mehr solcher Einschläge wünschen, nur um mehr von jenen spektakulären Aufnahmen zu sehen, aber es würde uns schwerfallen, einen Asteroiden dieser Größe ein „Worst-Case-Szenario“ zu nennen. Denn das ist es einfach nicht. Die Versuche von NASA und Co, Objekte aus dem All zu katalogisieren und uns gegen sie zu verteidigen, befassen sich mit viel größeren Asteroiden; jenen, die auch unsere Zivilisation zerstören könnten. Astronomen mögen die Wahrscheinlichkeit von Tscheljabinsk-ähnlichen Asteroiden unterschätzt haben. Das ist ein Problem, das es zu beheben gilt. Aber wenn wir die Wahrscheinlichkeit eines viel größeren Asteroideneinschlags falsch abschätzen, könnten die Folgen deutlich schmerzhafter sein.

Glücklicherweise gibt es, wenn es um Asteroiden geht, ein weiteres Merkmal, das uns hilft. Die Wissenschaft sollte in der Lage sein, jeden dieser großen Asteroiden zu beobachten, zu katalogisieren und schließlich umzulenken – wenn ausreichende Mittel zur Verfügung gestellt werden. Das ist ein großes „Wenn", aber kein unüberwindbares: Eine Studie der US-Akademie der Wissenschaften bezifferte die Kosten bei 2 bis 3 Milliarden Dollar und zehn Jahren, um die tatsächliche Umlenkung eines Asteroiden zu testen. Das ist viel mehr, als wir im Moment ausgeben, aber die Entscheidung scheint ziemlich einfach zu sein: Geld ausgeben – Problem lösen – weiter geht's.

* * *

Bleiben uns also noch Biotechnologie, Nanotechnologie, Kernwaffen, Pandemien und Roboter als Anwärter, mit denen die Klimaveränderung gemessen werden muss. Oder muss sie das wirklich?

Eine Antwort auf eine solche Liste wäre, zu sagen, dass jedes dieser Probleme unsere (angemessene) Aufmerksamkeit verdient, unabhängig davon, was wir mit den anderen machen. Falls es mehr als ein einzelnes existenzielles Risiko für den Planeten gibt, sollten wir einfach jedes davon berücksichtigen und adressieren. Ein typisches Versicherungspaket für Hausbesitzer beinhaltet eine Feuerversicherung. Wenn Ihr Haus auch noch neben einer tektonischen Bruchlinie steht, kommt noch Erdbebenversicherung dazu. Diejenigen mit zusätzlichem Hochwasserrisiko kaufen eine Flutversicherung. Und so weiter. Das Gleiche sollte für Katastrophenpolitik gelten.

Diese Logik hat aber ihre Grenzen. Wenn die Katastrophenpolitik so viel Geld auffressen würde, dass sie alle unsere Ressourcen verbraucht, müssen wir eindeutig priorisieren und auswählen. Allerdings scheinen wir nirgendwo an diese Grenzen zu stoßen. Ein erster Schritt sollte immer die Kosten-Nutzen-Rechnung sein, die wiederum etwas ist, das jeder US-Präsident seit Ronald Reagan als Leitprinzip der Regierungspolitik bekräftigt hat.

Im Idealfall sollte die Gesellschaft eine ernsthafte Kosten-Nutzen-Analyse für jeden (verbleibenden) Worst-Case-Fall anstellen: die jeweiligen Wahrscheinlichkeiten und möglichen Auswirkungen abschätzen, die beiden multiplizieren und sie in jedem Fall mit den Kosten des Handelns vergleichen. Wenn der Klimawandel *und* die Biotechnologie *und* die Nanotechnologie *und* ein Atomkrieg *und* Pandemien *und* Roboter als Probleme auftreten, die mehr von unserer Aufmerksamkeit verdienen, dann sollten wir auch entsprechende Ressourcen zur Verfügung stellen.

Aber wir können uns nicht einfach hinter Standard-Kosten-Nutzen-Analysen verstecken, die wiederum Extreme ignorieren. Jedes dieser Szenarien könnte auch seine eigene Variante eines „fetten Schwanzes" haben: möglicherweise nicht quantifizierte oder quantifizierbare extreme Ereignisse, die alles andere in den Schatten stellen könnten. Die Analyse würde sich sofort in Richtung mehrerer Versionen eines Vorsorgeprinzips konzentrieren. Je weiter wir von Standard-Kosten-Nutzen-Analysen entfernt sind, desto dringender auch die Notwendigkeit, die Worst-Case-Szenarien direkt zu vergleichen.

Dieser Vergleich wird zusehends schwieriger. Wir können nicht einfach eines dieser fünf neben dem Klimawandel verbleibenden Worst-Case-Szenarien gänzlich ignorieren. Ihre Wahrscheinlichkeiten liegen nicht so nahe bei null, dass sie vernachlässigbar wären. Ihre möglichen Nachteile sind groß. Fragen Sie irgendjemanden, der sich auf nukleare Nichtverbreitung spezialisiert, und er würde womöglich argumentieren, warum Nuklearterrorismus viel schlimmer sei als der Klimawandel. Zumindest gemäß einer Expertenschätzung gibt es eine 1- bis 5-prozentige Chance eines nuklearen Terroranschlags. Fragen Sie Virologen und sie werden Ihnen sagen, dass die Gesellschaft unzureichend auf die Bekämpfung von Pandemien vorbereitet ist.

Was also, wenn überhaupt, unterscheidet den Klimawandel noch von den fünf anderen Szenarien?

Eine Antwort würde einfach besagen, dass es keine Rolle spielt, ob der Klimawandel wirklich einzigartig ist. Alle diese Probleme sollten mehr von unserer Aufmerksamkeit erhalten – allerdings würden wir immer noch argumentieren, dass das Klima einen Spezialstatus verdient.

Zum einen ist die Wahrscheinlichkeit einer schlussendlichen planetaren Katastrophe ziemlich hoch. Unsere eigene Analyse aus dem letzten Kapitel ergibt eine Wahrscheinlichkeit von rund 10 Prozent, und das gilt für eine unbestreitbare globale Katastrophe. Der Klimawandel würde bereits bei Temperaturanstiegen von weit unter 6 Grad Celsius einige Katastrophen auslösen. Viele Wissenschaftler würden 2 Grad als die Schwellengrenze angeben und wir sind auf bestem Weg, diese weit zu überschreiten. Es sei denn, es gibt eine große globale Kurskorrektur.

Zweitens ist die Kluft zwischen unseren aktuellen Bemühungen und dem, was tatsächlich notwendig wäre, enorm. Wir sind keine Experten in den anderen Worst-Case-Szenarien, aber von außen beobachtet scheint es zumindest, dass dort bereits viel getan wird. Nehmen Sie den Nuklearterrorismus: Die Vereinigten Staaten allein geben jährlich viele Hunderte Milliarden Dollar für ihr Militär, die Geheimdienste und Sicherheitsdienste aus. Das bedeutet nicht, dass es keine Chance für Terrorismus gibt. Ganz im Gegenteil. Einige der Gelder könnten sogar den Terrorismus weiter schüren. Zumindest aber gibt es die Mission, die Vereinigten Staaten und ihre Bürger zu schützen. Es gibt sicher Möglichkeiten, bisweilen noch strategischer vorzugehen, aber es wäre schwer, zu argumentieren, dass die US-Klimapolitik heute von vergleichbaren Anstrengungen profitieren könnte. Auch bei der Milderung von Pandemien könnte mit Sicherheit mehr getan werden: mehr Gelder für Forschung, Überwachung und die schnelle Reaktion. Aber auch hier scheint es, dass die erforderlichen zusätzlichen Anstrengungen zumindest möglich wären und nur einen relativ kleinen Bruchteil des BIP betragen würden.

Drittens: Der Klimawandel hat die einzigartige Kombination, dass er global, langfristig, irreversibel und sehr ungewiss ist *und* dass es einen gesicherten historischen Präzedenzfall gibt. Die Menschen haben es zwar noch nie erlebt, aber der Planet schon. Einige der anderen potenziellen globalen Katastrophen verlassen sich oft auf eine starken Dosis Science-Fiction. Autonome Roboter, die sich selbst fortpflanzen und die Welt übernehmen, sind vielleicht das extremste Beispiel. Nicht, dass das nicht passieren könnte, aber mit Sicherheit war es noch nie der Fall. Der Klimawandel hingegen schon.

Es gibt allen Grund, zu glauben, dass Kohlendioxid in die Atmosphäre zu pumpen wie ein abermaliges Erleben der Geschichte ist – der grauen Vorzeit zwar, aber dennoch von etwas, das in der Geschichte schon einmal der Fall war. Der Planet hat die heutigen Kohlendioxidwerte schon einmal erlebt: vor mehr als drei Millionen Jahren, als die Meeresspiegel um bis zu 20 Meter höher waren als heute und Kamele nördlich des Polarkreises spazierten. Es gibt erhebliche Ungewissheiten, aber es gibt wenig Grund zur Annahme, dass die Menschheit grundlegende Physik und Chemie hintergehen kann. Viele Auswirkungen des Klimawandels sind beispiellos in menschlichen Zeitskalen, aber das macht sie nicht beispiellos in geologischen Dimensionen: Es besteht keine Notwendigkeit für Science-Fiction, um diese Geschichte zu erzählen.

Vergleichen Sie den historischen Präzedenzfall des Klimawandels mit jenem der Biotechnologie – oder vielmehr mit dem nicht vorhandenen Präzedenzfall bei Letzterem. Ein Paradebeispiel ist die Angst, dass biotechnologische Gene sowie gentechnisch veränderte Organismen (GVOs) Chaos in der Natur anrichten könnten. Sie könnten bestimmt in manchen Bereichen wie invasive Arten handeln, aber eine globale Machtergreifung scheint unwahrscheinlich, um es vorsichtig auszudrücken. Ähnlich wie beim Klimawandel können wir hier auf die Geschichte verweisen. Aber im Gegensatz zum Klimawandel gibt uns die Geschichte einiges an Sicherheit. Die Natur selbst hat seit Millionen von Jahren unzählige Genkombinationen herzustellen versucht. Der Prozess der natürlichen Selektion garantiert mehr oder weniger, dass nur ein winziger Bruchteil der fittesten Permutationen überlebt hat. Gentechnisch veränderte Pflanzen wachsen größer oder auch stärker heran und sind vielleicht auch gegen Pestizide gewappnet. Aber sie können nicht der natürlichen Selektion entwachsen. Nichts davon gewährleistet, dass Wissenschaftler nicht in der Lage wären, Permutationen zu finden, welche die Natur zerstören könnten. Aber unsere Geschichte würde uns sagen, dass die Chance in der Tat gering ist.

Ganz im Gegenteil, die besten Wissenschaftler, die im Bereich der Biotechnologie arbeiten, scheinen viel weniger über die Gefahren von „Frankenfoods“ und GVOs besorgt zu sein als die breite Öffentlichkeit. Das Umgekehrte gilt jedoch für den Klimawandel: Die besten Klimaforscher scheinen sich deutlich mehr Sorgen über die Auswirkungen des

Klimawandels zu machen als die Mehrheit der Bevölkerung und viele politische Entscheidungsträger.

Einige derselben Klimawissenschaftler sind – im Wissen über die Wissenschaft sowie über die menschliche Reaktion auf das Klimaproblem – scheinbar weitergezogen. Und nicht etwa zu einem anderen der Worst-Case-Szenarien, in dem Glauben, dass das Klima doch nicht so schlimm sei. Im Gegenteil, diese Wissenschaftler hat die Suche nach möglichen Lösungen für die Klimakrise in einen ganz anderen Bereich gebracht: zum Versuch, einen letzten Rettungsplan für den Planeten zu schaffen, der ihn vor dem Sturz in den Abgrund einer drohenden Katastrophe bewahren könnte.

Kapitel 5

Ein letzter Rettungsplan für den Planeten

Im Juni 1991 waren die Vorbereitungen für die ein Jahr später stattfindende Rio-Konferenz in vollem Gange. „Nachhaltige Entwicklung" war *en vogue*. Wer könnte bestreiten, dass die Menschheit ihre Entwicklung nachhaltig gestalten sollte, um zu „gewährleisten, dass die Bedürfnisse der Gegenwart befriedigt werden, ohne die Möglichkeiten künftiger Generationen zur Befriedigung ihrer eigenen Bedürfnisse zu beeinträchtigen"?

Die Aufregung war greifbar. Es schien immer noch möglich zu sein, eine nachhaltige Entwicklung „bis zum Jahr 2000 und darüber hinaus" zu erreichen, so wie es die Generalversammlung der Vereinten Nationen gefordert hatte. Es gab nur ein Problem: Die Durchschnittstemperaturen hatten sich seit der industriellen Revolution bereits um mehr als 0,5 Grad Celsius erwärmt. Und alle Trends zeigten weiter nach oben.

China kam gerade aus ein paar Jahrzehnten marktwirtschaftlicher Wirtschaftsreformen heraus und war an der Schwelle, Hunderte Millionen Chinesen aus bitterer Armut zu führen. Die besten Technologien, die zu diesem Zeitpunkt erhältlich waren, bedeuteten, dass China die nächsten zehn Jahre weitgehend damit verbringen würde, das zu kopieren, was die Vereinigten Staaten, Europa und andere zuvor getan hatten, um deren komfortablen Status als reichste Länder und Regionen der Welt zu erlangen: Kohle, Öl und Erdgas – aber hauptsächlich Kohle – zu verbrennen und das resultierende Kohlendioxid in die Luft zu entlassen, während sich der Planet weiter erwärmt. US-Präsident George H. W. Bushs Unterschrift unter die „Agenda 21"-Erklärung des Erdgipfels im Jahr 1992 konnte daran nicht viel verändern, außer künftigen Generationen rechter Verschwörungstheoretiker Stoff für ihre Hirngespinste zu liefern. Aber all das war noch ein Jahr weit weg. Präsident Bush und über hundert weitere Staatschefs flogen erst im Juni 1992 nach Rio.

Unterdessen machte sich am 2. April 1991 der Pinatubo, ein Vulkan, der seit über 400 Jahren ruhig geblieben war, erstmals bemerkbar. Bald danach gaben die philippinischen Behörden ihre erste Evakuierungsorder. Zwei Monate später war die vulkanische Aktivität auf Hochtouren. Ihr Höhepunkt war eine Explosion am 15. Juni. Asche, Steine und Lava begruben die Umgebung. Um alles noch schlimmer zu machen, schlug Taifun Yunya am selben Tag zu. Die resultierenden Hochwasser, verbunden mit dem Vulkanausbruch, vertrieben über 200.000 Filipinos. Mehr als 300 starben.

Die Kosten der Naturkatastrophe waren hoch. Aber es gab auch Vorteile: Als direkte Folge des Vulkanausbruchs verringerten sich die globalen Temperaturen vorübergehend um etwa 0,5 Grad Celsius. Der Vulkan hatte also den gesamten menschlich verursachten Temperaturanstieg wettgemacht. Das volle Ausmaß dieser Auswirkungen sollte just zur Zeit des Erdgipfels in Rio ein Jahr später zu spüren sein.

Der Pinatubo schaffte all das, indem er rund 20 Millionen Tonnen Schwefeldioxid in die Stratosphäre transportierte. Diese relativ kleine Menge wirkte gegen den Treibhauseffekt, verursacht durch rund 585 Milliarden Tonnen Kohlendioxid, die sich dank menschlichen Zutuns bis dahin in der Atmosphäre angesammelt hatten. (Jetzt, mehr als zwanzig Jahre später, steht die Gesamtmenge des in der Atmosphäre angesammelten Kohlendioxids bei rund 940 Milliarden Tonnen und alle Anzeichen deuten immer noch nach oben.)

Das Hebelverhältnis von Schwefel zu Kohlendioxid in Sachen Geo-Engineering ist enorm. Die Menge an Schwefeldioxid, welche vom Pinatubo freigesetzt wurde, hatte etwa 30.000 Mal so viel Einfluss auf das Klima wie dieselbe Menge an Kohlendioxid.

Es ist verlockend, dies mit der Nukleartechnologie zu vergleichen. Little Boy, die Atombombe, die auf Hiroshima abgeworfen wurde, hatte rund 5000 Mal so viel Energie wie herkömmliche Sprengstoffe mit der gleichen Menge an Materialien.

Der Vergleich mit der Atomtechnologie verweist auch auf den möglichen Weg, der vor uns liegt. Die Titan-II-Rakete wurde nur 15 Jahre nach dem Abwurf von Little Boy entwickelt. Sie hatte in ihrem Sprengkopf mehr Energie als alle Bomben des Zweiten Weltkriegs zusammengenommen, *einschließlich* Little Boy. Wenn Geo-Engineering sich nur einen Bruchteil so schnell weiterentwickelt, ist es schwer, sich die in Zukunft verfügbaren Technologien vorzustellen, die dem atmosphärischen Kohlendioxid entgegenwirken könnten. Selbst mit heutiger Technologie könnte eine einigermaßen gezielte Geo-Engineering-Intervention möglicherweise Hebelverhältnisse um ungefähr eine Million zu eins erzielen.

Die Ähnlichkeiten mit dem Hebelverhältnis von Atombomben sind bemerkenswert. Es besteht aber auch ein wichtiger Unterschied: Sowohl nukleare als auch konventionelle Sprengkörper zerstören. Geo-Engineering hingegen wirkt dem Kohlendioxid entgegen. Zumindest im Prinzip hat seine enorme Hebelwirkung das Potenzial, immens viel Gutes zu tun.

Die Versprechen und Probleme des Geo-Engineerings

Abgesehen von den allzu realen Kosten an Menschenleben war die Wirkung des Pinatubo auf die globale Temperatur vermutlich eine gute Sache. Wenn wir tatsächlich die über zwei Jahrhunderte hinweg von Menschen versursachte globale Klimaerwärmung durch das einfache Drehen eines Knopfes wieder wegwischen könnten – warum sollten wir das nicht tun?

Dieses einfache Bild hat jedoch ein paar Probleme. Der Pinatubo verringerte die *indirekten*, wenn auch allzu realen Auswirkungen von Kohlendioxid in der Atmosphäre: Die 20 Millionen Tonnen Schwefeldioxid erzeugten quasi einen Sonnenschirm, der die Strahlenmenge der Sonne im folgenden Jahr um etwa 2 bis 3 Prozent gedimmt hat. Dies hatte fast keinen Einfluss auf die *direkten* Auswirkungen von mehr Kohlendioxid in der Luft: etwa die Tatsache, dass das meiste Kohlendioxid schlussendlich in die Ozeane kommt und diese versauert. Man kann natürlich nicht erwarten, dass ein Vulkanausbruch alle Probleme löst. Allerdings hat der Pinatubo nicht nur Probleme nicht gelöst. Er schuf auch andere.

Auch wenn sich die Teilnehmer am Erdgipfel über die niedrigeren globalen Durchschnittstemperaturen begeistert haben mögen, müssten sie aufgrund der niedrigen Ozonwerte in der Stratosphäre bestürzt gewesen sein. Wenn man das Schwefeldioxid und andere Ausstöße des Vulkans mit bestimmten Arten von Verschmutzung, die wir Menschen in die Stratosphäre senden, kombiniert, kann das zu einem Abbau der Ozonschicht führen, wie sie auch zum Ozonloch über dem Südpol geführt hat – nur tritt der Ozonabbau jetzt auch über den Tropen auf.

Als ob das noch nicht genug wäre, wird der Pinatubo mitunter auch noch für die Überschwemmungen entlang des Mississippi im Jahr 1993 und für Dürren anderswo verantwortlich gemacht. Der Vulkanausbruch fiel mit dem Beginn einer bemerkenswerten globalen Dürreperiode zusammen, die zirka ein Jahr gedauert hat. Direkte Verbindungen sind schwer herzustellen, aber das macht das Ganze nur noch problematischer. Wenn wir eine direkte Linie vom Pinatubo zu Dürren südlich der Sahara ziehen könnten, würden wir zumindest wissen, wen wir zur Verantwortung ziehen müssten. Ohne diese Verbindung stehen Spekulationen an der Tagesordnung.

* * *

Was wäre nun, wenn es anstatt eines Vulkans eine Gruppe von Wissenschaftlern gewesen wäre, die dieses Experiment gestartet hätten, zwei Jahrhunderte globaler Klimaerwärmung gerade rechtzeitig für den Weltgipfel in Rio zu tilgen?

Es wäre zumindest darauf zu hoffen, dass das Experiment auf eine Art und Weise entwickelt worden wäre, um die 200.000 Vertriebenen und 300 Toten zu vermeiden. Aber auch ohne diese allzu direkten Auswirkungen wäre es schwer, sich vorzustellen, dass eine universitäre Ethikkommission, eine Gruppe, die sich mit der Sicherheit von Forschungstätigkeiten befasst, so ein Experiment genehmigt hätte. Eine solche Zustimmung ist selbst für eine einfache E-Mail-Umfrage oft schwer genug zu bekommen, wo es nur darum geht, die Befragten zu motivieren, ihre Computer-Mäuse in Gang zu setzen und ein paar harmlose Fragen zu beantworten; ganz zu schweigen von medizinischen Experimenten, in denen Patienten mit neuen Medikamenten behandelt werden sollen, die zwar Heilung versprechen, aber auch Nebenwirkungen haben. Nun stellen Sie sich vor, absichtlich der Stratosphäre eine Injektion mit winzigen maßgeschneiderten Partikeln zu verabreichen, um die Auswirkungen des Pinatubo zu imitieren. Der ausdrückliche Zweck: die Veränderung des globalen Klimas.

Vergessen Sie Ethikkommissionen. Die Öffentlichkeit wird hier ein paar Worte mitreden wollen – und sie sollte dies auch tun. Selbst wenn die einzige Auswirkung des Experiments wäre, die globalen Temperaturen perfekt gleichmäßig, ohne jegliche regionale Unterschiede, zu senken (etwas, das, wie sich herausstellt, nicht der Fall zu sein scheint), wäre es immer noch schwer, sich auf die „richtige" Temperatur zu einigen.

Wenn Sie in Kapstadt, San Francisco oder entlang der Mittelmeerküste leben, genießen Sie so ziemlich die stabilsten, idealsten Klimazonen auf Erden überhaupt. Warum sollten Sie das ändern wollen?

Wenn Sie in höheren Breiten wohnen, wären ein paar Grad Erwärmung für Sie persönlich nicht so schlimm. Warum sollten Sie das zurückschrauben wollen?

Und falls wir die Temperaturen zurückdrehen, wo sollten wir stoppen? Das vorindustrielle Niveau scheint ein vernünftiges Ziel zu sein. Aber das heutige scheint ebenso in Ordnung zu sein.

Keine dieser Fragen hat eine richtige Antwort. Wir brauchen starke globale Institutionen und gut gestaltete Steuerungsprozesse, um diese Entscheidungen auf eine Art und Weise zu treffen, die die größtmögliche Zahl verschiedener Meinungen auf demokratischste Weise für das Allgemeinwohl der Gesellschaft miteinbezieht. Das ist schwer, gelinde ausgedrückt. Wir haben keine globale Regierung. Stattdessen müssen wir mit bestehenden Institutionen arbeiten. Das ist ein fragmentierter globaler Steuerungsprozess mit unvollkommener Repräsentation und noch unvollkommeneren Entscheidungsprozessen. Der politische Prozess in Washington, D. C., oder etwa Brüssel mag zwar nahezu lahmliegen, aber zumindest gibt es einen formalen Prozess, um Entscheidungen zu treffen. Auf globaler Ebene gibt es nicht einmal die richtigen Institutionen, die es uns ermöglichen würden, das Gespräch zu führen.

Glücklicherweise sind wir immer noch weit davon entfernt, solche Entscheidungen rund um den Einsatz einer globalen Geo-Engineering-Intervention treffen zu müssen. Leider stößt uns das Versäumnis, die Kräfte der Märkte richtig umzulenken, um den Klimawandel zu beseitigen, jedoch unerbittlich in diese Richtung – ob wir es wollen oder nicht.

Trittbrettfahrer treffen die Gratis-Chauffeure der Klimaerwärmung

Der Klimawandel ist deshalb ein Problem, weil zu wenige von uns es als eines betrachten. Diejenigen von uns, die es für ein Problem halten, können wenig dagegen tun, wenn nicht auch alle anderen handeln. Entweder lösen wir das Problem für alle oder wir lösen es für niemanden von uns.

Das ist, überspitzt gesagt, der Grund, warum der Klimawandel so schwer zu lösen ist. Sie alleine können wenig tun, außer aufzuschreien, um die Politik aufzuwecken und den Rest von uns in die richtige Richtung zu führen. Die überwiegende Mehrheit der sieben Milliarden von uns sind *Trittbrettfahrer*. Wir genießen die Reise, solange sie noch angenehm ist. Wir zahlen aber nicht selbst für die vollen Kosten unseres Handelns.

Schlimmer noch, die Umweltverschmutzung wird weltweit in der Höhe von über 450 Milliarden Euro pro Jahr subventioniert. Das kommt im Durchschnitt auf einen Zuschuss von rund 13 Euro pro Tonne Kohlendioxid, ein Großteil davon in ölreichen sowie sich noch entwickelnden Ländern wie Venezuela, Saudi-Arabien, Nigeria, China, Indien und Indonesien. Jeder einzelne Euro davon ist ein Schritt weg von den richtigen Anreizen. Statt selbst für das Privileg der Verschmutzung zu zahlen, werden wir für das Verschmutzen bezahlt. (Inzwischen liegen die Kohlendioxidpreise in großen Teilen Europas um die 10 Euro. In den Vereinigten Staaten, mit der bemerkenswerten Ausnahme von Kalifornien, sind sie nahe null. Diese Schätzung geht davon aus, dass Subventionen von rund 3 Dollar pro Tonne Kohlendioxid durch direkte und indirekte Maßnahmen wie Effizienzstandards und Mandate für erneuerbare Energie aufgewogen werden.)

Jedes Mal, wenn wir uns in ein Flugzeug setzen, um etwa von New York nach San Francisco und zurück zu fliegen, stoßen wir etwa eine Tonne Kohlendioxid in die Luft aus, die zum Teil noch für Jahrzehnte oder gar Jahrhunderte nach dieser Reise dort bleibt. Das heißt, Sie persönlich verantworten diese Tonne, nicht etwa die gesamte Flugzeugbesatzung. Die emittiert ein paar Hundert Mal mehr. Und diese Tonne wird für zumindest 35 Euro an Schäden für Wirtschaft, Ökosysteme und Gesundheit verantwortlich zeichnen.

Nehmen wir des Argumentes wegen an, dass alle sieben Milliarden von uns pro Jahr ein Mal ins Flugzeug steigen. Nehmen wir außerdem an, dass jeder dieser Flüge etwa eine Tonne Kohlendioxid verursacht. (Letzteres ist für Transatlantikflüge von Europa in die Vereinigten Staaten ungefähr richtig. Ersteres ist überhaupt nicht wahr. Das Fliegen, wie die meisten anderen Quellen der globalen Erwärmung, ist hauptsächlich eine Aktivität der Reichen. Es gibt etwa 30 Millionen kommerzielle Flüge pro Jahr weltweit, die etwa drei Milliarden Passagiere transportieren. Das bedeutet natürlich nicht, dass drei Milliarden verschiedene Menschen jedes Jahr fliegen. Tatsächlich fliegen weit weniger als eine Milliarde, die jedes Jahr mehrere Male ins Flugzeug steigen. Aber belassen wir es für jetzt bei den sieben Milliarden Fluggästen.)

Wenn also sieben Milliarden Personen fliegen und jede eine Tonne Kohlendioxid versursacht, würden sie gemeinsam für Schäden im Wert von sieben Milliarden mal 35 Euro verantwortlich zeichnen. Auf sieben Milliarden Menschen verteilt, kommt das auf 35 Euro pro Person.

Jeder bezahlt schließlich 35 Euro. Aber niemand bezahlt die *richtigen* 35 Euro.

Das ist der Kern des Problems. Statt dass *Ihre* 35 Euro an Schäden direkt zu *Ihrem* Ticket hinzugefügt werden, zahlen Sie einen kleinen Bruchteil eines Cents für jene Schäden, die die Flüge aller anderen verursachen. Das Gleiche gilt auch für alle anderen. Jeder steht vor derselben Wahl: „Ich habe den Vorteil des Fluges, während alle sieben Milliarden von uns für die Kosten aufkommen." Wir *alle* zahlen gemeinsam für die Kosten der Umweltverschmutzung, aber niemand sieht seine *ei-*

genen Kosten der Umweltverschmutzung, die zum Klimawandel führt. Infolgedessen fliegen wir alle zu viel und belasten die Gesellschaft mit enormen Kosten: sieben Milliarden mal 35 Euro, um genau zu sein.

Die Gesamtkosten sind groß. Aber niemand hat die richtigen Anreize, zu versuchen, etwas dagegen zu tun. Auf individueller Basis verteilen sich die Schäden des Fliegens – die 35 Euro – auf den Bruchteil eines Cents der Kosten für jeden anderen der sieben Milliarden. Niemand wird daher motiviert genug sein, um sich zu erheben und zu versuchen, Sie am Einsteigen in das Flugzeug zu hindern oder zumindest sicherzustellen, dass Sie Ihre eigenen Kosten bezahlen. Freiwillige Koordination geht in diesem Fall nicht. Sieben Menschen dazu zu bewegen, sich auf eine bestimmte Handlung zu einigen, ist schon schwierig; sieben Milliarden ist unmöglich. Das ist genau der Punkt, an dem die Politik gefragt ist. Und hier finden wir auch die globale Zusammenarbeit äußerst schwierig.

So weit, so schlecht. Aber *Trittbrettfahren* ist nur das halbe Problem.

Das Problem der *Gratis-Chauffeure* könnte genauso wichtig sein. Das ist der Punkt, an dem sich das Geo-Engineering hinter das Lenkrad setzt und wo wir wieder zum Pinatubo zurückkehren. Ungefähr 20 *Millionen* Tonnen Schwefeldioxid haben es geschafft, die globale Erwärmung durch 585 *Milliarden* Tonnen Kohlendioxid in der Atmosphäre aufzuheben. Das ist Hebelkraft. Es ist auch eine andere Art, zu sagen, dass Geo-Engineering potenziell sehr billig ist, wenn Wissenschaftler in der Lage wären, die Auswirkungen des Pinatubo bewusst zu kopieren – das heißt „billig" im engeren Sinne der direkten Entwicklungs- und Transportkosten, um die 20 Millionen Tonnen Material in die Stratosphäre zu senden. Nicht unbedingt billig, wenn man die vollen Konsequenzen berücksichtigt.

* * *

Wir mögen zwar den Gedanken hassen, dass wir in der Bekämpfung erstaunlicher Mengen an Verschmutzung noch mehr Verschmutzung eines anderen Typs einsetzen könnten. Aber das gesamte Unternehmen ist einfach zu billig, um es zu ignorieren.

Und es ist ja nicht so, als ob jemand buchstäblich das tun würde, was der Pinatubo getan hat, nämlich 20 Millionen Tonnen Schwefeldioxid in die Stratosphäre zu schleudern. Angesichts des aktuellen Technologie- und Wissensstandes würde der Schwefel zumindest in Form von Schwefelsäuredampf geliefert werden. Früher oder später würden wir auf Kleinstpartikel zurückgreifen, die speziell für diesen Zweck entwickelt werden, um so viel Sonnenstrahlung wie möglich zurück in den Weltraum zu reflektieren. Das würde weniger Material bedeuten, um die gleiche Wirkung zu erzielen. Dies könnte eine Flotte von ein paar Dutzend Flugzeugen schaffen, die rund um die Uhr fliegen. Es wurde sogar berechnet, wie viele heute erhältliche Jets vom Typ Gulfstream G650 man bräuchte, um die notwendigen Materialien in die Atmosphäre zu senden. Die Details sind hier zu spezifisch. Was zählt, ist, dass die Gesamtkosten niedrig sind, sowohl im Vergleich zu den Schäden, die Kohlendioxid verursacht, als auch zu den Kosten für deren Vermeidung mit anderen Mitteln.

Die tatsächlichen Zahlen haben eine große Bandbreite und alle basieren auf Schätzungen, aber die meisten setzen die direkten Entwicklungskosten eines solchen Eingriffs in der Größenordnung von 1 bis 10 Milliarden Dollar im Jahr an. Das sind die Kosten, um die globalen Temperaturen wieder auf das vorindustrielle Niveau zu bringen. Das ist nicht gratis, aber es ist tatsächlich in der Reichweite sehr vieler Länder – vielleicht sogar des einen oder anderen Milliardärs höchstpersönlich.

Wenn wir zurück zu den Schadensschätzungen von 35 Euro gehen, die durch eine heute emittierte Tonne Kohlendioxid über dessen Lebensdauer hinweg verursacht werden, sprechen wir von ein paar Cent pro Tonne für eine solche Gegenmaßnahme. Das sind drei Potenzen weniger und es ist die exakte Parallelsituation zum *Trittbrettfahrer-Problem*, welches uns das Problem überhaupt erst beschert hat. Statt einer Person, die alle Vorteile ihrer Flugreise genießt, während die anderen sieben Milliarden Bruchteile eines Cents für die Klimaschäden bezahlen, ist es jetzt eine Person oder (wahrscheinlicher) ein Land, das in der Lage wäre, die Kosten für das Geo-Engineering für den gesamten Planeten zu übernehmen – und all das vielleicht, ohne die anderen sieben Milliarden Menschen überhaupt darum zu fragen.

Willkommen zum *Gratis-Chauffeur-Problem*!

Wenn wir den Klimawandel als die *Mutter aller externen Effekte* betrachten, wie es Ökonomen gerne nennen, ist Geo-Engineering ihr *Vater*. Die Welt ist das Kind, das in der Mitte steckt. Wenn Mama „Nein" sagt, geht es eben zu Papa, um zu sehen, ob er „Ja" sagt. Die Chance dafür ist ziemlich gut, vor allem, da er die genau gegenteiligen Anreize zu Mama hat: ein Spiel von guter Bulle, böser Bulle auf planetarer Ebene.

Geo-Engineering ist zu billig, um es als Randerscheinung abzustempeln oder gar als die nächste sensationelle Erfindung eines Wissenschaftlers, dem es nur darum geht, Forschungsgelder anzusammeln, wie es mancher Kritiker gerne sehen möchte. Wenn überhaupt, sind es die besten Klimaforscher, die das Thema am ernstesten nehmen. Und nicht, weil sie das gerne tun würden.

Von Sicherheitsgurten und Geschwindigkeitsbegrenzungen

Im Februar 1975 traf sich das Who is Who der biomedizinischen Forschung in einem kleinen Badeort in Pacific Grove, Kalifornien, um sichere Laborstandards für die wachsende Disziplin der Forschung über rekombinante DNA zu diskutieren. Die Disziplin zeigte sich vielversprechend, barg aber auch erhebliche Gefahren – nicht zuletzt jene, dass die Forschung der Öffentlichkeitsmeinung zu weit vorauseilen könnte, was als Konsequenz öffentliche Proteste, finanziell ausgetrocknete Labore und die Schließung ganzer Forschungsprogramme bedeuten würde. Das Treffen erwies sich als Erfolg. Vor dem Treffen waren in der Tat Forschungsprogramme aufgrund eines öffentlichen Aufschreis über die möglichen Gefahren gestoppt worden. Seitdem hat uns die Forschung über rekombinante DNA aber neben vielen anderen Fortschritten den Hepatitis-B-Impfstoff, neue Formen von Insulin, die Gentherapie und einen Nobelpreis für Chemie an Paul Berg, den Mitveranstalter des Treffens von 1975, gebracht.

Das Meeting bot auch einen Einblick, inwieweit Wissenschaftler die Öffentlichkeit einbeziehen können und sollen, wenn ihre Forschung besonders heikle Themen betrifft. Im Vorfeld der Versammlung im Asilomar-Konferenzzentrum in Pacific Grove hatten sogar Bergs eigene Kollegen gebeten, seine Forschung wegen der Angst vor biologischen Gefahrenstoffen, die zu Krebs bei Laborangestellten oder noch Schlimmerem führen könnten, zu stoppen. Der „Asilomar-Prozess" überzeugte die Wissenschaftler und half, die Wissenschaftspolitik für die kommenden Jahrzehnte anzuleiten.

Es ist heutzutage fast unvorstellbar, dass eine einzige Sitzung wie jene zwischen ein paar Dutzend Biologen, einer Handvoll Ärzte und dem einen oder anderen Anwalt die Öffentlichkeit und die politischen Entscheidungsträger dermaßen beeinflussen könnte, um das Richtige für die Forschung zu tun. Man kann sich die Verschwörungstheorien leicht vorstellen. Die Schlagzeilen schreiben sich praktisch selbst:

> „Wie weit ist zu weit? Sollten Wissenschaftler ihre eigenen Grenzen definieren?"
>
> „Die schöne neue Welt der Genklempner"
>
> „Planetenklempner: Wer entscheidet?"

Die letzte dieser Schlagzeilen ist tatsächlich echt. Das amerikanische Magazin *New Scientist* verwendete sie für einen Artikel mit dem Titel „Asilomar 2.0". Das war es zumindest, wie die Organisatoren ihr Treffen nennen wollten. Im März 2010 trafen sich prominente Klimaforscher, angehende Geo-Ingenieure, ein paar Journalisten und der eine oder andere Diplomat und Umweltschützer in den Asilomar-Gebäuden, um zu versuchen, den Geist von 1975 wiederzubeleben. Es war eine Versammlung des Who is Who in einem anderen aufstrebenden Forschungsgebiet mit großen Verheißungen und einigem Potenzial für eine heftige öffentliche Gegenreaktion: Geo-Engineering.

Der erste Satz eines Mitorganisators der Konferenz gab den Ton vor: „Viele von uns wünschten, wir wären nicht hier." Die meisten Wissenschaftler wünschten stattdessen, dass die Welt ihren Rat beherzigt und schon Jahrzehnte zuvor etwas gegen die Klimaerwärmung getan hätte. Der mittlerweile verstorbene Steve Schneider sprach leidenschaftlich über seine Klimaforschungsarbeiten, die einige der ersten Alarmglocken geläutet hatten – das war noch vor dem Jahr 1975. Er hatte gerade seinen Bericht aus erster Hand geschrieben: *Science as a Contact Sport: Inside the Battle to Save Earth's Climate* („Wissenschaft als Kontaktsport: In der Schlacht zur Rettung des Weltklimas"). Und er war nicht gekommen, um sein Buch an den Mann zu bringen. Er war hier, um die Tatsache zu beklagen, dass es so weit gekommen war. Jeder Wissenschaftler begann seine Ansprache mit der Bemerkung, dass das auf der Hand liegende „Na bitte! Wir hatten recht!" bittersüß sei. Die abschließende Stellungnahme des Treffens begann mit einem eindeutigen, starken Bekenntnis zur Eindämmung von Treibhausgasemissionen, um die Wurzel des Problems zu beseitigen.

Das ist es auch, wo wir uns jetzt befinden. Einige der seriösesten Klimawissenschaftler betrachten Geo-Engineering als eine ernsthafte Option – nicht, weil sie es gerne täten, aber weil es gut die einzige Chance sein könnte, eine Klimakatastrophe noch zu vermeiden. Gegenmittel nach dem Vorbild des Pinatubo haben gerade deshalb in letzter Zeit erhebliche Aufmerksamkeit auf sich gezogen.

Genau dieselben Wissenschaftler heben auch eines der wichtigsten Probleme hervor, wenn es um Geo-Engineering geht. Wenn man sich mit dem Problem des *Gratis-Chauffeurs* befasst, nimmt dies zwangsläufig Zeit vom Versuch weg, das Problem der *Trittbrettfahrer* zu lösen. Das Leben bringt Zielkonflikte mit sich. Wenn man den Großteil seines Arbeitstages mit Gedanken darüber verbringt, kleinste Schwefelpartikel in die Atmosphäre zu senden, verbringt man die Zeit nicht damit, Kohlendioxid aus der Atmosphäre zu entfernen. Das ist der sehr reale Zielkonflikt, dem Wissenschaftler gegenüberstehen.

Das Gleiche gilt außerhalb des Labors für eine breitere politische Antwort: Warum Emissionen reduzieren, wenn wir wissen, dass die neuesten technologischen Fortschritte das Problem auf gänzlich andere Art lösen könnten? Die deutlichste Antwort ist einfach, dass Geo-Engineering das Problem nicht löst. Es kann lediglich in der Lage sein, einige der Symptome zu behandeln. Wählen Sie selbst Ihre Lieblingsanalogie. Es ist wie „Chemotherapie" oder ein „Luftröhrenschnitt" für den Planeten: ein letzter verzweifelter Versuch, das zu erreichen, was die Prävention und jede andere Art von Behandlung nicht schaffen.

Um einen Vergleich näher am Klimawandel selbst zu verwenden: Geo-Engineering hat Ähnlichkeiten damit, sich einfach auf höhere Temperaturen und andere klimatische Auswirkungen einzustellen. Während niemand heutzutage die Notwendigkeit bestreiten würde, dass wir uns an die bereits festzementierte Erderwärmung anpassen sollten, ist es nicht allzu lange her, dass Umweltschützer davor warnten, das Wort „Anpassung" überhaupt in den Mund zu nehmen. Es könnte ja schließlich von den Bemühungen ablenken, Kohlendioxid erst einmal zu reduzieren.

Nach dem Anschnallen fühlen sich manche Fahrer so sicher, dass sie tatsächlich rücksichtsloser fahren. Aber das ist kaum ein Argument gegen die verpflichtende Verwendung von Sicherheitsgurten. Es bedeutet nur, dass wir auch Geschwindigkeitsbegrenzungen benötigen. Mit anderen Worten: dass wir Kohlendioxidemissionen begrenzen müssen.

* * *

Wenn die Aussicht einer Injektion von Millionen Tonnen winziger, künstlich konstruierter Partikel in die Stratosphäre zwecks Errichtung einer Art Sonnenschutzes es nicht schafft, Sie zu erschrecken, dann haben Sie nicht aufgepasst. Nicht sehr überraschend stellt sich aber heraus, dass die überwiegende Mehrheit der Bevölkerung nicht aufgepasst hat. Klimaumfragen-Guru Tony Leiserowitz von der Yale-Universität hat etwa Amerikaner gefragt, wie viel, wenn überhaupt, sie schon über „Geo-Engineering" als mögliche Antwort auf den Klimawandel gehört hätten. Die überwiegende Mehrheit, 74 Prozent, sagte: „Nichts." Von den anderen 26 Prozent, die den Begriff gehört hatten, wussten nur drei Prozent, was er tatsächlich bedeutet.

Das heißt nicht, dass wir Geo-Engineering nicht ernst nehmen sollten. Wir könnten an so vielen Klimaschwellenpunkten vorbeilaufen, dass diese Art von planetarer „Chemotherapie" vielleicht schon jetzt notwendig wäre, um sie als Plan B in der Tasche zu haben. Zumindest sollten wir die Forschung vorantreiben, um herauszufinden, ob es in der Tat ein gangbarer Weg wäre. Wir können nicht einfach abwarten und auf das Beste hoffen, noch können wir hoffen, dass der Effekt des *Gratis-Chauffeurs* nicht einmal seine volle Kraft zeigen wird.

Den Planeten kühlen – schnell und langsam

Vom Pinatubo inspiriertes Geo-Engineering hat seinen Reiz, vor allem, weil es vorgibt, schnell, billig und schlagkräftig zu sein. Aber es ist nicht die einzige Möglichkeit des Geo-Engineerings. Die Grundidee besteht darin, mehr Sonnenstrahlung zurück in das All zu reflektieren. Die Injektion kleiner, auf Schwefel basierender Partikel in die Stratosphäre ist ein Weg, und einer der gewagtesten.

Hausdächer weiß anzustreichen, wird manchmal als ein anderer vorgeschlagen. Die Logik ist dieselbe wie jene, die besagt, dass Wintermäntel in der Regel schwarz sind und dass im Sommer gerne weiß getragen wird. Schwarz absorbiert Wärme; Weiß strahlt sie zurück. Dies ist auch ein Grund, warum das Schmelzen des arktischen Eises so beunruhigend ist. Statt weißer Oberflächen, die Sonnenstrahlen zurück ins All strahlen, neigen dunklere Oberflächen dazu, die Strahlen zu absorbieren. Offenes Wasser ist dunkler als Eis. Das schafft einen Teufelskreis, der den Planeten weiter erwärmt. Die weite Verbreitung weißer Dächer in vielen Gebieten rund um das Mittelmeer trägt zu angenehmen lokalen Mikroklimata bei. Manche Vorschläge würden dieses Phänomen in Städten anderswo kopieren. Das alles klingt in der Theorie gut, aber es ergeben sich auch zumindest drei Probleme.

Zum einen würden wir viel besser über die Gesamtwirkung Bescheid wissen müssen, bevor wir diesen Weg wählen. Weiße Dächer reflektieren tatsächlich mehr Licht zurück in den Weltraum, aber sie tun dies von der Erdoberfläche aus. Das reflektierte Sonnenlicht entweicht normalerweise nicht zurück ins All, aber es trifft jetzt auf Ruß und eine Menge anderer möglicher Luftschadstoffe und Partikel und macht möglicherweise in so manchen ohnehin schon verschmutzten Städten alles noch schlimmer als zuvor.

Zweitens geht es um den Maßstab. Selbst wenn wir *alle* Dächer weltweit weiß anmalen würden, würden wir immer noch nur etwa ein Zehntel der Wirkung erzielen, die der Ausbruch des Pinatubo geschafft hat.

Das geht auch mit einer anderen Grundsatzfrage einher: Millionen von Dächern anzumalen, hat die genau gegenteiligen Eigenschaften wie das Imitieren des Pinatubo. Millionen von Menschen zu motivieren, etwas zu tun, das dem Planeten zugutekommen kann, trifft direkt wieder auf den *Trittbrettfahrereffekt*. Das zu koordinieren, wird schwierig sein, außer das Anstreichen der Dächer würde sich für sich selbst schon auszahlen, zum Beispiel wegen verringerter Klimatisierungskosten. Es wird umso schwieriger, wenn das Anmalen mit tatsächlichen Kosten (und ohne direkte Kompensation) einhergeht.

Zwischen Pinatubo-mäßigen stratosphärischen Schwefelinjektionen und dem Anmalen von Dächern gibt es viele Optionen. Eine viel zitierte ist, künstliche Wolken zu schaffen oder bereits existierende Wolken aufzuhellen. Stellen Sie sich eine Flotte von futuristisch anmutenden satellitengesteuerten Schiffen vor, die Wasser in die Luft sprühen, um Wolken herzustellen. Das würde nicht davon abhängen, dass Millionen von uns das Richtige tun. Es geht auch nicht darum, etwas in die Stratosphäre zu injizieren, das später wieder herunterfallen könnte. Alles, was man bräuchte, ist Wasserdampf und in der Tat haben einige ernsthafte Vorschläge diese Möglichkeit bereits erwogen. Kurz gesagt: Es *kann* funktionieren, mit der Betonung auf „kann". Hellere Wolken *könnten* die Durchschnittstemperaturen senken und die Auswirkungen *könnten* sogar regional gesteuert werden.

Ein regional gezielter Eingriff könnte helfen, manche Probleme einer globalen Geo-Engineering-Intervention im Stile des Pinatubo zu vermeiden. Aber es könnte noch immer so manche unangenehme Nebenwirkung mit enormen Konsequenzen geben. Der indische Monsun mag „nur" ein regionales Phänomen sein, aber er ist eines, von dem die Versorgung eines Landes, in dem über einer Milliarde Menschen leben, mit Wasser und Nahrung abhängt.

Wie immer ist es eine Frage von Ausgleichslösungen. Der Klimawandel selbst wird viele unangenehme Nebenwirkungen haben. Die Frage ist dann nicht, ob Geo-Engineering alleine verheerend sein könnte. (Ja, das könnte es sein.) Die Frage ist, ob der Klimawandel in Kombination mit Geo-Engineering besser oder schlechter ist als ungebremster Klimawandel.

Eines ist klar: Was man in Sachen Präzision in einer regional angelegten Geo-Engineering-Intervention gewinnt, verliert man an Hebelwirkung. Das Aufhellen von Wolken könnte immer noch billiger sein als die Vermeidung von Kohlendioxidbelastungen, aber es hat auch so seine Grenzen. Geo-Engineering nach Pinatubo-Vorbild hat eine viel größere Hebelwirkung und damit insgesamt viel mehr Potenzial – mit allen Vor- und Nachteilen.

* * *

Alle diese Geo-Engineering-Methoden – vom Pinatubo über Wolkenaufhellung bis zum Anmalen von Dächern – haben eines gemeinsam: Sie berühren das Kohlendioxid, das bereits in der Luft ist, kaum. Das macht sie potenziell billig. Sie ändern aber auch nichts an der Grundursache des Klimaproblems.

Das steht im Gegensatz zu „Direct Carbon Removal“ (DCR) – „Direkte Kohlenstoff-Beseitigung“ –, auch „Carbon Dioxide Removal“ (CDR) – „Kohlendioxid-Beseitigung“ – genannt. Egal, wie sie heißt, diese Methode existiert in den verschiedensten Gestalten: „Luftabsaugung“ nimmt Kohlendioxid direkt aus der Luft und vergräbt es beispielsweise tief im Boden. „Kohlenstoff-Abscheidung und -Speicherung“ hält Kohlendioxid davon ab, überhaupt in die Luft zu gelangen, indem es von Schornsteinen herausgefiltert und so behandelt wird, dass es nicht mehr in die Atmosphäre entkommt. „Ozeanische Düngung“ tut, was der Name sagt: die Abladung von Eisen oder anderen Nährstoffen in die Meere, um die Oberflächengewässer für die natürliche Kohlendioxidaufnahme fruchtbarer zu machen. „Biokohle“ ist eine originelle Bezeichnung für Holzkohle und wirkt ähnlich wie andere Ansätze: Kohlendioxid aus der Luft nehmen und verhindern, dass es wieder entkommt. Man könnte sogar die guten alten Bäume in diese Kategorie stellen; wachsende Bäume entziehen ganz natürlich Kohlenstoff aus der Atmosphäre. Tatsächlich gibt es oft wenig anderes, was Menschen tun müssten, als einfach nur aus dem Weg zu gehen. Die Natur kümmert sich in vielen Situationen ganz alleine um die Wiederaufforstung, solange es keine zusätzlichen Störungen gibt.

Die Meinungen über die Wirksamkeit jeder dieser Methoden gehen auseinander. Die Meinungen gehen auch darüber auseinander, ob diese Methoden überhaupt „Geo-Engineering“ genannt werden sollen. Sie sind Geo-Engineering in dem Sinn, dass jemand absichtlich versucht, die Atmosphäre der Erde im großen Stil zu beeinflussen. Es ist aber genau die Frage des Maßstabs, die hier zur Debatte steht.

Die meisten dieser Ansätze treffen direkt auf das allgegenwärtige Trittbrettfahrerproblem. Entweder sind sie von der Koordination der Handlungen von Millionen Menschen abhängig oder jede einzelne Person müsste so viel Geld ausgeben, dass es äußerst unwahrscheinlich erscheint. Mit anderen Worten: Wenige dieser Ansätze teilen die Eigenschaften, die Geo-Engineering im Pinatubo-Stil so einzigartig machen. Sie haben viel weniger Hebelwirkung. Sie sind oft teuer. Sie sind langsam. Tatsächlich sehen sie oft viel mehr wie die Reduzierung von Kohlendioxidemissionen aus als wie Geo-Engineering.

Natürlich sagen wir nicht, dass die Welt diese Ansätze nicht mit in Betracht ziehen sollte. Wir sollten mehr Bäume pflanzen, unabhängig davon, ob sie auch eine positive Auswirkung auf das Klima haben. Das Gleiche gilt für das weiß Anmalen von Dächern, um die Klimatisierungskosten zu senken. Aber das bedeutet nicht, dass wir diese Methoden mit Geo-Engineering nach dem Vorbild des Pinatubo in einen Topf werfen sollten. Das gilt sowohl für die Dachaufhellung als auch für jede Form der „Kohlendioxid-Beseitigung“ – von Bäumen über ozeanische Düngung bis zur Kohlenstoff-Abscheidung und -Speicherung in Schornsteinen. Alle dieser Methoden sind wichtig. Keine spielt aber in derselben Liga wie die direkte Injektion von Schwefel oder anderen winzigen Partikeln in die Stratosphäre.

Süchtig nach Geschwindigkeit

Die erste Tasse Kaffee schmeckt für jeden bitter, trotz viel Zucker und Milch. Die zweite Tasse mag schon ein bisschen genießbarer sein. Bei der zwanzigsten mag man noch gerne glauben, dass die Sucht noch weit entfernt ist und dass man leicht die Tassen einundzwanzig und zweiundzwanzig überspringen könnte. Bei der dreiundzwanzigsten Tasse entdeckt man den Cappuccino. Und was auch immer man macht, bei der hundertsten Tasse ist man süchtig. Aufhören ist keine Option mehr.

Den Pinatubo zu imitieren, um den Planeten abzukühlen, folgt einem ähnlichen Muster. Die ersten Versuche von Geo-Engineering mögen gänzlich fehlschlagen. Ab dem zwanzigsten mögen wir vielleicht eine Pause einlegen wollen. Beim dreiundzwanzigsten entdeckt man eine verfeinerte Technologie und früher oder später ist es unmöglich, wieder aufzuhören.

Anfangsschwierigkeiten gibt es immer. Der Möglichkeit der Sucht aber ist einer der beunruhigendsten Aspekte des Geo-Engineerings nach Pinatubo-Vorbild.

Im Jahr 1991 hob der Pinatubo 0,5 Grad Celsius an globaler Erwärmung auf. Als zwei Jahre später das meiste des restlichen Schwefeldioxids, das durch den Pinatubo in die Atmosphäre gelangt war, wieder herausgewaschen war und die Kühlwirkung des Vulkans nachgelassen hatte, schnellten die Temperaturen wieder um ebendiese 0,5 Grad in die Höhe.

Mittlerweile liegt die Differenz zwischen vorindustriellen und heutigen Temperaturen bei etwa 1 Grad Celsius. Falls wir also diese Differenz durch Geo-Engineering aufheben wollten und dann aber aus irgendeinem Grund plötzlich stoppten, würden die Temperaturen wieder um 1 Grad in die Höhe schnellen. Bis 2100 könnte dieses In-die-Höhe-Schnellen in der Größenordnung von 3 bis 5 Grad Celsius liegen, falls wir bis dahin nicht strenge Emissionsbeschränkungen neben dem Einsatz von Geo-Engineering hätten. Die Wissenschaft weiß nicht, was bei einem Temperatursprung von einem Grad geschehen würde. Sie ist ziemlich sicher, dass 3 bis 5 Grad schwerwiegende Probleme mit sich bringen würden. Eine langsame Erwärmung von 3 bis 5 Grad bis zum nächsten Jahrhundert wäre schon schlimm genug. Ein plötzlicher Sprung durch einen abrupten Stopp des Geo-Engineerings würde alle möglichen Arten von zusätzlichen Fragen aufwerfen. Große landwirtschaftliche Anbauflächen von Kansas nach Kanada zu verlegen etwa, ist eine zerstörerische Angelegenheit. Aber es über ein Jahrhundert hinweg zu machen, wäre zumindest möglich. Es hingegen innerhalb eines Jahres oder eines Jahrzehnts zu tun, ist schwer vorstellbar. Zumindest würde es exponentiell mehr kosten.

In diesem Fall würden die Kosten in Euro und Cent noch unsere geringste Sorge sein. Eine größere Sorge könnte gut sein, dass das Stoppen einer kontinuierlichen Intervention im Pinatubo-Stil nicht isoliert geschehen würde: Welches Geo-Engineering wir auch immer auf eine nachhaltige, globale Weise vornehmen könnten, es würde ein fast beispielloses globales Überwachungssystem erfordern. Es ist leicht vorstellbar, dass dieses aus allen möglichen Gründen kollabieren könnte.

Krieg ist einer dieser Gründe. Auch die ganz normale politische Unbeständigkeit könnte es bewirken. Ein Regimewechsel in einem einzelnen Land könnte die globale Vereinbarung für alle gefährden, was auch gleich wieder in einen Krieg münden könnte. Da die Streitkräfte vieler Staaten bereits den Klimawandel selbst als eine Bedrohung der nationalen Sicherheit in Betracht ziehen, wäre die Welt gut beraten, sich auf alle Eventualitäten vorzubereiten. Das Suchtpotenzial des Geo-Engineerings nach Pinatubo-Vorbild und seine Verwundbarkeit bei plötzlichem Stopp könnte sich noch als das größte Problem überhaupt erweisen.

Gehen vor Laufen, Forschung vor Einsatz

Glücklicherweise sind wir nicht annähernd in der Gegend eines seriösen Vorschlags, Geo-Engineering auch tatsächlich in vollem Maße einzusetzen. Selbst David Keith, der Autor des Buches *A Case for Climate Engineering* („Ein Argument für Geo-Engineering"), sagt, dass er heute nicht für den Einsatz ebendieser Methoden stimmen würde. Wir sind jedoch an einem Punkt angelangt, an dem seriöse Menschen vorschlagen, Geo-Engineering zumindest näher zu erforschen, unter anderen auch Keith.

Asilomar 2.0 war voll von Forschern und Ingenieuren, die aktiv auf der Suche nach dem *Wie* sind. Deshalb auch ihr Wunsch nach Richtlinien, wie sich die Forschung vorwärts zu bewegen hätte. Eine Vielzahl von Optionen ist bereits auf dem Labortisch. Die Forscher wollen wissen, wie weit sie bei der Prüfung und Verfeinerung ihrer Methoden auch aus dem Labor treten können.

Eine echte Hürde der Forschung mit quasi dem gesamten Planeten als Probanden ist, herauszufinden, wann ein Signal über die Geräuschkulisse hinaussteigt. Je größer das Experiment, desto leichter ist es, die Wirkungen zu erkennen. Aber die Grenzen zwischen Forschung und tatsächlichem Einsatz verschwimmen leicht. Auch die Erforschung der vollen Auswirkungen des Pinatubo hat sich genau aus diesem Signal-versus-Geräusch-Problem als schwierig erwiesen. 20 Millionen Tonnen an Schwefeldioxid in die Atmosphäre zu schleudern, ist ein ziemlich großes Geräusch. Es ist klar, dass wenig anderes zur globalen Kühlung im Ausmaß von 0,5 Grad Celsius im Folgejahr nach dem Vulkanausbruch beigetragen hat. Auf ähnliche Weise könnte man auch atmosphärische Mechanismen heranziehen, um zu erklären, wie die Zugabe von Kohlendioxid und das darauffolgende Dimmen der Sonnenstrahlen durch Geo-Engineering die globalen Niederschläge verringern könnte. Das alleine könnte eine allgemeine höhere Wahrscheinlichkeit für Dürreperioden erklären. Aber trotz der Fortschritte in der Wissenschaft ist es kaum möglich, ein konkretes Hochwasser oder eine bestimmte Trockenperiode auf bestimmte Geo-Engineering-Maßnahmen zurückzuführen.

Kausalitäten, Schmausalitäten

Die Diskussion über Geo-Engineering erzeugt eine Reihe von ganz anderen Antworten, die Atmosphärenchemiker und -physiker in der Regel nicht im wirklichen Leben treffen. Sie sind lebende, atmende Menschen mit Gefühlen und starken Meinungen, die nicht immer vollständig rational sind. Die Unberechenbarkeit der öffentlichen Meinung ist vielleicht nirgendwo so relevant wie dann, wenn es darum geht, Schuld für unbeabsichtigte Folgen zuzuweisen.

Beginnen wir mit der einfachen Unterscheidung zwischen Unterlassungsfehlern und Fehlbedienung: An einem Autounfall einfach vorbeizufahren, ist schlecht, aber noch schlimmer ist es, den Unfall selbst verursacht zu haben.

Vorbeizufahren ist die Unterlassung. Das Vorbeifahren selbst mag zwar unter gewissen Umständen ebenso illegal sein, aber selbst Ärzte schwören nur auf die Formel: „Primum non nocere“ – „Vor allem schade nicht". Sie legen keinen Eid ab, jedem einzelnen Mensch überall zu helfen.

Fehlbedienung ist schwerwiegender. Den Unfall selbst zu verursachen, ist übel, egal, wie man es betrachtet.

Es ist also die eine Sache, die Auswirkungen des Pinatubo zu studieren. Der Schaden ist dort bereits geschehen. Niemand hätte den Ausbruch selbst verhindern können. Mittlerweile hat sich der Ausbruch als die am besten untersuchte große vulkanische Tätigkeit überhaupt erwiesen. Verwenden wir also die Ergebnisse so gut wie möglich. (Den Ausbruch nicht zu erforschen, könnte selbst als Unterlassungsfehler betrachtet werden.)

Es ist ähnlich einfach, Interventionen nach Art des Pinatubo auf einem Computer zu modellieren. Das ist billig. Es ist mit geringen Auswirkungen verbunden. Es mag zwar die Aufmerksamkeit von anderen Beschäftigungen, etwa in Sachen Begrenzung der Kohlendioxidemissionen, ablenken, aber das ist auch schon das Schlimmste, was passieren kann. Es besteht kaum größere Gefahr, wenn ein Forscher einen zusätzlichen Samstagnachmittag im Labor verbringt, um noch eine Simulation durchzuführen.

Es ist aber etwas ganz anderes für einen Wissenschaftler, absichtlich mit der Atmosphäre selbst zu experimentieren. Hier sind wir in der Welt der potenziellen Fehlbedienung und somit in einer gänzlich komplizierteren Welt. Es mag zwar nicht sinnvoll erscheinen, eine Missernte auf ein kleines Experiment auf der anderen Seite der Erde zurückführen zu wollen, das noch dazu zu klein ist, um Signale von anderen klimatischen Nebengeräuschen zu unterscheiden. Aber das ist nicht das Ausschlaggebende. Die Beweislast im Gericht der öffentlichen Meinung wird immer auf jene fallen, die das Experiment durchführen.

* * *

Gehen wir hier nochmal einen Schritt zurück und versuchen, alles ein bisschen in Perspektive zu setzen. Der Treibhauseffekt ist seit dem 19. Jahrhundert eine wissenschaftliche Tatsache. Den Begriff „globale Erwärmung" gibt es seit 1975. Die grundliegenden Ergebnisse der Klimaforschung stehen seit Jahrzehnten fest. Wir haben keine Ausrede mehr, nicht zu wissen, dass wir unsere Atmosphäre nicht einfach als Abwasserkanal für unsere Kohlenstoffemissionen benutzen können, ohne dass dies unwirtschaftlich, unethisch oder noch schlimmer ist. Alle sieben Milliarden von uns, vor allem die eine Milliarde der für die Verschmutzung Hauptverantwortlichen, begehen tagtäglich Fehlbedienungen. Die Auswirkungen unserer kollektiven Aktionen können am Ende katastrophal sein und auch tatsächlich Menschen töten. Keine Einzelperson ist persönlich für Klimatote verantwortlich, aber im Ganzen betrachtet sind wir es alle.

Jetzt vergleichen wir das mit einer Gruppe von Wissenschaftlern, die sich quasi verpflichtet fühlen, einen Ausweg aus der globalen Erwärmung zu suchen. Sie verstehen die Wissenschaft. Sie verstehen, wie der Trittbrettfahrereffekt die Öffentlichkeit davon abhält, rechtzeitig zu handeln und die Emissionen einzuschränken. Sie verstehen den Lockruf des Gratis-Chauffeur-Effekts, der uns immer weiter in Richtung der allzu attraktiven schnellen Lösung treibt. Sie setzen alles daran, zu verstehen, ob und wie diese Lösung tatsächlich funktionieren könnte, und arbeiten daran, herauszufinden, wie man diese auch für den Planeten sicher macht, um sie überhaupt verwenden zu können.

Wir wollen hier nicht jedes wissenschaftliche (Fehl-)Verhalten entschuldigen. Wie in allen anderen Bereichen des Lebens gibt es auch in der Forschung genug Eigenbrötler, Söldner und böswillige Missionare. Nicht alle angehenden Geo-Ingenieure sind wahrhafte Helden. Aber zumindest sollten sie nicht alle als James-Bond-Schurken angesehen werden, solange nicht das Gegenteil bewiesen ist. Wissenschaftler selbst fragen nach Richtlinien, wie das Asilomar-2.0-Treffen und viele andere ähnliche Anstrengungen deutlich machen. Sie wissen, dass sie nicht alleine weitermarschieren können, auch wenn sie es wollten. Und die meisten wollen es gar nicht erst tun.

Ein fast praktikabler Vorschlag

Einer der vernünftigsten Vorschläge, was als Nächstes zu tun sei, kommt direkt von David Keith. Er beginnt mit dem „M"-Wort: Moratorium.

Vieles spricht für diese Position. Wissenschaftler selbst müssen erkennen, dass es eine klare Gefahr für die Wissenschaft darstellt, der öffentlichen Meinung zu weit vorauszueilen. Der einzige Weg, dies zu verhindern, ist ein selbst auferlegtes Moratorium: Jegliche Forschungstätigkeit über einer bestimmten Schwelle – tatsächlich über einer ziemlich kleinen solchen Schwelle – sollte sofort gestoppt werden. Zumindest für jetzt. Im Bericht mit dem Titel „Für ein Ende des Stillstandes bei der Regulierung der Geo-Engineering-Forschung" schlägt Keith zusammen mit Ted Parson drei einfache Schritte zur Erforschung des Geo-Engineerings vor:

> Erstens: Akzeptieren, dass es Grenzen geben muss.
>
> Zweitens: Direkt ein Moratorium für alle Forschungen ab einer bestimmten Größe ausrufen.
>
> Drittens: Eine klare und sehr kleine Schwelle festlegen, unterhalb welcher Forschung betrieben werden darf.

In gewisser Weise formalisieren diese drei Schritte nur die natürliche Entwicklung der Forschung: klein anfangen; experimentieren; bewerten; die nächste Herausforderung annehmen. Wenn man also ein solches öffentliches „Moratorium" für Forschung über einem bestimmten Schwellenwert ausruft, so der Gedanke, können zumindest die kleineren Experimente Akzeptanz finden.

Die Tatsache, dass Geo-Engineering nach Pinatubo-Art ein Gratis-Chauffeur-Problem mit sich bringt, bedeutet, dass es früher oder später schwer sein wird, ein solches selbst auferlegtes Moratorium aufrechtzuerhalten. Solange es nur ein Dutzend Geo-Ingenieure auf dem Planeten gibt, die sich alle untereinander kennen und respektieren und einig sind darüber, dass die Forschung sich nicht zu weit von der Öffentlichkeitsmeinung entfernen kann, geht das alles in Ordnung.

Aber es ist gar nicht so schwer, sich vorzustellen, dass ein paar Wissenschaftler irgendwo Eindruck hinterlassen und alleine voranschreiten wollen.

Hier gibt es auch noch eine viel größere Frage: Zu welchem Zweck ein Moratorium? Schlussendlich wird irgendwann einmal der Gesprächsbedarf im Raum stehen, um die Aufhebung des Moratoriums zu diskutieren – vorausgesetzt, die anfänglichen Experimente stellen sich als vielversprechend heraus. Was kommt dann? Wie entscheiden wir, das Moratorium aufzuheben? Wer entscheidet?

Kapitel 6

Agent 007

Titelmusik im Hintergrund. Sean-Connery-Doppelgänger betritt die Bar, trinkt sein Lieblingsgetränk ex und bleibt ganz ruhig stehen, während die Bar um ihn herum im Chaos zerfällt – nach einer Explosion, die möglicherweise von Herrn Bond selbst verursacht worden ist.

Mann an der Bar: In einer Stunde geht ein Flieger nach Miami.

Bond: Ich komme mit. Aber zuerst muss ich noch eine Rechnung begleichen.

* * *

Schnell vorspulen durch die Schlafzimmerszene. Schnitt zu einem protzigen Strandresort in Miami. Palmen. Infinity-Pool mit Blick aufs Meer. Der Pool überragte einst das Meer, selbst bei Hochwasserstand. Mittlerweile gibt es fast wöchentliche Stürme, die das Meerwasser in den Pool peitschen.

Besitzer: Sie werden nicht glauben, wie viel uns diese Stürme kosten. Und wir sind für zwei Wochen im Jahr geschlossen. In der Hochsaison. So kann es nicht weitergehen.

Lokalpolitiker: Wem sagen Sie das. Der gesamte Bezirk kocht vor Wut. Drei Straßenzüge sind verschwunden, alleine im vergangenen Jahr. Die reichsten Geldgeber sind alle weg. Die sind hinaufgezogen in den Wahlbezirk von Miller. Der wird jetzt umschwärmt. Ich bin am Ende. Ich flehe Sie an, nicht wegzuziehen. Flehe Sie an!

Besitzer: Ich gehe nirgendwohin. Kann diesen Miller nicht ertragen. Machen Sie sich keine Sorgen.

Lange Pause.

Besitzer: Es gibt da nur eine Sache …

* * *

Hauptquartier des britischen Geheimdienstes. Bond blättert mit seiner Chefin M durch Grafiken.

M: Das ist genau das Problem. Es könnte eine Menge Gutes bewirken. Stellen Sie sich vor, zwei Jahrhunderte der globalen Erwärmung einfach so wegzuwischen, die Temperaturen wieder dorthin zurückzusetzen, wo sie vor Beginn der massenhaften Verbrennung von Kohle waren. Aber in den falschen Händen – ist es eine Waffe.

Bond: Hohe Kosten?

M: Eine Kleinigkeit, zumindest für diesen Kerl. Er wird alles versuchen.

Bond: Aber warum?

M: Geld. Es geht immer um Geld. Er hat Strandresorts zum Schrottwert aufgekauft …

Bond: … während alle anderen ins Landesinnere geflüchtet sind. Bastard. Schlauer Bastard.

* * *

Schnitt zur Luftaufnahme eines mit Holz getäfelten Zimmers im 122. Stock des Hauptquartiers der Vereinten Nationen in Abu Dhabi, Vereinigte Arabische Emirate, mittlerweile durch den weltweit stärksten Deich gesichert, um das steigende Meerwasser zurückzuhalten. Die Anführer der zwanzig mächtigsten Nationen versuchen eine Antwort auf Indonesien zu finden, nachdem im vergangenen Jahr entdeckt worden ist, dass das Land mit Experimenten begonnen hat, die mittlerweile als „Pinatubo zwei" bekannt geworden sind: absichtlich Schwefelteilchen in die Stratosphäre zu schießen, um die globalen Kühleffekte des Pinatubo nachzuahmen.

Außenminister der USA: Inakzeptabel. Für so etwas gibt es keine legale Basis.

Indonesien: Wir leben jetzt seit über einem Jahrzehnt im Ausnahmezustand. Das Land verschwindet. Ernteausfälle. Wir hatten 30.000 Todesfälle alleine im vergangenen Jahr und zwei Millionen Menschen sind auf der Flucht. Alles wegen größerer Stürme und steigender Meeresspiegel.

Indien: Klimaflüchtlinge.

USA: Entschuldigen Sie bitte?

Indonesien: Flüchtlinge. Klimaflüchtlinge. Über einhundert verlassene Inseln, Zehntausende an Flüchtlingen.

USA: Okay. Also wo stehen wir?

Indonesien: Wir haben die zweite von drei Phasen des Forschungsprogramms abgeschlossen. Wir fliegen immer mehr Flugzeuge mit immer mehr Schwefelsäuredampf in die Stratosphäre. Es läuft alles nach den höchsten internationalen Standards. Studenten auf Ihrem eigenen Harvard-Jakarta-Campus helfen uns, die Daten zu analysieren. Die Geldmittel stammen von unserer Akademie der Wissenschaften. Einige der besten Experten weltweit dienen als externe Berater. Wir waren gerade dabei, Phase drei zu starten: voller Einsatz …

USA: … aber eine Sicherheitslücke hat den Plan Ihrer Bemühungen offengelegt. Jemand hat ihn gestohlen und macht damit, was er will, was zu einer Vervierfachung der Dosis von Schwefelsäure geführt hat. Und es ist alles fast ein Jahr lang unbemerkt geblieben. Ja, ja. Was gibt's Neues?

Indonesien: Wir haben die ersten Daten.

Ein indonesischer Gesandter zeigt auf eine Grafik, die auf unheimliche Weise einem Hockeyschläger ähnlich sieht, mit seinem langen Griff auf dem Boden und seiner Kelle, die in die Luft ragt: Geringe Mengen an kleinen Schwefelpartikeln in der Stratosphäre kühlen die globale Temperatur ein wenig; höhere Dosen erzielen einen wesentlich größeren Einfluss auf die Temperatur.

Indonesien: Hier ist etwas, das wir einfach nicht verstehen. Es gibt einen Schwellenpunkt nach der Verdreifachung der Dosierung. Dann schnellt alles in die Höhe.

USA: Wie sicher sind Sie?

Indonesien: Sicher genug, dass wir Sie alle heute zusammengerufen haben. Wir haben mittlerweile ganz aufgehört: Es kommt kein Schwefel mehr in die Stratosphäre. Aber jemand macht unseren Stopp wett – und noch mehr als das.

Rauszoomen. Diskussion geht weiter.

* * *

Inzwischen schauen im Hauptquartier des britischen Geheimdienstes Bond und M auf eine Videoaufzeichnung der Diskussion.

Bond: Und mittlerweile sprechen wir von einer Verzehnfachung?

M: Das Zehnfache der ursprünglichen Dosis an Schwefel wird in die Stratosphäre injiziert.

Bond: Und wir können nicht sagen, wer es ist, da es global zu viele Privatflugzeugbetreiber gibt, die es alle selbst machen könnten.

M: Ja. Außer …

Bond: Außer?

M: Außer einer möglichen Spur, die wir haben.

* * *

Bonds Jet landet in Rio de Janeiro, Brasilien. Er checkt in einem Hotel ein und hebt das Telefon ab, als er das Zimmer betritt.

Bond: Ausgezeichnet. Zweiundzwanzig Uhr. Die Bar im Obergeschoss.

* * *

Bar im Obergeschoss. Elektronische Wanduhr springt auf „22:00". Bond kommt herein.

Bond: Zwei Jets. Gut gemacht.

Carioca: Privatjets.

Bond: Zustand?

Carioca: Perfekt. Allerneuestes Modell. Hm, voll funktionsfähig.

Bond: Aber?

Carioca: Keine Sitze. Keine Möbel. Nichts. Nur …

Bond: … eine Falltür.

Carioca: Erstaunlich, wie viel Mühe sich Verbrecher heutzutage machen, um Körper zu entsorgen.

Bond schaut in die Ferne, trinkt aus. Kamera zoomt auf die Uhr: 22:02.

Bond: War mir ein Vergnügen.

* * *

Luftaufnahme des Strandresorts in Miami aus der Öffnungsszene. Der Besitzer spricht zu einer Gruppe von Mitarbeitern, wird aber durch einen Telefonanruf unterbrochen.

Besitzer: Wie viele? Zwei? Ha, zwei von einhundert. Ruf mich an, wenn es Neuigkeiten gibt.

* * *

Wir sind nicht die Ersten, die auf die Möglichkeit eines „Greenfingers" aufmerksam machen, der einen Geo-Engineering-Versuch im Stil des Pinatubo in die eigene Hand nimmt. Der Politikwissenschaftler David Victor hat diesen Begriff geprägt, um ebendiese Möglichkeit zu beschreiben. Es mag genauso unwahrscheinlich wie jeder Ian-Fleming-Roman über das Leben des berühmtesten fiktiven Spions der Welt erscheinen, aber es ist nicht ganz aus der Luft gegriffen.

Spoiler-Warnung: Der fiktive reiche Hotelier stellt sich als jener Schurke heraus, der hinter einem globalen Komplott steckt, welches das gut gemeinte indonesische Geo-Engineering-Experiment manipuliert. Es mag unmöglich erscheinen, dass jemand unbemerkt so viel Schwefel stehlen könnte oder auch dass in der Zukunft die winzigen Partikel der Wahl überhaupt auf Schwefel basieren würden. Aber überlassen Sie das den Drehbuchautoren.

Es gibt auch viele politische und andere Fragezeichen. Wäre der modifizierte UNO-Sicherheitsrat mit seinen zwanzig Mitgliedern nicht schon lange eingeschritten, bevor Indonesien überhaupt in der Lage gewesen wäre, fast ein Jahrzehnt lang sein Pinatubo-zwei-Experiment durchzuführen? Könnte es unbemerkt durchgeführt worden sein? Wäre es öffentlich angeprangert, aber vielleicht privat toleriert oder sogar gutgeheißen worden?

Ein paar Punkte sind klar. Millionen Tonnen von Sulfatpartikeln mit hoch fliegenden Jets in die Stratosphäre zu bringen, liegt eindeutig in der Kapazität eines einzelnen Landes, vor allem eines der Größe Indonesiens. Die Motivation wäre ebenso klar. Bangladesch wird in diesem Fall häufig als Beispiel herangezogen: ein tief liegendes Land, das unter den steigenden Meeren verschwindet. Dutzende Millionen Menschen auf der Flucht. Zig Millionen mehr hängen von den Wasserständen ostasiatischer Flüsse ab. Das Schicksal von Millionen ist verschiedenen klimatischen Mustern ausgeliefert, die seit Jahrtausenden relativ stabil gewesen sind und unsere Zivilisation, wie wir sie heute kennen, überhaupt erst ermöglicht haben. Wenn diese sensiblen Muster gestört werden, kann das gut den Wunsch auslösen, einzugreifen. Die nationalen Sicherheitsberater in Bangladesch oder Indonesien oder Indien oder China wären nachlässig, wenn sie nicht zumindest die Möglichkeit prüfen würden.

Wir brauchen nicht mit dem Finger auf ein einzelnes Land zu zeigen; jedes große Land – ob Entwicklungsland oder nicht – hätte die Fähigkeiten dazu. Es mag fast unmöglich sein, ein spezifisches Geo-Engineering-Verfahren von der Umweltbehörde in Brüssel oder Washington genehmigt zu bekommen. Es mag auch in einer Demokratie wie Indien oder Indonesien unmöglich sein. Oder auch nicht. Der Punkt ist, dass es nicht gänzlich auszuschließen ist. Der Gratis-Chauffeur-Effekt garantiert quasi, dass es eines Tages passieren wird.

Klimakriege

Wir können nun allerlei theoretische Spiele mit politischen Untertönen spielen, um zu sehen, wo wir schlussendlich landen könnten. Stellen Sie sich vor, dass der Klimawandel den indischen Monsun und damit die Nahrungsquelle von Millionen von Menschen auf dem Subkontinent unterbricht. Geo-Engineering könnte wiederum die ostasiatischen Flüsse stören – und somit die Nahrungsquelle von Millionen von Chinesen. Was ist, wenn die Optimierung von Geo-Engineering für die Gegebenheiten in Indien China schadet und umgekehrt? Würden wir ein Geo-Engineering-Match zwischen zwei Atommächten mit jeweils mehr als einer Milliarde Menschen wollen?

Was wäre, wenn es Technologien nach dem Vorbild des Pinatubo gäbe, um den Planeten zu kühlen, und ebenso wirksame Gegenmittel, um ihn rasch zu erwärmen? In der Tat gibt es diese schnell wirkenden Erwärmungstechnologien bereits. Einige industriell hergestellte Gase wie Fluorkohlenwasserstoffe (FKW) haben auf kurze Sicht 100 bis über 10.000 Mal mehr Erwärmungspotenzial als Kohlendioxid. Mögen die Klimakriegsspiele beginnen!

Stellen Sie sich ein Szenario vor, in dem ein Land androht, jedem unilateralen Geo-Engineering-Versuch entgegenzuwirken. Diese Drohung auch durchzuziehen, würde wahrscheinlich für alle Beteiligten ein schlechteres Ergebnis bringen: Geo-Engineering plus Gegen-Geo-Engineering könnte zwar die globalen Durchschnittstemperaturen mehr oder weniger ausgleichen. Doch beide würden wahrscheinlich ihre eigenen unangenehmen Nebenwirkungen haben, die sich wahrscheinlich nicht gegenseitig aufheben. Im Gegenteil, das Hinzufügen kleiner Schwefelpartikel zusammen mit mehr FKWs könnte auf ganz unerwartete Weise miteinander reagieren.

Es sind auch nichtlineare Reaktionen vorstellbar. Zehn Mal die Dosis, 1000 Mal die Reaktion – das Beispiel, das wir im „Greenfinger"-Drehbuch verwendet haben – mag zwar weit hergeholt sein, ist es aber nicht gänzlich. Wir kennen die Hebelwirkung von Geo-Engineering bei diesen extremen Werten einfach nicht. Aber es ist nicht schwer, sich ein Szenario vorzustellen, in dem eine große Abnahme der Gesamtsonnenstrahlung bestimmte Effekte auslösen könnte, die die Temperaturen unter vorindustrielle Werte senken könnten. Rasante Erderwärmung ist schlecht. Eine künstliche Eiszeit wäre es aber ebenso.

Sulfur hat keinen Sex

James-Bond-Geschichte hin oder her, eines ist klar: Geo-Engineering benötigt menschlichen Eingriff. Sulfatpartikel haben keinen Sex. Sie vermehren sich nicht selbst und erzeugen daher auch für sich kein außer Kontrolle geratenes Geo-Engineering-Szenario. Die Menschen sind es, die das Chaos verursachen, nicht die Natur. Wenn man das Pumpen dieser winzigen Partikel in die Stratosphäre abschaltet, wird sich das, was bereits dort ist, innerhalb von ein paar Monaten herauswaschen. Geo-Engineering im Stile des Pinatubo wird auf diese Weise beendet.

Das Aufhören selbst wird mit Kosten verbunden sein. Vergleiche mit einer Sucht sind für Geo-Engineering tatsächlich angebracht. Doch die Ängste, die sich zum Thema Geo-Engineering beim Asilomar 2.0-Treffen im Jahr 2010 gezeigt haben, sind grundlegend anders beschaffen als jene, die beim ursprünglichen Asilomar-Treffen im Jahr 1975 rund um die Biotechnologie artikuliert wurden. Es stand damals die Angst (die es auch noch heute gibt) im Raum, dass die Forschung über rekombinante DNA irgendwie zu Organismen führen könnte, die letztlich die Welt ganz von selbst verwüsten könnten. Wir haben einige dieser Sorgen rund um die Biotechnologie in Kapitel 4 diskutiert und sie schlussendlich unter Berufung auf den Geist der natürlichen Selektion zurückgewiesen: Es ist unwahrscheinlich, dass Wissenschaftler die Natur dermaßen übertrumpfen können, da diese schließlich selbst bereits unzählige Mengen von DNA-Kombinationen ausprobiert hat. Aber in der Biotechnologie existiert die theoretische Möglichkeit zumindest. Beim Geo-Engineering hingegen besteht sie nicht. Wissenschaftler und Klima-Ingenieure haben viele Gründe, sich Sorgen zu machen; sich selbst fortpflanzende Partikel gehören aber nicht dazu.

Was ist, wenn Geo-Engineering funktioniert?

Man kann eine beliebige Anzahl von furchterregenden Szenarien und Was-wäre-wenn-Hypothesen aufstellen, wo alles schiefgeht. Geo-Engineering kann schlecht sein. Wirklich schlecht. Aber natürlich wissen wir auch, dass die Verbrennung von Kohle schlecht ist. Vielleicht sogar noch schlimmer. Sulfatpartikel, die in die Stratosphäre injiziert werden, werden sich schließlich herauswaschen, was vor allem mit negativen Auswirkungen auf die Gesundheit einhergeht. Weltweit werden Tausende Menschen sterben. Traditionelle Außenluftverschmutzung hingegen zeichnet mittlerweile für den Tod von mehr als 3,5 Millionen Menschen weltweit verantwortlich, allein in diesem Jahr.

Was passiert, wenn Geo-Engineering tatsächlich funktioniert und einige der schlimmsten Auswirkungen der globalen Erwärmung und des Verbrennens von Kohle vermindert? Im Moment wäre die beste

Antwort, noch lauter dafür zu plädieren, zuerst einmal die Kohlendioxid-Verschmutzung selbst herunterzufahren. Punkt. Aber ein Blick über einige Jahre und Jahrzehnte hinaus bedeutet, dass vielleicht auch andere Optionen in Betracht gezogen werden müssen.

Eine Welt voller Fehler und Risiken

Die Frage im Zentrum der Geo-Engineering-Diskussion betrifft den Unterschied zwischen Unterlassungsfehlern und Fehlbedienung: am Autounfall vorbeizufahren oder ihn zu verursachen.

Vernünftige Klimapolitik zu unterlassen, mag weniger schlecht sein, als einen Fehler bei ihrer Gestaltung zu begehen. Die Schuldvermeidung steht hoch oben in der Prioritätenliste von Politikern.

Geo-Engineering zu unterlassen, mag ebenso weniger schlimm sein, als bei seiner Gestaltung einen Fehler zu begehen. Das mag zum Teil erklären, warum wir zu wenig Geo-Engineering-Forschung betreiben.

Die Trennlinien sind aber nicht immer scharf. Letztlich hängt die Bewertung, was ein Unterlassungsfehler und was eine Fehlbedienung ist, vom eigenen Standpunkt ab. Begeht die Welt derzeit einen Unterlassungsfehler, weil wir keine vernünftige Klimapolitik haben? Oder begehen wir Fehlbedienung, weil wir zu viel verschmutzen? Dazu kommt, dass es sicherlich Abstufungen gibt. Wenn das Entschärfen einer Zeitbombe, das 1000 Menschen das Leben retten könnte, einen Todesfall mit sich bringt, ist es nicht mehr klar, ob der eine Tote (eine Fehlbedienung) schlechter ist als das Nicht-Entschärfen der Bombe (ein Unterlassungsfehler). Was ist bei einem Verhältnis von einer Million zu eins? Oder einer Milliarde zu eins?

Irgendwo zwischen dem Verhältnis von einer Milliarde zu eins und jenem von eins zu eins muss es einen Punkt geben, wo ein Unterlassungsfehler so schlimm ist wie eine Fehlbedienung. Das alleine sollte zum Schluss führen, dass sich, falls Geo-Engineering tatsächlich so viel Potenzial hat, Menschenleben zu retten und zu verbessern, irgendwann das Tauschgeschäft auszahlt.

Der Zielkonflikt ist das Hauptproblem, wenn es um Geo-Engineering im Stile des Pinatubo geht: Wer entscheidet? Es kann nicht nur eine Handvoll Wissenschaftler sein. Wir können auch nicht warten, bis sich alle rund 190 Nationen auf einen Kurs geeinigt haben. Jemand wird die Sache gewiss selbst in die Hand nehmen, bevor die Welt diesen Punkt der Vereinbarung erreicht hat.

* * *

Wir können nicht sagen, wie viel Geo-Engineering durchgeführt werden sollte. Aber ein bisschen mehr Logik könnte uns zumindest einem Entscheidungskriterium näherbringen – einer Abstimmungsregel darüber, wie wir über diese Frage entscheiden könnten.

Wenn wir über Geo-Engineering im Zuge der Klimarahmenkonvention abstimmten, bräuchten wir Einstimmigkeit. Jedes einzelne Land hat ein Vetorecht. Kein Wunder also, dass Fortschritte in der globalen Klimapolitik so lange brauchen. Im Gegensatz dazu benötigt man im US-Repräsentantenhaus eine einfache Mehrheit. Im US-Senat braucht man praktisch eine Mehrheit von 60:40, um sich über Filibuster hinwegzusetzen. Für einen internationalen Vertrag ist es 67:33. Wir könnten also auch über die Abstimmungsregel selbst eine endlose Debatte führen, welche genau wir nun anwenden sollten, um über das optimale Niveau an Klimainterventionen zu entscheiden.

Hier ist ein weiterer Vorschlag: Konzentrieren wir uns auf den Vergleich von Unterlassungsfehlern und Fehlbedienungen. Wenn Sie denken, dass eine Fehlbedienung zweimal so schlecht sei wie ein Unterlassungsfehler – oder zweimal so häufig –, dann ist die ideale Abstimmungsregel eine, die eine Zweidrittelmehrheit benötigt: 2 / (2 + 1). Wenn Sie denken, es ist dreimal so schlecht, ist es drei Viertel: 3 / (3 + 1). Wenn Sie denken, es sei viermal so schlecht, sollte die Abstimmungsregel eine Vier-Fünftel-Mehrheit verlangen: 4 / (4 + 1). Das Muster ist offensichtlich.

Die mathematische Ableitung hinter dieser Formel mag zu komplex sein, um sie in Worte zu fassen, aber die Logik ist ganz einfach: Wenn eine Fehlbedienung relativ zu einem Unterlassungsfehler nur wenig zählt, dann ist Geo-Engineering die logische Antwort. Wenn eine mögliche Fehlbedienung hingegen viel zählt, dann nicht. Genauer gesagt ist es dann nötig, zunächst eine größere Gruppe davon zu überzeugen, Geo-Engineering zu betreiben.

Es gibt unzählige Möglichkeiten, diese einfache Formel zu kritisieren. Allen voran: Ist sie nicht doch ein bisschen zu rational? Sie geht davon aus, dass die Gesellschaft Interesse daran hat, das größtmögliche Glück für die größtmögliche Zahl von Menschen zu erlangen. In der Theorie kann man dieses Ziel nur schwer bestreiten. Die Praxis sieht aber oft ganz anders aus. Dennoch sollte die zugrundeliegende Logik auch in dieser oft unlogischen Welt halten: Je mehr wir über die negativen Nebenwirkungen von Geo-Engineering besorgt sind im Vergleich dazu, dass wir nicht genug in Sachen Klimapolitik tun, desto größer sollte die Anzahl der Menschen sein, die übereinstimmen müssen, Geo-Engineering anzuwenden, bevor wir dies auch tatsächlich tun. Das ist keine revolutionäre Aussage. Die Formel bringt es nur umso mehr auf den Punkt.

Zusammen mit einem (anfänglichen) Moratorium für jede Forschung, die über ein bestimmtes Maß hinausgeht, könnte diese Formel dann als Ausgangspunkt für unsere politischen Gespräche dienen. Da wir wissen, dass der Konflikt zwischen Fehlanwendungen (Geo-Engineering geht schief) und Unterlassungsfehlern (außer Kontrolle geratene Erderwärmung, ohne dass wir versuchen, das Schlimmste mit Geo-Engineering zu bekämpfen) der Kern der Sache ist, konzentrieren wir uns auch direkt auf diesen Zielkonflikt.

Die Entscheidung über eine Abstimmungsregel für den tatsächlichen Einsatz von Geo-Engineering ist natürlich schon einige Schritte vorausgedacht. Zunächst müssen wir uns auf die Forschung konzentrieren. Auch dort wären wir gut beraten, auf mögliche Fehler zu fokussieren. Schließlich könnte das, was passiert, wenn etwas schiefgeht, das Resultat bestimmen. Was ist die Wahrscheinlichkeit, dass 10, 100, 1000 oder mehr Menschen als direkte Folge eines bestimmten Eingriffes sterben? Was – wenn überhaupt – sind die existenziellen Risiken, die wir durch Geo-Engineering ins Spiel bringen?

Die vollen Vorteile verglichen mit den Kosten, vermischt mit ein paar unbekannten und unerkennbaren Dingen

Die Geo-Engineering-Forschung sollte Licht auf eine der wichtigsten Fragen überhaupt werfen: Was sind die wahren gesellschaftlichen Kosten von Geo-Engineering – mit allen potenziellen Nebenwirkungen davon, Sulfatpartikel in die Stratosphäre zu senden – und wie stehen sie im Verhältnis zu den potenziellen Vorteilen?

Die Schätzung von 1 bis 10 Milliarden Dollar für die Entwicklungskosten allein führt uns zum Gratis-Chauffeur-Effekt. Aber sie sagt noch nichts über die umfassenderen gesellschaftlichen Kosten aus. Im Moment wissen wir einfach noch nicht, ob die indirekten Kosten von möglichen Nebenwirkungen am Ende nicht jegliche Vorteile in den Schatten stellen würden. Die schlechteste aller möglichen Varianten wäre in einem gewissen Sinne, wenn wir glauben, dass Geo-Engineering billig ist und Wunder bewirken könnte, während in Wirklichkeit keine dieser beiden Annahmen zutrifft.

Das ist auch der Punkt, an dem sich der Kreis wieder schließt: Die vollen Kosten und Konsequenzen unseres Handelns zu ignorieren, hat uns das Klimaproblem überhaupt erst beschert. Wir müssen uns also auch die vollen Kosten für jede vorgeschlagene Antwort auf dieses Problem ansehen. Vor allem sollten wir uns auf die unbekannten und unerkennbaren Faktoren konzentrieren und darauf, wie diese eine Nutzen-Kosten-Analyse beeinflussen würden.

Kapitel 7

Was Sie tun können

Ihre Stimme zählt nicht.

Versammeln Sie eine Gruppe von Ökonomen in einem Raum, um die Weisheit und Tugend von Einzelhandlungen zu diskutieren, und Sie werden bald eine Debatte um den Wert einer individuellen Wählerstimme haben, der da lautet: null – zumindest in einer streng begrenzten, „wirtschaftlichen" Auslegung des Wortes.

Das ist ein harter Brocken, den es zu schlucken gilt, und er geht gegen jede Aufforderung zur Wahrnehmung von Bürgerpflichten. Aber wir Ökonomen sagen es nicht einfach nur so. Die Chance, dass Ihre eine Stimme tatsächlich den Unterschied macht, ist so klein, dass wir sie auch gleich mit null beziffern können. Eine der besten Forschungsarbeiten zu diesem Thema kommt von einem Team um Nate Silver, der mit der Vorhersage von Baseball-Statistiken und Wahlergebnissen unter dem Titel *FiveThirtyEight* Ruhm erlangte: Diese Forscher sehen die Wahrscheinlichkeit, dass eine einzelne Stimme in einer US-Präsidentschaftswahl den Unterschied macht, bei 1 zu 60 Millionen. Und diese Zahl beinhaltet sogar die Schlacht zwischen George H. W. Bush und Al Gore im Jahr 2000 in Florida. Dies sind schlechte Chancen, um es milde auszudrücken. Selbst wenn Ihr Kandidat das Bruttoinlandsprodukt der USA um ein Viertel Prozent in einem bestimmten Jahr zu steigern vermochte und wir annehmen, dass es eine sehr enge Wahl ist, so ist Ihr persönlicher Vorteil durch Ihre entscheidende Stimme immer noch nur ein winziger Bruchteil eines Cents. Mit anderen Worten: null.

Wir können die Dinge aber natürlich nicht dabei belassen. Es wäre sowohl ziemlich deprimierend als auch ziemlich engstirnig. Vielleicht bieten Statistik und Ökonomie einfach nicht die richtigen Methoden, um persönliche Handlungen zu analysieren. So spielt etwa Ethik eine wichtige Rolle.

Warum wählen?

Selbst deklarierte „rationale“ Wirtschaftswissenschaftler können ihre Köpfe im Privaten gerne schütteln und darüber scherzen, wie Wahlen eines dieser unerklärlichen Mysterien seien. Sie sind aber kein Geheimnis für den Rest von uns. Wir alle wissen, dass wählen zu gehen das Richtige ist. Wählen ist ein heiliges Recht. Es ist der Inbegriff der Demokratie. Nicht an Wahlen teilzunehmen, zeugt von höchster Verachtung für amerikanische, europäische, menschliche Werte. Wir sollten also nicht nur wählen gehen. Wir sollten dafür Begeisterung zeigen. Oder zumindest sollten wir stolz darauf sein, wählen zu gehen, und andere davon überzeugen, es ebenso zu tun.

Ihr persönlicher finanzieller Gewinn mag zwar null sein, aber das ist nebensächlich. Es geht darum, das Richtige zu tun, und zu wählen ist eine der einfachsten Möglichkeiten, das auch tatsächlich zu tun. Es ist dafür nicht erforderlich, dass Sie Ihre Familie am Weihnachtsmorgen in eine Suppenküche bringen, um ehrenamtlich dort zu arbeiten. Sie brauchen nicht extra dafür zu bezahlen (zumindest seit der Abschaffung von Kopfsteuern). In den USA, wo traditionellerweise am Dienstag gewählt wird, geben einige Arbeitgeber sogar den Tag frei. Und Sie können Ihre Meinung zum Ausdruck bringen, ohne diese öffentlich zu machen. Sie müssen nicht jedem sagen, für wen Sie gestimmt haben, solange Sie gewählt haben. Bürgerpflicht erfüllt.

Wissenschaftler haben die Eigenart, selbst die einfachsten Dinge kompliziert erscheinen zu lassen. Hier ist eine Kurzversion dessen, was Jason Brennan als die „Folk-Theorie der Wahlethik“ beschreibt:

1. Jeder Bürger hat die Bürgerpflicht, zu wählen.
2. Jede in gutem Glauben abgegebene Stimme ist moralisch akzeptabel. Zumindest ist sie besser, als sich seiner Stimme zu enthalten.
3. Es ist grundsätzlich falsch, seine Stimme zu verkaufen oder eine zu kaufen.

Brennan verbringt dann 200 Seiten damit, diese Folk-Theorie auseinanderzunehmen, und gelangt zu einer komplexeren, ethischen Rechtfertigung für das Wählen. Er könnte sogar damit leben, wenn Menschen Stimmen kaufen oder verkaufen. Aber die Stimme selbst kann nicht einfach nur x-beliebig sein. Wenn Sie nicht für das Gemeinwohl über den engen Eigennutzen hinaus stimmen, dann wäre es gleich besser, überhaupt nicht zur Wahl zu gehen.

Mit anderen Worten: Ihre Bürgerpflicht ist nicht nur, zu wählen. Sie besteht darin, *gut und richtig* zu wählen. Es ist schwer, dem zu widersprechen. Stimmen Sie für eine Sache, die größer ist als Sie alleine! Stimmen Sie also nicht nur für jene, die ihre eigene Agenda vorantreiben (oder auch Ihre eigene)! Stimmen Sie für diejenigen, die versuchen, auf die Gesellschaft als Ganzes zu achten!

Was auch immer das im Einzelfall bedeuten mag, es geht deutlich über die engstirnige Ich-bin-nicht-sicher-ob-ich-wählen-gehe-ich-würde-lieber-fernsehen-Argumentation hinaus. Steh auf und wähle; es ist das Richtige, dies zu tun. Und wählen Sie nicht nur um des Wählens willen. Wählen Sie als informierter Bürger. *Wählen Sie richtig!*

Das bedeutet, sich die vielen Fragen in diesem Buch zu stellen und sie zu durchzudenken; nicht zuletzt, ob man für einen Kandidaten stimmen sollte, der verspricht, dem Klimawandel ernsthaft entgegenzutreten.

Warum recyceln, Rad fahren und weniger Fleisch essen?

Schalten Sie um auf Reduzierung, Wiederverwendung und Recycling. Die Denkweise dabei ist ungefähr dieselbe wie fürs Wählen: Ihre Einzelhandlung wird den Lauf der Geschichte nicht ändern. Recycling wird den Klimawandel nicht stoppen. Einer der beiden Autoren dieses Buches hat sogar ein ganzes weiteres Werk mit dem Titel geschrieben: *But Will the Planet Notice?* („Aber wird es der Planet bemerken?")

Nein, wird er nicht.

Die Berechnungen dazu sind so eindeutig, wie sie es nur sein können, und das ganz ohne Argumentation à la Nate Silver, um vorherzusagen, ob Ihre persönliche Stimme die nächste US-Präsidentschaftswahl entscheiden könnte. Ihren eigenen Kohlendioxid-Fußabdruck auf null zu reduzieren, ist eine noble Geste, aber es ist weniger als ein Tropfen auf den heißen Stein. Im wahrsten Sinne des Wortes: Wenn überhaupt, benötigt es zusätzliche Energie, es Ihnen zu ermöglichen, persönlich keinen Fußabdruck zu hinterlassen.

Nicht jedes kleine bisschen hilft immer. In den Worten von David MacKay, der die Auswirkungen für das breitere Energiesystem analysiert: „Wenn jeder ein wenig tut, *dann erreichen wir nur ein wenig.*" Warum sollte man sich also überhaupt umweltschonend verhalten? Weil es das Richtige ist! Weil wir dadurch auch jene Werte erlernen, von denen die Handlungen in viel größerem Maßstab abhängen, um tatsächlich etwas gegen den Klimawandel zu tun.

Recyceln Sie! Fahren Sie mit dem Fahrrad zur Arbeit! Essen Sie weniger Fleisch! Machen Sie vielleicht sogar den zusätzlichen Schritt und werden Sie Vegetarier! Lehren Sie Ihre Kinder, dasselbe zu tun und das Wasser abzuschalten, während sie sich die Zähne putzen. Es ist gut für Sie. Es ist gut für die Leute um Sie herum. Es ist das Richtige.

Aber tun Sie all das richtig. Wählen Sie nicht nur. Wählen Sie *richtig!* Recyceln Sie nicht nur. Recyceln Sie *richtig!*

Recyceln Sie richtig

Wenn einzelne, von Natur aus moralische Handlungen in Sachen Umweltschutz – wie etwa Recycling – zu einer besseren Politik führen, dann sind wir auf alle Fälle dabei. Das Ziel ist schlussendlich, die bestmögliche Gesamtpolitik zu erlangen, um die Marktkräfte in die richtige Richtung zu lenken. Wenn also die Bitte an eine weitere Person, mehr zu recyceln, der Fuß in der Tür ist, um diese Person auch davon zu überzeugen, für die richtige Klimapolitik zu stimmen – fantastisch! Überzeugen Sie Menschen auf niederschwellige Weise, umweltschonender zu leben, etwa ihre eigene Einkaufstasche ins Geschäft mitzubringen, statt nach einer Papier- oder gar Plastiktasche zu fragen, und dieselben Personen könnten auch eine größere moralische Verpflichtung fühlen, etwas in Bezug auf weitreichendere Umweltfragen zu unternehmen. Psychologen nennen das die

„Selbstwahrnehmungstheorie“: Sehen Sie sich selbst als „grüner“, wählen Sie auch grüner.

Und so beginnt der positive Kreislauf von bürgerlichem Engagement, informierten Verhaltensänderungen und guten Dingen für eine bessere Welt: Richtig zu wählen bedeutet eine bessere Politik und damit eine aufgeklärtere Bürgerschaft; und eine aufgeklärte Bürgerschaft führt zu mehr Menschen, die richtig wählen. Richtig zu recyceln bedeutet eine aufgeklärtere Bürgerschaft in Sachen Umweltschutz; und eine in Bezug auf Umweltschutz aufgeklärte Bürgerschaft führt zu mehr Menschen, die richtig recyceln.

Nennen wir das die *Kopenhagener Theorie der Veränderung*. Die Dänen sind weder eines Tages plötzlich aufgestanden und haben sich entschlossen, in Massen in der bitteren Kälte Nordeuropas zur Arbeit zu radeln. Noch ist Kopenhagens Bürgermeister eines Tages aufgewacht und hat entschieden, Fahrradwege zu bauen, um seine Bürger aus den Autos und auf die Räder zu bewegen. Autos dominierten Kopenhagen ähnlich wie die meisten anderen europäischen Städte über Jahrzehnte hinweg. Es waren erst die Ölkrise in den 1970er-Jahren, vermehrtes Umweltschutzdenken und Jahre und Jahrzehnte an Aktivismus, die dazu führten, von „autofreien Sonntagen“ zu einem Punkt zu gelangen, an dem über 50 Prozent der Kopenhagener täglich mit dem Fahrrad in die Arbeit fahren.

Und Fahrradfahren entspricht dabei eher der Regel als der Ausnahme. Auch Gleichbehandlungsrechte – ob für Frauen, Schwarze oder Homosexuelle – wurden nicht über Nacht erlassen. Die Umweltschutzbewegung in den 1970ern war in einer ähnlichen Situation. Jahre und Jahrzehnte an sich selbst verstärkendem Aktivismus führten schließlich zu den nötigen gesetzlichen Veränderungen und die Debatte endete selbst damit nicht.

Die Zeit ist der alles entscheidende Faktor. Wir hatten einmal Jahrzehnte, um das Klimaschiff zu wenden. Das gilt nicht mehr. Das macht es umso wichtiger, die richtige Theorie für Veränderungen im Auge zu haben. Das ist auch der Punkt, an dem wir auf unser wiederkehrendes Thema der Zielkonflikte zurückkommen, diesmal in Hinblick auf richtiges Recycling.

Ökonomen halten die Existenz von Zielkonflikten für selbstverständlich, für gesunden Menschenverstand. Psychologen fügen einen weiteren Aspekt hinzu und stellen den Effekt des „Sich selbst als grüner sehen und daher grüner wählen" auf den Kopf. Nennen Sie es den „Verdrängungseffekt": Die Klimabedrohung motiviert Menschen, zu handeln – aber nur bis zu einem gewissen Punkt. In der Extremversion dieses Effekts, dem „Einzelaktions-Effekt", beschränken sich Menschen darauf, jeweils nur eine Sache zu tun, etwa zu recyceln oder eine Solaranlage auf dem Dach zu installieren oder ein „grünes" Produkt zu kaufen. Dies bedeutet nicht zwangsläufig, dass jemand tatsächlich der Meinung ist, dieser eine Schritt sei genug, um den Klimawandel zu stoppen. Aber dieser eine Schritt mag ausreichen, um die ärgsten individuellen Sorgen zu beschwichtigen: Ja, das Klima verändert sich, aber Frauen sterben immer noch bei der Entbindung – es gibt schließlich andere Probleme, um die es sich zu kümmern gilt, und ich habe meinen Teil in Sachen Klimaschutz getan.

Ökonomen fühlen sich bei einem solchen *Verdrängungseffekt* instinktiv viel eher zu Hause als bei der Selbstwahrnehmungstheorie, der *Kopenhagener Theorie der Veränderung*. Schlussendlich führen Zielkonflikte oft dazu, dass eine Handlung eine andere ersetzt. Das ist besonders besorgniserregend, wenn Leute eine individuelle Handlung – wie etwa Recyceln – gegen eine größere politische Handlung – Wählen etwa – tauschen. Dieses Phänomen ist bisher überraschenderweise wenig erforscht worden.

Wir wissen einiges über den Mechanismus von gesellschaftlichen Handlungen bis hinunter zu Handlungen auf individueller Ebene. Die richtigen Rahmenbedingungen zu setzen – etwa Personen Geld anzubieten, um bestimmte Dinge zu tun –, kann oft zu weniger tugendhaftem Verhalten führen. Bezahle Personen dafür, Blut zu spenden, und die Anzahl der Blutspenden geht hinunter, zumindest unter Frauen. Männer scheinen hingegen weniger Skrupel zu haben, für ihre Spenden bezahlt zu werden. Und auch Frauen erhöhen ihre Spendenbereitschaft wieder, wenn das Geld statt an sie selbst an eine Wohltätigkeitsorganisation bezahlt wird.

Wir wissen auch einiges über den Substitutionseffekt zwischen zwei individuellen Handlungen. Ersuche Personen, freiwillig mehr für „grüne“ Elektrizität zu bezahlen, und manche werden als Resultat davon mehr Strom verbrauchen.

Beide dieser Mechanismen unterstützen jene Version der Welt, in der der *Verdrängungseffekt* dominiert: Eine „grüne“ Tat führt nicht unbedingt zu einer weiteren, sondern bedeutet hingegen weniger andere gute Taten, da Zielkonflikte schließlich Kompromisse erzwingen. Allerdings wissen wir äußerst wenig darüber, ob sich der Verdrängungseffekt von individuellen Handlungen auch zu weitläufigeren, politischen erstreckt.

Niemand möchte, dass der Verdrängungseffekt dominiert. Er ist etwas, das es zu vermeiden und zu überwinden gilt. Falls Sie sich dabei erwischen, einen Papierbecher zu recyceln, und dann denken, den Klimawandel für heute gelöst zu haben, denken Sie nochmals nach! Falls Sie sich dabei erwischen, freiwillige Kohlendioxidzertifikate für Ihren Flug in den Süden zu kaufen, sich somit in Bezug auf das Fliegen besser zu fühlen und daher auch mehr zu fliegen, ist dies ebenso nicht unbedingt im Sinne der Übung. „Das Hotel wäscht meine Handtücher nur, wenn ich sie auf den Boden werfe, *und* die Fluglinie lässt mich 20 Euro extra bezahlen, um den Kohlendioxidausstoß meines Fluges wettzumachen? Ökourlaub, ich komme!“

Das ist nicht unbedingt weit hergeholt, selbst für den engagiertesten Umweltschützer. Man kann einfach nicht alles machen. Viele Umweltschützer, die recyceln, kein Fleisch essen, nicht Auto fahren und im Allgemeinen alles für den Planeten zu tun versuchen, begehen oft viel größere Kohlendioxidsünden. Fliegen ist das beste Beispiel dafür.

Klimaschutz im Anflug

Selbst die engagiertesten, Stofftaschen tragenden, aus wiederverwendbaren Wasserflaschen süffelnden Umweltschützer ziehen oft eine Trennungslinie beim Fliegen. Sie können und sollten von Wien nach Linz mit dem Zug fahren, aber Wien–Berlin ist schon eine andere Sache und von Paris nach Peking ist es unmöglich. Das ist das Schicksal der transkontinentalen Umweltschützer: schmelzende Gletscher aus erster Hand sehen; Vorträge halten; wichtige Mitstreiter treffen. Videokonferenzen könnten eine praktische Alternative zum Flug sein, aber manchmal geht es telefonisch einfach nicht. Diplomatie passiert, wie wir alle wissen, bei After-Dinner-Drinks.

Die Geschäftsreise gar nicht zu machen, geht also nicht. Es ist ein klassisches Beispiel für die gar nicht so unsichtbare Hand des Marktes in Aktion. Wenn Sie großzügigerweise das Flugzeug freiwillig nicht besteigen, um Ihren Kohlendioxid-Fußabdruck zu reduzieren, merkt es zwar der Planet nicht, aber Ihr Konkurrent dafür schon.

Sie können jederzeit jemanden dafür bezahlen, für Sie einen Baum zu pflanzen oder Methan aus einer Jauchegrube einzufangen, damit die Kohlendioxidverschmutzung, die Ihr Flug verursacht, wieder ausgeglichen wird. Wir sollten natürlich mehr Bäume pflanzen und Jauchegruben abdecken. Aber all das läuft nicht auf die Art der Veränderung hinaus, die wirklich notwendig ist. Diese kann nur auf politischer Ebene geschehen.

Wir können für einige der notwendigen Antworten auf die Europäische Union blicken. Deren Emissionshandelssystem deckt seit Januar 2012 auch Inlandsflüge ab. Passagiere auf Flügen innerhalb der EU zahlen für einen Teil der Kohlendioxidbelastung, die sie verursachen. Aktuelle Preise kommen im Durchschnitt auf unter 2 Euro pro Tonne Kohlendioxid. Das ist bei Weitem nicht genug, um die wahren Kosten der Verschmutzungen zu decken, im Vergleich zu den mindestens 35 Euro, die tatsächlich notwendig wären. Aber es ist ein wesentlicher Schritt in die richtige Richtung und ein wichtiger Vorstoß, der über freiwillige Maßnahmen hinausgeht. Passagiere, die diese kleinen Beträge zahlen, sind nun in der Lage, ihre Flüge mit einem ein klein wenig besseren Gewissen anzutreten. Statt selbst alle Vorteile davon zu genießen, durch den Flug den wichtigen Geschäftskunden persönlich treffen zu können, während die anderen sieben Milliarden Menschen für die Kosten der Umweltverschmutzung aufkommen, bezahlt jetzt jeder einen kleinen Teil der Kosten selbst. Das Ziel muss natürlich sein, das System zu erweitern und zu vertiefen: die vollen Kosten der Umweltverschmutzung miteinzubeziehen, und das nicht nur für innereuropäische Flüge.

Das ist der Punkt, wo die Internationale Zivilluftfahrtorganisation (ICAO) tätig werden sollte, um endlich ernsthaft über die Einführung eines weltweiten Konzepts für das Problem der Emissionen im Luftverkehr zu sprechen. Die allgemeine Ambition für einen solchen globalen Ansatz ist dabei die wichtigste Frage, obwohl das Prinzip selbst klar ist. Sir Richard Branson hat es genau richtig ausgedrückt: „Ich denke, eine globale Kohlendioxidsteuer schreit förmlich nach uns – sie ist völlig offensichtlich und hätte schon vor 15 Jahren eingeführt werden sollen, und das wäre völlig fair gewesen. Jede einzelne Fluggesellschaft der Welt wäre auf dieselbe Weise behandelt worden, jede einzelne Reederei ... Als Besitzer einer Fluggesellschaft bin ich sicher, dass ich in epischer Breite darüber hören werde, wenn ich nach Hause komme ... Aber es sollte eine faire globale Steuer geben, wo jeder einen kleinen Teil der Schmerzen auf sich nimmt. Das ist nicht massiv. Und wenn das passiert, würden wir des Problems in den Griff bekommen."

Amen.

Klimapolitik ist kein Hexenwerk. Sie ist sogar noch schwieriger. Aber die Lösung ist so simpel, wie Branson meint: einen Preis auf Kohlendioxid setzen. Die Frage ist nur, wie man dorthin kommt.

Wenn es nach der „Selbstwahrnehmungstheorie" – der *Kopenhagener Theorie der Veränderung* – geht, dann baut jedes kleine bisschen auf das nächste und führt schließlich dazu, dass die Hälfte der Kopenhagener mit dem Rad zur Arbeit fahren und Dänemark eine starke nationale Klimapolitik hat, die die Massen in eine kohlendioxidarme, energieeffiziente Zukunft führt. In diesem Fall führen Recycling, Wiederverwendung und das freiwillige Kaufen von Kohlendioxid-Zertifikaten zu wirklichen Veränderungen. Rasch sogar.

Wenn es nach der *Verdrängungstheorie* geht, können viele allzu direkte Appelle an unseren Umweltschutzgedanken kontraproduktiv sein. Das kann insbesondere für jene der Fall sein, die in der Mitte des politischen Spektrums sitzen und letztlich auch die Gesamtpolitik entscheiden werden. Es ist einfach, Umweltschützer davon zu überzeugen, mehr zu recyceln. Aber sie werden ohnehin bereits für eine starke Klimapolitik stimmen. Es sind diejenigen in der Mitte, die es zu überzeugen gilt.

Klar ist, dass weder die eine noch die andere Wandlungstheorie in allen Situationen zutrifft. Die Welt ist sehr viel komplexer, als es der eine oder der andere Mechanismus vermuten lässt. Klar ist ebenfalls: Bekämpfen Sie die *Verdrängungstheorie* um jeden Preis! Und wenn Sie die Wahl zwischen Recycling einerseits und für einen Kohlendioxidpreis zu stimmen andererseits haben, wählen Sie Letzteres! Es ist die eine Möglichkeit, Ihrer Stimme Gehör zu verleihen und letztlich auch die Politik zu bestimmen.

Schritt 1: Schreien

Was können Sie tatsächlich tun? Zum einen: Vertrauen Sie keiner Liste, die Ihnen zehn Dinge vorgibt, die Sie tun könnten, um die globale Erwärmung zu stoppen. Sie können es nicht selbst schaffen. Wenn Rad zu fahren und auch sonst umweltschonend zu leben Ihre Freunde und Mitarbeiter begeistert und diese Tätigkeiten dazu beitragen, eine Bewegung aufzubauen – großartig. Aber für sich alleine werden diese Einzelaktionen natürlich nicht die Erdatmosphäre heilen. Denken Sie zurück an den Tropfen auf den heißen Stein. Es gibt eine feine Linie zwischen allzu simplen Einzelaktionen und zu tun, was zählt. Sie alleine können die globale Erwärmung nicht stoppen. Aber was ist, wenn ein großer Einzelhändler ankündigt, seine Zulieferkette umweltfreundlich zu machen, um damit 20 Millionen Tonnen Kohlendioxid aus der Atmosphäre zu entfernen? Was passiert, wenn eine große Fluggesellschaft freiwillige Kohlendioxidzertifikate verwendet – und nicht nur als Werbegag, sondern für wirkliche Veränderungen; vielleicht auch, weil sie direkt von einem globalen Kohlenstoffpreissystem profitieren würde, da ihre Flotte jünger und effizienter ist als die der Konkurrenz? Was ist, wenn es um die Entscheidung geht, eine Ölleitung für besonders schmutziges Öl, das aus Teersand gewonnen wird, zu bauen, um es aus Kanada zu den Raffinerien im Golf von Mexiko zu transportieren?

Die einfache Antwort ist, dass Nachzügler nicht wählerisch sein können. Wenn Ihre Lieferkette umweltfreundlich zu machen nicht nur gut für die Umwelt, sondern auch gut für das Geschäft ist, dann tun Sie es. Eine Win-win-Situation für alle. Dasselbe gilt für die Entscheidung, eine neue Ölleitung zu bauen oder auch nicht. Wenn eine ehrliche Kosten-Nutzen-Rechnung zeigt, dass sie ihre Kosten wert ist, ist die Entscheidung klar. Aber wieder einmal ist es der nächste Schritt, der wahrscheinlich viel wichtiger ist: Wenn der erste Schritt zu weiteren führt, schreiten Sie voran. Wenn uns der erste Schritt von weiteren abhält, halten Sie inne und denken Sie nach. Zielkonflikte sind wichtig. Sie spielen für individuelle Handlungen eine Rolle. Sie spielen auch in der Politik eine.

Am Ende tut eine demokratisch gewählte Regierung – bis zu einem gewissen Punkt, mit der Zeit – das, was die Bürger wollen. Das ist genau der Punkt, wo Ökonomen den Raum verlassen und Aktivisten eintreten. Wenn die Verhaftung vor dem Weißen Haus dem Präsidenten deutlicher macht, dass wir Handlungen sehen wollen, könnte sie glatt diese Handlungen veranlassen. Die Bürgerrechtsbewegung in den USA etwa hatte Martin Luther King *und* Rosa Parks *und* Malcolm X, die jeweils ihre eigene Strategie verfolgten. So manche mögen sich für oder gegen eine bestimmte Aktion entschieden haben, weil sie dachten, dass sie nach hinten losgehen könnte oder nicht genug bewirken würde. Aber schlussendlich konnten es sich alle als ihr Verdienst anrechnen, als Präsident Lyndon B. Johnson den Civil Rights Act von 1964 unterschrieb. Und der Aktivismus – und die Notwendigkeit für ihn – machten zu diesem Zeitpunkt nicht Schluss.

Also: Schreien Sie, protestieren, debattieren, verhandeln, schmeicheln und twittern Sie! Nutzen Sie alle Mittel, die Ihnen zur Verfügung stehen, um die politischen Veränderungen zu erreichen, die der Größe der Klimaherausforderung entsprechen. Um die Logik der komparativen Kostenvorteile aus der Ökonomie zu verwenden: Lehrer, unterrichtet! Studenten, studiert! Politiker, führt! Und vermeiden Sie immer die *Verdrängungstheorie* und behalten Sie den nächsten Schritt im Auge: die *Kopenhagener Theorie der Veränderung* in Aktion.

Das ist Schritt 1. Er gilt auf jedem Niveau – von Gemeindeämtern über Landeshauptstädte bis zu Parlamenten – und bis zu den Vereinten Nationen. Es gibt bessere und schlechtere Varianten des Schreiens und wir wollen nicht behaupten, mehr darüber zu wissen als die Kaste der Politstrategen, Umfragestatistiker und anderer politische Söldner. Schreien Sie auf die falsche Art und Weise, könnte es sehr wohl nach hinten losgehen. Schreien Sie aber richtig, dann könnte es uns über den scheinbar unüberwindbaren legislativen Berg führen.

Um Himmels willen, *schreien Sie richtig*.

Schritt 2: Anpassen

Elisabeth Kübler-Ross hat für uns die fünf Phasen des Sterbens definiert. Die Zeit ist jedoch längst vorbei, in der Nicht-wahrhaben-Wollen, Zorn, Verhandeln oder Depression angebracht gewesen wären. Die Erde hat sich bereits um ein Grad Celsius erwärmt. Wetterextreme scheinen der neue Alltag zu sein. New York City wurde bereits von zwei „hundertjährigen" Stürmen innerhalb von zwei Jahren getroffen. Die Kosten werden immer größer. Die richtige Reaktion lautet daher: Akzeptanz.

Nur um es nochmals klar zu sagen: Wir müssen alles in unserer Macht Stehende unternehmen, um weitere Klimaveränderungen zu stoppen. Es ist keine Frage, *ob* wir einen Preis auf Kohlendioxid setzen sollen, sondern *wie hoch* dieser Preis ist. Es ist auch klar, dass der optimale Preis im Verhältnis zu dem, wo wir derzeit global stehen, so hoch ist, dass es nur eine einzige Richtung geben kann: hinauf! Erhöhen wir den Preis für Kohlendioxid! All das fällt unter „Schreien".

Sich an den Klimawandel anzupassen, geht mit einer wichtigen Eigenschaft einher: Im Gegensatz zu Handlungen, die weitere Klimaveränderungen zu vermeiden versuchen, ist Anpassung ganz auf Sie selbst bezogen. Wenn Sie eine Klimaanlage kaufen, fühlen Sie sich kühler – selbst wenn sich der Planet dadurch noch ein bisschen weiter erwärmt. Das alleine bedeutet nicht, dass es nicht der richtige Schritt für Sie selbst wäre, aber es gibt bessere und schlechtere Wege, um sich anzupassen.

Falls Sie sich zu einem dreißigjährigen Kredit verpflichten, denken Sie zweimal darüber nach, ihn für ein Haus am Meer zu verwenden. Bis zu dem Zeitpunkt, an dem Sie das Haus von der Bank zurückgekauft haben, kann es leicht sein, dass es nicht mehr ganz so im Trockenen steht. Jede Bank mit vernünftigen Kreditüberprüfungen könnte einen Blick auf die Seehöhe ihres Grundstückes am Meer machen und dann entscheiden, Ihnen den Kredit überhaupt nicht zu gewähren. Aber verlassen Sie sich nicht auf diese Entscheidungsprozesse. Sie selbst sind es, der in dreißig Jahren mit Ihrem Grundstück dasteht, wenn die Meeresspiegel weiter gestiegen sind, nicht die Bank.

Ein besserer Richtwert mag sein, wohin sich Versicherungsprämien für klimabezogene Risiken bewegen. In vielen Fällen können sie sich nirgendwohin bewegen als nach oben. Rückversicherungsgesellschaften wie Lloyd's of London, Munich Re und Swiss Re, die sich mit den endgültigen Risiken befassen, sind seit Langem die Vorhut in Sachen Klimaschutzwarnungen. Am Ende werden die Versicherungen und Rückversicherungen gut aussteigen. Sie werden einfach höhere Prämien verlangen oder überhaupt bestimmte Versicherungen gar nicht mehr anbieten, um ihre Profitmargen intakt zu halten.

Solange höhere Versicherungsprämien signalisieren, dass man sein Haus in einer Überflutungszone nicht wiederaufbauen sollte, passt alles. Aber oft ist es die Öffentlichkeit, die mit der Rechnung dasteht, oft äußerst direkt. Ein Teil der Dutzenden Milliarden Dollar an US-Regierungshilfen für den Wiederaufbau nach Wirbelsturm Sandy ging für den Wiederaufbau von Gebäuden an genau den Stellen drauf, wo sie gestanden waren, bevor Sandy sie wegschwemmte. Das ist ein von Regierungsseite subventioniertes vorprogrammiertes Desaster. Viel besser wäre es, dem Beispiel des Gouverneurs von New York Andrew Cuomo zu folgen, der vorgeschlagen hat, einen Teil der Gelder zu verwenden, um private Gebäude in öffentliche Flächen umzuwandeln. Der nächste große Sturm wird ohne Frage zusätzliche Notfallgelder benötigen, um jenen zu helfen, die am Schlimmsten betroffen sind. Jede Auszahlung solcher Gelder bringt als unbeabsichtigte Auswirkung aber mit sich, Leute in Flutzonen zu subventionieren. Regierungen können Ihre Verantwortung, Menschen in Notlagen zu helfen, nicht aufgeben, aber sie müssen versuchen, diesem Teufelskreis zu entkommen.

Obwohl wir Hausbesitzern keine Hilfe dafür gewähren sollten, ihre Häuser wieder in Flutzonen aufzubauen, sind natürlich manche Anpassungen in Hinblick auf steigende Wasserspiegel gefragt. Es ist kein Geheimnis, dass New York City mit der Zeit auf höhergelegene Niveaus verlegt werden wird müssen – außer wenn wir laut genug „schreien“ (vielleicht aber selbst dann). Es ist auch kein Geheimnis, dass in der

Zwischenzeit die vielleicht beste Variante wäre, höhere Deiche zu bauen. Die Niederländer haben dies vor geraumer Zeit erkannt. Deren Deiche sind notwendig, da große Teile der Niederlande bereits jetzt unter dem Meeresspiegel liegen, gänzlich ohne Klimawandel. New York muss sich heute mit ähnlichen Fragen auseinandersetzen, etwa ob der Bau von Hochwassertoren ausreichend Schutz gegen Überflutungen bietet. Gab es im 18. Jahrhundert einst eine einprozentige Chance, dass Sturmgewässer den durchschnittlichen New Yorker Deich überschreiten, so liegt sie mittlerweile bei 20 bis 25 Prozent pro Jahr. In Manhattan stehen Gebäude im Wert von Hunderten Milliarden Euro auf einer relative kleinen Fläche. Ein Deich, um das Schlimmste zu verhindern, wäre im Verhältnis dazu relativ billig. Dasselbe haben die Niederländer für eine weit größer Fläche.

* * *

Sich anzupassen dreht sich ganz um die Planung für das Schlimmste. Falls Sie einen niederländischen Freund haben, der hinter einem Deich lebt, sagen Sie ihm: *Plan voor het ergste!* – Plane für das Schlimmste! Sie kaufen eine Versicherung nicht in der Hoffnung, dass Sie sie auch anwenden können, sondern um sich gegen das Allerschlimmste abzusichern. Die meisten individuellen Brandversicherungen bezahlen nie Geld aus. Das ist genau der Grund, warum es sich ein Versicherungsunternehmen leisten kann, Ihnen die Polizze überhaupt zu verkaufen. Eine kleine Anzahl derer, die ihre jährliche Prämie bezahlen, wird sich an die Versicherung wenden, um Geld zu bekommen, da die Eventualität, von der sie hofften, dass sie niemals kommen würde, doch eingetreten ist.

Niemand weiß, ob die nächste hundertjährige Flut New York nächstes Jahr oder nächstes Jahrzehnt treffen wird. (Wir können aber ziemlich sicher sein, dass es kein Jahrhundert dauern wird.) Wir wissen nur, dass wir uns nicht ausruhen sollten. Dieselbe Logik sollte auch für längerfristige Probleme gelten.

Patek Philippe ist für seine Werbekampagne berühmt, die einen stolzen Elternteil mit seinem oder ihrem Kind zeigt. Das in vierter Generation im Familienbesitz stehende Uhrenunternehmen möchte, dass auch

Sie Ihre eigene Familientradition begründen, idealerweise indem Sie zu einem Juwelier gehen und eine seiner Uhren kaufen, um sie dann an ihre Kinder zu vererben. Einige New Yorker Immobilienmakler haben mittlerweile diesen Slogan übernommen: „Besitz für Generationen." Es hängt alles davon ab, an wie viele Generationen Sie denken. Falls Ihr Horizont mit Ihren Enkelkindern endet, kann es leicht sein, dass alles gut sein wird. Aber es würde nicht allzu viele Generationen dauern, bis Grundstücksbesitzer im Süden Manhattans vor derselben Wahl stehen, wie es jene in den New Yorker Außenbezirken (wie etwa in Breezy Points, Queens) jetzt tun: nach der Flut wiederaufbauen – oder einfach an höhergelegene Stellen umziehen?

Was auch immer Sie tun, behalten Sie Ihre kanadische oder schwedische oder russische Staatsbürgerschaft. Sie und ihre Enkelkinder mögen immer noch in den Süden auf Urlaub fahren wollen, aber wir stehen tatsächlich vor massiven Veränderungen.

Schritt 3: Profitieren

Stellen Sie sich einen *700-ppm-Fonds* vor. Diese Zahl ist bei Weitem nicht fix, aber sie ist die beste Schätzung, die die Internationale Energieagentur dafür wagt, wo sich die Welt im Jahr 2100 wiederfinden würde. Sie berücksichtigt alle von den Regierungen vorgegebenen Emissionsreduktionsziele und noch eine Spur mehr obendrauf. Dieses bereits sehr optimistische Szenario würde immer noch mit einer 50-prozentigen Wahrscheinlichkeit einhergehen, dass die globalen Durchschnittstemperaturen um 3,4 Grad Celsius über vorindustrielle Werte steigen, und eine ungefähr 10-prozentige Chance beinhalten, dass die endgültigen globalen Durchschnittstemperaturen sogar 6 Grad wärmer sind. Denken Sie an Kapitel 1 zurück: an Mark Lynas' Verweis auf Dantes sechsten Kreis der Hölle oder HELIX, das Projekt der Europäischen Union, das die Auswirkungen detailliert aufzuzeigen versucht. Sowohl Lynas als auch HELIX beenden ihre Albtraumszenarien bei 6 Grad Celsius. Wir blicken einer Chance von eins zu zehn entgegen, diese Zahl zu erreichen und sogar noch zu überschreiten. Es ist schwer, nicht allzu dramatisch zu klingen, wenn man versucht, sich eine solche Welt vorzustellen. Die Meeresspiegel waren bis zu 20 Meter höher, als die Konzentrationen das letzte Mal bei 400 ppm standen. Ein 700-ppm-Planet würde gänzlich anders aussehen als alles, was wir uns heute vorstellen könnten. Das ist der Pfad, auf dem wir uns befinden.

Nehmen wir an, Sie verwalten einen Investmentfonds mit einer Milliarde Euro, um in solch einer Welt zu investieren. Ein Weg, um Profit zu erzielen, ist, angeschlagene Werte wiederaufzubauen: Jemand muss schließlich die Flutwasser wegpumpen und Häuser wiedererrichten. Die Kehrseite der Anpassungskosten an den Klimawandel: Klingelnde Kassen! Enorme Kosten bedeuten auch hohe Gewinnmöglichkeiten.

Eine große Frage ist die Zeitskala. Viele der Effekte kommen erst in Jahrzehnten ins Spiel, bei einigen dauert es aber auch nicht so lange. Extreme Stürme, Dürren und Überflutungen betreffen uns schon heute. Kaufen Sie Grundnahrungsmittel, Frischwasser und jede Art von Handelsgut, das in einer solchen wärmeren und instabileren Welt rarer und daher teurer sein wird. Um von diesem Trend zu profitieren, gilt es natürlich, diese Werte aufzukaufen, während es noch genügend Skeptiker gibt, die gegen diesen Trend wetten, um sicherzustellen, dass man kauft, bevor die Preise in die Höhe schnellen. Und wenn wir schon dabei sind, uns mit einer Welt zu befassen, die in Richtung 700 ppm tendiert, kaufen Sie Mineral- und Erdölunternehmen, die kompetent genug sind, in der dann wieder eisfreien Arktis zu bohren.

* * *

Jetzt stellen Sie sich den *350-ppm-Fonds* vor. Wir sind schon lange an dieser Marke vorbeigezogen. Derzeit stehen wir bei 400 ppm alleine für Kohlendioxid. Und die atmosphärische Badewanne füllt sich immer noch mit einer steigenden Rate. Zu 350 ppm zurückzukehren, würde einen sofortigen Kurswechsel benötigen, und noch viel mehr als das. Alles, was wir über Ökonomie wissen, sagt uns, dass dies nicht passieren wird und kann. „Einfach" alle Schornsteine abzustellen – eine enorme, sofortige, globale Deindustrialisierung alleine –, würde nicht reichen. Falls überhaupt, würde es eine enorme Reindustrialisierung mit sich bringen, um die Energie- und Transportsektoren zu transformieren, *und* wir würden damit beginnen müssen, Kohlendioxid direkt aus der Luft zu entfernen.

Viel Infrastruktur wird noch auf Jahre hinaus einigen Klimarisiken ausgesetzt sein. Wir werden uns bereits mit Jahrzehnten, sogar Jahrhunderten von Meeresanstiegen und vielen unbekannten Unbekannten auseinandersetzen müssen. Für die westantarktische Eisdecke könnte es vielleicht jetzt schon zu spät sein. Doch die Welt könnte andere dramatische Ereignisse mit noch kostspieligeren Konsequenzen noch umschiffen.

Verlorene Vermögenswerte – „Stranded Assets", auf Investoren-Englisch – dominieren das Bild. Bill McKibben hat das Konzept im Magazin Rolling Stone popularisiert; das Capital Institute hat die Berechnungen dahinter angestellt: Alleine die Kohlendioxidkonzentrationen in der Atmosphäre bei 450 ppm zu stabilisieren, würde erfordern, dass Kohlenstoff im Wert von etwa 17,5 Milliarden Euro unter der Erde bleiben müsste oder nur herausgepumpt werden dürfte, während das anfallende Kohlendioxid wieder hineingepumpt werden müsste, was wiederum Energieunternehmen abwerten würde.

In dieser Welt wären Sie gut beraten, mit Ihrer einen Milliarde Euro gegen Kohle, Öl und Erdgas zu wetten. Diese Rohstoffe sind quasi vorherbestimmt, schlechtere Renditen abzuwerfen als der Markt im Allgemeinen. Wind-, Solar- und verschiedenste Arten von anderen kohlenstoffarmen Technologien werden gewinnen. Kohlendioxid-Luftabsaugungstechnologien mögen weitere wichtige Gewinner sein, sofern der Kohlendioxidpreis, den wir alle bezahlen müssen, entsprechend hoch ist. Wieder einmal ist das Timing der wichtigste Faktor. Um Gewinne zu machen, muss man zur richtigen Zeit investieren.

* * *

Die Wahrheit liegt wie immer in der Mitte, zwischen dem Albtraum von 700 ppm und dem grünen Traum einer Welt mit 350 ppm. Nur um es nochmals klar zu sagen: Es gibt einen wichtigen Unterschied zwischen diesen beiden Welten. 700 ppm ist der Wert, auf den wir derzeit zusteuern. „350 ppm" als Ziel auszurufen, ist ein Statement darüber, wo wir hoffen, dass wir uns hinbewegen können. Die beiden Werte befinden sich in gänzlich unterschiedlichen Dimensionen. Es besteht die Hoffnung, dass, falls wir laut genug – und richtig – schreien, sich die Welt vom Abgrund einer 700-ppm-Zukunft wegbewegen und näher an 350 ppm herankommen könnte, aber dies ist bei Weitem nicht sicher.

Was sollten wir also mit der hypothetischen einen Milliarde Euro machen? Zuerst müssen wir realisieren, dass intelligente Investitionsentscheidungen sich immer darum drehen, was *ist* (oder besser gesagt, was sein *wird*), statt darum, was sein *sollte*. Die derzeitige arktische Goldgräberstimmung ist ein allzu deutliches Beispiel dafür. Jene, die sich nicht überwinden und Vorteile aus den neu eröffneten Schifffahrtslinien, Minen und Ölfeldern ziehen, lassen wahrscheinlich mögliche Gewinne auf der Straße liegen.

Einige der neuesten Forschungsarbeiten weisen hingegen darauf hin, dass Unternehmen mit höherer sozialer Verantwortung tatsächlich bessere Renditen erzielen können als der Markt, manche sogar deutlich bessere. Aber unser Rat bezieht sich nicht auf die Tatsache, dass man durch ein grün bepinseltes Fernrohr Investitionsmöglichkeiten sehen kann, die der Markt nicht sieht. Stattdessen fokussieren wir auf die Tatsache, dass intelligente Investitionsentscheidungen sich ganz auf Risikomanagement beziehen. Es gibt einen Unterschied zwischen Risiken für den Planeten und Risiken für große Kohle-, Öl- und Erdgas-Unternehmen, aber es gibt auch eine wichtige Verbindung: Regulierungen und die Politik im Allgemeinen zeigen fast ausschließlich in ein und dieselbe Richtung.

Nur wenige zweifeln daran, dass der Pfeil für Tabak-Aktien aufgrund des Regulierungsklimas nach unten zeigt. In Australien sind Tabakunternehmen verpflichtet, ihre Produkte in schmucklosen Verpackungen zu verkaufen, die nur drastische Gesundheitswarnungen zieren. Der Tobacco Plain Packaging Act von 2011 wurde von einer Handvoll Tabakunternehmen vehement attackiert, die viel zu verlieren hatten und vor Gericht argumentierten, das Gesetz sei verfassungswidrig. An jenem Tag im August 2012, an dem das australische Höchstgericht diese Klagen abwies und das Gesetz bestätigte, gingen die Aktienpreise sowohl von British American Tobacco als auch von Imperial Tobacco um rund zwei Prozentpunkte hinunter. Die Höchstgerichtsentscheidung hätte auch anders ausfallen und möglicherweise die Aktienpreise erhöhen können. Es ist aber äußerst unwahrscheinlich, dass die Regierungen plötzlich beschließen, dass Tabak zu Unrecht als böse dargestellt worden ist, und dass sie damit beginnen, entsprechende Gesetze wieder außer Kraft zu setzen. Falls überhaupt, werden mehr und mehr Städte dem Vorbild von New York unter Bürgermeister Michael Bloomberg folgen und Raucher vor geschlossene Gebäude oder teilweise sogar gänzlich verbannen. Investoren, die sich über Risikomanagement sorgen, sollten darauf achtgeben.

Ähnliches gilt für jeden Finanzier, der in große Kohle-, Öl- oder Erdgasunternehmen investiert. Die meisten Regulierungen können Kohle- und Öl-Aktien nur nach unten drücken, nicht nach oben. Solche Investoren sind diejenigen, die mit verlorenen Vermögenswerten dastehen werden, sobald wir einen vernünftigen Preis auf Kohlendioxid haben. Es ist äußerst unwahrscheinlich, dass Regierungen plötzlich damit beginnen werden, Wind- und Solarenergie-Unternehmen zusätzlich zu besteuern und Subventionen für fossile Energieträger noch weiter zu erhöhen. (Große Erdgas-Unternehmen mögen da in einer Grauzone agieren: Anfängliche Regulierungen könnten Kohle ein für alle Mal aus dem Elektrizitätssystem verbannen und daher Erdgas kurzfristig attraktiver machen – zumindest bis es auch selbst auf immer strengere Treibhausgaslimits stößt. Erdgas mag zwar eine Überbrückungshilfe in eine Zukunft mit wenig Kohlenstoff sein, aber das bedeutet nicht, dass es am Ende nicht ebenfalls mit hohen Zöllen bedacht werden sollte.)

Kurz gesagt: Der Rat heißt Divestment – stoßen Sie fossile Investitionen ab, weil dies die bessere, risikoärmere finanzielle Entscheidung ist, sich gegen das Regulierungsrisiko und verlorene Vermögenswerte abzudecken. Der Weg vom 700-ppm-Pfad in Richtung 350 ppm wird politisch nicht linear sein. Nicht in fossile Brennstoffe zu investieren, könnte nicht nur der ethischere Schritt sein, sondern auch der profitablere.

Trotz alldem könnte ein komplettes Divestment von fossilen Brennstoffen nicht die einzige ethisch vertretbare Variante sein. Noch besser: Verwenden Sie die sozial bedachten Kriterien dafür, was Sie mit den

Renditen tun. Warum sollten Sie den Boden für (leider) profitable Investitionsmöglichkeiten jenen überlassen, die ihre Investitionen ohne Skrupel und ohne jeden Wunsch tätigen, den derzeitigen Pfad zu beeinflussen?

Es ist klar, dass wir alle – zumindest die eine Milliarde Menschen, die für das Problem hauptverantwortlich sind, einschließlich all jene, die dieses Buch lesen (und auch jene, die es geschrieben haben) – von unserer derzeitigen Welt enorm profitiert haben. Das alleine macht es nicht richtig, aber gibt tatsächlich einen ethischen Pfad vorwärts: Jetzt, nachdem die Realität, dass wir uns in Richtung 700 ppm bewegen, und der Auftrag, diesen Pfad in Richtung 350 ppm zu biegen, vollkommen klar sind, nehmen Sie Ihre erhöhte Rendite und lassen Sie Ihr Geld nochmals härter arbeiten, indem Sie versuchen, so laut wie nur möglich für die größtmögliche politische Veränderung zu schreien.

Nachwort

Eine andere Art von Optimismus

Die Beweislast ist überwältigend: Der Spiegel der Treibhausgase in der Atmosphäre steigt. Die Temperaturen gehen hinauf. Die Frühlinge kommen früher. Die Eisdecken schmelzen. Die Meeresspiegel steigen. Niederschlags- und Trockenheitsmuster verändern sich. Hitzewellen sowie extreme Niederschläge werden schlimmer. Die Ozeane versauern.

Diese Worte kommen von der Amerikanischen Gesellschaft zur Förderung der Wissenschaften (AAAS). Der Bericht ist nur in Hinblick auf die Direktheit der Sprache, die er verwendet, überraschend. Keine der Schlussfolgerungen bringt die Wissenschaft selbst voran. Wie der Titel suggeriert, beschreibt der Bericht einfach nur das, „was wir wissen".

Was wir wissen, ist schlecht. Was wir nicht wissen, ist noch schlechter.

Jeder Hausbesitzer wäre gut beraten, einen in Gefahr einer Überhitzung stehenden Heizungskessel oder das undichte Ventil am Gasherd zu reparieren, damit weder das eine noch das andere in einer Katastrophe endet. Aber darüber hinaus schützen sich die meisten Eigenheimbesitzer mit einer Feuerversicherung für den unwahrscheinlichen Fall, dass das ganze Haus doch wegen eines außergewöhnlichen Unfalls abbrennt.

Das bedeutet beileibe nicht, dass man sich eine Katastrophe herbeiwünscht. Es ist keine Schwarzseherei. Es ist ein umsichtiger Schritt. Die Kosten wären im unwahrscheinlichen Fall eines Brandes, der das gesamte Haus zerstört, zu groß, als dass es zu rechtfertigen wäre, bei der Versicherungsprämie zu knausern.

Ironischerweise sind es ebendiese Versicherungsprämien für katastrophale Ereignisse wie Überflutungen und Dürren, wo die Effekte des Klimawandels am ehesten direkt unsere Geldbörsen treffen. In den USA etwa wird staatliche Hochwasserversicherung aus allerhand politischen Gründen stark subventioniert. Das sollte eigentlich nicht sein, da es Hausbesitzer nur ermutigt, in besonders riskanten Regionen zu bauen. Es wird nicht mehr viele Wirbelstürme in New York benötigen, um zu notwendigen Reformen des gesamten Systems zu führen, sodass es schließlich viel teurer als jetzt sein wird, ein Haus in einem Überschwemmungsgebiet zu besitzen.

Immer intensivere Wirbelstürme, mehr Überschwemmungen, mehr Dürren, ganz zu schweigen von steigenden Temperaturen und Meeresspiegeln, sind *das, von dem wir wissen, dass es geschieht und geschehen wird*. Diese Effekte zu beziffern – zumindest jene Teile, auf die wir tatsächlich eine Euro-Zahl setzen können –, ergibt ein Minimum an Kosten von 35 Euro pro Tonne Kohlendioxid, die wir heute in die Atmosphäre pumpen. Im Durchschnitt berücksichtigt die Welt jedoch diese Kosten nicht einmal annähernd gemäß dieser Zahl. Der globale Durchschnittspreis liegt vielmehr bei *minus 13 Euro*, bedingt durch die massiven Subventionen für fossile Brennstoffe in vielen Ländern.

* * *

Und davon bezieht sich noch nichts auf die furchterregenden Szenarien mit geringerer Wahrscheinlichkeit. Es besteht ein großer Unterschied zwischen einem wahrscheinlichen Meeresanstieg von 0,3 bis 1 Meter bis zum Ende dieses Jahrhunderts und möglichen endgültigen Extremen von 20 Metern oder mehr in künftigen Jahrhunderten. Und es ist debattierbar, ob wir solche Extremszenarien tatsächlich als „unwahrscheinlich“ oder als „geringe Wahrscheinlichkeit“ beschreiben können. Gemäß unseren eigenen Berechnungen liegt die Chance einer endgültigen Erderwärmung von über 6 Grad Celsius – ein Anstieg, der für die Menschheit, wie wir sie kennen, nur als „katastrophal“ bezeichnet werden kann – bei ungefähr 10 Prozent.

Eine jegliche solche Feststellung verursacht zwangsläufig Vorwürfe von „Alarmismus“. Es trifft jedoch genau das Gegenteil zu: Wir sehen es als unsere Verpflichtung, das gesamte mögliche Spektrum aufzuzeigen – auch wie das, was wir nicht wissen, Realität werden könnte. Wir finden darin keine Befriedigung. Unsere Hoffnung ist natürlich, dass wir falsch liegen.

Dreimal falsch

Erstens hoffen wir, in der Hinsicht falsch zu liegen, dass die wirklich unwahrscheinlichen Ereignisse niemals eintreffen werden.

Zweitens, und noch viel wichtiger, hoffen wir falsch zu liegen, weil die Gesellschaft das Klimaschiff vom Kurs auf den sprichwörtlichen Eisberg weglenken wird, indem es den Kohlendioxidausstoß in die Atmosphäre stark reduziert. Es ist immer noch genug an Erwärmung sowie an Anstiegen der Meere, an vermehrten Überflutungen, Dürren und anderen Wetterextremen bereits festzementiert, aber rasches Handeln könnte tatsächlich noch das Schlimmste verhindern.

Drittens hoffen wir, dass wir in Sachen unaufhaltbarer Dynamik in Sachen Geo-Engineering falsch liegen: Sulfate oder andere Partikel in die Stratosphäre zu senden, um künstlichen Schutz vor der Sonneneinstrahlung zu schaffen. All das, was wir über die Ökonomie wissen, sagt uns, dass dieselben fundamentalen Kräfte, die es schwierig machen, etwas gegen das Klimaproblem zu tun, es wahrscheinlich machen, dass wir in naher Zukunft Geo-Engineering erleben werden, und das möglicherweise auf eine „schurkische“ Art und Weise. Das Klimaproblem ist einfach zu groß und hat zu viel Eigendynamik, während Geo-Engineering-Technologien zu billig und zu leicht verfügbar sein könnten.

Unsere Hoffnung ist, auf allen drei Ebenen widerlegt zu werden: dass die Welt in Sachen Wissenschaft Glück haben wird; dass sie das scheinbar unlösbare Problem löst, die Politik auf Emissionsverringerungen abzustimmen; und dass sie einen unumstößlichen Regelmechanismus schafft, um die Geo-Engineering-Forschung in eine produktive Richtung zu lenken, weg von scheinbar unvermeidlichem Schurken-Geo-Engineering.

Machen wir Kohlendioxid fertig

Es wäre allzu einfach, den Schluss zu ziehen, dass die Wirtschaft – der Kapitalismus – *das* Problem überhaupt ist. Die Ökonomie ist aber tatsächlich nahe am Kern des Problems. Oder besser gesagt: fehlgeleitete Marktkräfte sind es.

Eine scheinbare Lösung wäre daher, einfach unsere Lebensweise zu ändern. Wenn wir nur langsamer leben würden, zurück aufs Land gehen und im Allgemeinen „mehr" mit „weniger" tun würden, wäre der Klimawandel ein Ding der Vergangenheit. Es ist aber leider nicht ganz so einfach. Viele von uns würden gerne mehr Zeit mit ihren Familien auf grünen Wiesen verbringen und weniger Zeit an ihren Schreibtischen. Das ist jedoch keinesfalls genug. Freiwillige Aktionen ergeben einfach insgesamt nicht allzu viel. Und das Kalkül, den Kapitalismus insgesamt zu verändern – auch wenn das ein noch so erstrebenswertes und eigenständiges Ziel wäre –, ist ziemlich gewagt, um es vorsichtig auszudrücken. Es bringt die Sache auch gehörig durcheinander.

Manche, etwa die Aktivistin und Autorin Naomi Klein, rufen danach, die „Stein- und Stinkreichen zu besteuern". Das mag eine schöne Phrase sein. Wir könnten darin übereinstimmen, dass die Reichen tatsächlich mehr Steuern zahlen sollten. Aber das ist ein gänzlich anderes Problem. Allem voran sollten wir nicht die „Stinkreichen", sondern den „Gestank" selbst besteuern. Es geht nicht darum, den Kapitalismus fertigzumachen, sondern das Kohlendioxid.

Der Klimawandel wirft kein Grundproblem mit dem Kapitalismus auf. Vielmehr ist der Kapitalismus mit all seinen innovativen und unternehmerischen Kräften unsere einzige Hoffnung, den sich abzeichnenden Klimaschock noch abzuwenden. Das ist nicht als Aufruf zu verstehen, den Marktkräften einfach freien Lauf zu gewähren. *Laissez-faire* mag zwar, mit dem richtigen französischen Akzent ausgesprochen, gut klingen – aber nur in der Theorie. Es kann nicht in einer Situation funktionieren, wo die Preise nicht mehr die wahren Kosten unseres Handelns reflektieren. Ungezügelte menschliche Tatkraft – in Wirklichkeit falsch gelenkte Tatkraft – ist es nämlich, was uns überhaupt erst in die derzeitige Situation gebracht hat. Menschliche Tatkraft und Einfallsreichtum richtig zu zügeln, angeleitet von einem ausreichend hohen Kohlendioxidpreis, der die wahren Kosten für die Gesellschaft widerspiegelt, ist unsere beste Hoffnung, dieser jetzigen Situation noch zu entkommen.

Nur dann können wir uns den Luxus leisten, über eine echte ethische Lösung zu sprechen: für Kohlendioxidbelastung denselben Weg zu wählen wie für Kinderarbeit und Sklaverei – dass dies etwas ist, das es aus rein moralischen Gründen zu vermeiden gilt. Sollten wir also die Ökonomen hinauswerfen und die Priester, Imame und Rabbiner herbeirufen? Noch nicht ganz. Auf die überlegene Moral zu spekulieren, erfordert zunächst, die Ökonomie ernst zu nehmen. Sind wir bereit, diesen Schritt zu machen?

Danksagungen

Dieses Buch basiert auf rund einem Dutzend wissenschaftlichen Abhandlungen, die im Laufe eines Jahrzehnts geschrieben worden sind; auf vielen Ideen von anderen, die wir adaptiert haben; und auf unzähligen Gesprächen, um unsere Logik und Darstellung zu verbessern.

Wir danken allen voran unserem Lektor Seth Ditchik, der Potenzial sah, als wir nur eine überlange Sammlung unserer Gedanken hatten. Princeton University Press hat sich als ausgezeichnetes Ventil für unser Buch erwiesen. Der Verlag ermöglichte es uns, unschätzbare Einsichten von drei anonymen Gutachtern zu erhalten, während wir auch jegliche Vorschläge, Formeln in den Text einzufügen, ignorieren durften. (Für allfällige Formeln sowie tiefergehende Diskussionen und detaillierte Quellenangaben sehen Sie sich bitte unsere Anmerkungen an.) Als Lektor für die deutsche Übersetzung danken wir Stephan Gruber, außerdem Birgit Schott vom Verlag Ueberreuter Sachbuch – und nicht zu vergessen Joachim und Helga Wagner, die die ersten Übersetzungsversuche akribisch korrigiert haben.

Peter Edidin und Eric Pooley halfen dabei, die Ideen zu formen, bevor noch das erste Wort geschrieben war. Liza Henshaw ermöglichte das Buch überhaupt erst. Rob Socolow half uns, sein Quiz im Vorwort ins rechte Licht zu rücken. Dorothy Barr von der Ernst-Mayr-Bibliothek in Harvard arbeitete unermüdlich daran, unsere Zeilen über „Kamele in Kanada“ mit wissenschaftlichen Quellen zu belegen. Bob Litterman teilte wertvolle Einsichten über die Theorie und Praxis des Asset Pricing und führte uns auch zum Zitat von Sir Richard Branson über eine Kohlendioxidsteuer als „vollkommen offensichtlich“. Viele andere teilten wertvolle Einsichten, Kommentare und Diskussionen mit uns, unter anderen Richie Ahuja, Joe Aldy, Jon Anda, Ken Arrow, Michael Aziz, Len Baker, Scott Barrett, Seth Baum, Eric Beinhocker, Jennifer Chen, Frank Convery, Kent Daniel, Sebastian Eastham, Denny Ellerman, Ken Gillingham, Timo Göschl, Steve Hamburg, Sol Hsiang, Matt Kahn, David Keith, Bob Keohane, Nat Keohane, Matt Kotchen, Derek Lemoine, Kathy Lin, Frank Loy, Charles C. Mann, Michael Mastrandrea, Graham McCahan, Kyle Meng, Gib Metcalf, George Miller, Juan Moreno-Cruz,

David Morrow, Bill Nordhaus, Ilissa Ocko, Michael Oppenheimer, Richard Oram, Bob Pindyck, Billy Pizer, Stefan Rahmstorf, Colin Rowan, Dan Schrag, Jordan Smith, Rob Stavins, Elizabeth Stein, Thomas Sterner, Cass Sunstein, Claire Swingle, Johannes Urpelainen, David Victor, Jeff Vincent, Matthew Zaragoza-Watkins und Richard Zeckhauser.

Katherine Rittenhouse assistierte mit Nachforschungen bei jedem Schritt. Keith Gaby, Peter Goldmark und Tom Olson lasen jedes Wort (und noch viele andere mehr, die dank ihnen nicht im Buch abgedruckt worden sind).

Nichts davon wäre ohne Siri Nippita und Jennifer Weitzman möglich gewesen, die uns bei allem halfen, vom Lesen früher Entwürfe bis zu spätabendlichen Telefongesprächen und dem gelegentlichen sonn- oder feiertäglichen Brunch. *Klimaschock* zu schreiben hat sich – nicht unähnlich dem eigentlichen Klimaschock – oft als alles andere in den Schatten stellend entpuppt. Am Ende mögen die Unbekannten vorherrschen; alle übrigen Fehler sind unsere eigenen.

Anmerkungen

Vorwort. Quiz

Seite 7 – **Zwei schnelle Fragen**: Robert Socolow von der Princeton University beginnt viele Präsentationen mit einer Version dieses kurzen Quiz, indem er das Publikum fragt, ob es den Klimawandel als „akutes Problem“ ansehe und fossile Brennstoffe „schwer zu ersetzen“ seien. Er gruppiert die resultierenden Meinungen in vier breite Kategorien, hier mit seiner Erlaubnis und mit leichten Veränderungen reproduziert:

		Denken Sie, es sei schwierig, die Welt frei von fossilen Brennstoffen zu machen?	
		Nein	Ja
Denken Sie, der Klimawandel sei ein akutes Problem?	Nein	Eine Welt frei von Kohlendioxid, unmotiviert von Klimabelangen	Teile der Energieindustrie und vielleicht auch viele in der allgemeinen Gesellschaft
	Ja	Viele Umweltschützer, einschließlich jene, die für Nuklearenergie argumentieren	Unsere Annahme

Socolow, „Truths“, sucht nach Lösungen, die direkt auf diesen „Arbeitsthesen“ beruhen. Oliver Morton, Redakteur beim Magazin *Economist*, leitete im August 2013 eine Debatte zum Thema Geo-Engineering am Massachusetts Institute of Technology mit diesen beiden Fragen ein. Morton wiederholte Socolows Schlussfolgerung, dass, um kognitive Dissonanz zu vermeiden, die meisten Leute die eine oder die andere Frage mit „Ja“ beantworten, nicht aber beide. Im vollgepackten Auditorium an jenem Abend am MIT beantworteten die meisten beide Fragen mit „Ja“ – ein klares Anzeichen dafür, welche Personen derzeit von Geo-Engineering-Gesprächen angezogen werden.

Seite 8 – **Konventionelles wirtschaftliches Denken**: Für eine populärwissenschaftliche Standardperspektive über Wissenschaft und Ökonomie des Klimawandels siehe Nordhaus, Climate Casino. Für mehr siehe den Eintrag „Ökonomisches Klimamodell DICE“ auf Seite 50 in Kapitel 2.

Kapitel 1. Notruf 112

Seite 11 – **explodierte am Himmel**: Siehe Artemieva, „Solar System: Russian Skyfall“.

Seite 11 – **zwei bis drei Milliarden US-Dollar**: Abschnitt 321 des NASA Authorization Act von 2005 weist die NASA an, dass sie bestimmte erdnahe Asteroiden und Kometen „entdecken, verfolgen, katalogisieren und charakterisieren“ soll und dass sie einen Bericht verfassen soll, der sich unter anderem damit befasst, welche alternativen Methoden die NASA verwenden könnte, um ein Objekt, das auf die Erde zusteuert, abzuwehren. Die Optionen reichen von „nicht-nuklearen kinetischen Impaktoren“, derzeit die am weitesten entwickelte Technologie, bis zu einer „nuklearen Distanzierungsexplosion“, möglicherweise die effektivste Methode („Near-Earth Object Survey“). Siehe „Defending Planet Earth“ über die inadäquate Natur derzeitiger Forschungsbudgets. Der Report folgert, dass 250 Millionen Dollar im Jahr über zehn Jahre hinweg es der NASA erlauben würden, einen tatsächlichen Test einer Abwehrtechnologie für einen Asteroiden durchzuführen.

Die Vereinten Nationen verstehen Asteroidenabwehr als globales Problem und haben unlängst die „International Asteroid Warning Group“ ins Leben gerufen, deren Mitglieder Informationen über potenziell gefährliche Asteroiden, die auf die Erde zusteuern, teilen und mit dem „Committee on the Peaceful Uses of Outer Space“ der Vereinten Nationen zusammenarbeiten werden, um eine Verteidigung zu beginnen. Die Vereinten Nationen begannen die Diskussionen über eine solche internationale Gruppe, nachdem ein Asteroid im Februar 2013 über Russland explodiert war, ohne dass ihn Weltraumagenturen davor entdeckt hatten („Threat of Space Objects Demands International Coordination, UN Team Says“).

Seite 11 – **eins in tausend Jahren**: Ein Asteroideneinschlag einer solchen Dimension, dass er eine direkte Verteidigung rechtfertigen würde, könnte ein Ereignis mit einer Wahrscheinlichkeit von eins in tausend Jahren sein. Die Wahrscheinlichkeit eines Asteroiden der Größe, welcher im Februar

2013 über Tscheljabinsk explodierte, wird oft bei etwa eins in hundert Jahren gesehen (Artemieva, „Solar System: Russian Skyfall"). Allerdings weisen die neuesten Forschungserkenntnisse eher auf eine Wahrscheinlichkeit hin, die zehn Mal so hoch sein könnte (Brown et al., „500-Kiloton Airburst").

Seite 12 – **globale Aussterben**: Kolbert, *Sixth Extinction*, befasst sich mit früheren Aussterben und beschäftigt sich dann hauptsächlich mit dem aktuellen, durch Menschenhand verursachten. Für eine Zusammenfassung von Kolberts Argumenten siehe: Dreifus, „Chasing the Biggest Story on Earth".

Seite 12 – **65 Millionen Jahren**: Diffenbaugh und Field, „Changes in Ecologically Critical Terrestrial Climate Conditions". Dies inkludiert sogar das Palaeocene–Eocene Thermal Maximum (PETM) vor ungefähr 56 Millionen Jahren, als sich die Erde um zumindest 5 Grad Celsius in weniger als 10.000 Jahren erwärmte; eine Rate, die immer noch zehn Mal langsamer ist als die projektierte Rate der globalen Oberflächentemperaturerwärmung, die im RCP2.6 Scenario des IPCC vorhergesagt wird.

Seite 12 – **hundertjährige Flut**: Lovett, „Gov. Cuomo".

Seite 12 – **49 Menschen**: Avila und Cangialosi, *Tropical Cyclone Report*. „Irene by the Numbers" schätzt, dass 2,3 Millionen Menschen in den USA unter Evakuierungsorder standen.

Seite 12 – **Sandy tötete 147 Personen**: Blake et al., Tropical Cyclone Report.

Seite 12 – **Taifun Haiyan**: Bis zum 28. Jänner 2014 hatte Haiyan gemäß Schätzungen 4,1 Millionen Menschen vertrieben und über 6000 Menschen getötet („Philippines: Typhoon Haiyan Situation Report No. 34"). Auf den Philippinen wurde Haiyan „Yolanda" genannt.

Alle etwaigen Kostenzahlen sind wahrscheinlich signifikante Unterschätzungen, da sie nicht die Auswirkungen der Stürme auf Familien und deren Fähigkeiten, für sich und ihre Kinder zu sorgen, berücksichtigen. Antilla-Hughes und Hsiang, „Destruction, Disinvestment, and Death", zeigen, dass „verlorene Einkommen und höhere Säuglingssterblichkeit im Jahr nach einem Taifun die direkten Kosten und Todeszahlen ungefähr um 15 zu 1 übersteigen".

Seite 12 – **Taifun Bopha**: Gemäß „Report: The After Action Review / Lessons Learned Workshops for Typhoon Bopha Response" betraf Taifun Bopha 6,2 Million Menschen, zerstörte 230.000 Häuser und tötete 1146, mit weiteren 834 Vermissten. Der letzte Situationsbericht zu den Effekten von

Bopha zählt über 700.000, die in Evakuierungszentren Unterkunft suchten, plus 1,06 Millionen außerhalb jener Zentren während des Höchststandes der Vertreibung. Das macht einen Gesamtwert von 1,76 Millionen Vertriebenen (National Disaster Risk Reduction and Management Council), im Text aufgerundet auf 1,8 Millionen. Siehe auch Antilla-Hughes und Hsiang, „Destruction, Disinvestment, and Death", zur Frage, warum diese Zahlen wahrscheinlich signifikante Unterschätzungen für die vollen Kosten und Toten sind.

Seite 12 – **europäische Hitzewelle**: Robine et al., „Death Toll".

Seite 13 – **gegen Katastrophen gewappnet**: Deschênes und Moretti, „Extreme Weather Events", schätzen, dass die Bewegung der Amerikaner vom Nordosten in wärmere südwestliche Klimazonen die durchschnittliche Lebenserwartung seit 1980 signifikant verlängert hat. Barreca et al., „Adapting to Climate Change", zeigen die Wichtigkeit von Wohnungsklimaanlagen in der drastisch rückläufigen Temperatur-Sterblichkeits-Verbindung in den USA auf.

Seite 13 – **Das Meereswasser vor der Küste**: Tollefson, „Hurricane Sandy", behandelt die Verbindung zwischen Klimawandel und Wirbelstürmen. Es beschreibt auch, dass „der erwartete Anstieg durch die globale Klimaerwärmung nur 0,6 °C" ist, was den Schluss zur Folge hat, dass „obwohl Klimawandel sicherlich einen Teil dazu beiträgt ..., es genug natürliche Veränderung" gibt. Pun, Lin und Lo, „Tropical Cyclone Heat Potential", behandeln die jüngsten Wärmetrends in den Gewässern östlich der Philippinen, die höchstwahrscheinlich zur Stärke von Taifun Haiyan beigetragen haben. Normile, „Supertyphoon's Ferocity", stellt die Verbindung her.

Im Vergleich dazu lag die globale durchschnittliche Meeresoberflächenerwärmung um die 0,1 Grad Celsius pro Jahrzehnt in den vergangenen vier Jahrzehnten (Summary for Policymakers der Working Group I des *IPCC Fifth Assessment Report*).

Seite 13 – **sowohl zu mehr als auch zu intensiveren**: Emanuel, „Increasing Destructiveness", publiziert im Jahr 2005, zeigt, dass Wirbelstürme über die vorhergehenden drei Jahrzehnte hinweg intensiver geworden sind. Die darauffolgende wissenschaftliche Debatte scheint sich darauf geeinigt zu haben, dass der Klimawandel tatsächlich zu intensiveren Wirbelstürmen führt, aber dass deren Häufigkeit nicht ansteigt (oder sogar leicht hinuntergehen könnte). Die letzten Erkenntnisse, publiziert als Emanuel, „Downscaling CMIP5", zeigen allerdings, dass der Klimawandel wahrscheinlich sowohl zu intensiveren als auch zu häufigeren Stürmen führt. Diese wissenschaftliche Debatte ist noch nicht entschieden, leider sind aber die physikalischen Zeichen klar. Vorhersehbare ökonomische Auswirkungen sind ähnlich augenfällig: Mendelsohn et al., „Impact of Climate Change", befinden, dass „globale Schäden durch Wirbelstürme sich [bis 2100] durch demografische Trends verdoppeln werden, und sie werden sich durch den Klimawandel abermals verdoppeln" (Emanuel, „MIT Climate Scientist Responds").

Trotz allem sind Wirbelstürme immer noch unter den Wetterphänomenen, für die es am schwersten ist, sie direkt mit dem Klimawandel in Verbindung zu bringen, hauptsächlich deshalb, weil sie so selten sind. Mit der Verbesserung unserer Fähigkeiten, Wirbelstürme vorherzusagen, wird es zunehmend einfacher werden, Eventstudien durchzuführen, die für andere extreme Wetterereignisse bereits gemacht werden. (Siehe nachfolgende Anmerkung über „Zuschreibungswissenschaft".)

Seite 14 – **„Zuschreibungswissenschaft"**: Ein guter Anfangspunkt ist der *Special Report: Managing the Risks of Extreme Events and Disasters to Advance Climate Change Adaptation* des IPCC aus dem Jahr 2002. Die Studie berichtet von ambivalenten Nachweisen über heutige extreme Wetterereignisse, aber zunehmend stärkeren Beweisen in der Zukunft. Es gibt auch zunehmend detailliertere Studien über Einzelereignisse, vielleicht am prominentesten jene von Peter Stott, der das „Climate Monitoring and Attribution"-Team des britischen Wetterdienstes (UK Met Office) leitet. Stott, Stone und Allen, „Human Contribution", machen die im Text erwähnte Schlussfolgerung einer Verdopplung des Risikos für eine Hitzewelle der Stärke wie jener in Europa im Jahr 2003. Stott et al., „Attribution of Weather", begutachten die jüngste Literatur und zeigen Wege für zukünftige Forschungsarbeiten in Sachen Zuschreibungswissenschaft auf.

Eine Reihe von Studien, viele vom „Climate Monitoring and Attribution"-Team des britischen Wetterdienstes, beschreiben die Beiträge des sich schnell entwickelnden Bereichs der Zuschreibungswissenschaft: Christidis et al., „HadGEM3-A Based System for Attribution", befinden, dass die Moskauer Hitzewelle von 2010 zumindest teilweise auf den Klimawandel zurückzuführen ist. Die Studie vergleicht ein Modell mit tatsächlichen Daten mit Schätzungen, was die Wetterdaten ohne den Klimawandel gewesen wären. Rahmstorf und Coumou, „Increase of Extreme Events", entwickeln eine Methode, um die Effekte von langfristigen Trends auf eine Reihe von Klimaextremen aufzuzeigen. Sie verwenden die Methode, um zu schätzen, dass der Moskauer Hitzerekord im Jahr 2010 mit 80-prozentiger Wahrscheinlichkeit ohne Klimawandel nicht eingetroffen wäre. Otto et al., „Reconciling Two Approaches", vergleichen diese Erkenntnisse rund um höhere Wahrscheinlichkeiten mit einer anderen Studie, die keinen menschlichen Einfluss auf die Dimension der Moskauer Hitzewelle erkennt. Lott, Christidis und Scott, „East African Drought", befinden, dass menschlicher Klimaeinfluss die Wahrscheinlichkeit der ostafrikanischen Dürre im Jahr 2011 erhöht hat. Pall et al., „Flood Risk", verwenden eine „probabilistische Event-Zurechnungsstruktur" und stellen fest, dass menschliche Emissionen die Wahrscheinlichkeit der Überflutungen in England und Wales im Jahr 2000 um 20 bis zu über 90 Prozent erhöht haben. Peterson, Stott und Herring, „Explaining Extreme Events of 2011", verwenden die „Central England Temperature"-Datenbank und globale Klimamodelle, um die Effekte menschlichen Klimawandels auf sechs extreme Wetterereignisse in Großbritannien in jenem Jahr zu eruieren. Li et al., „Urbanization Signals", führen Unterschiede in Wintertiefsttemperaturen in nordchinesischen Städten auf Urbanisationseffekte zurück.

Manche andere blicken auf die globalen Verbindungen zwischen Erderwärmung und Extremereignissen. Coumou, Robinson und Rahmstorf, „Global Increase", blicken auf die steigende Wahrscheinlichkeit von monatlichen Durchschnittstemperaturen, die durch den Klimawandel neue Rekorde setzen. Ihre Schlussfolgerung: „Unter einem mittleren Klimaszenario sagen wir bis in die 2040er-Jahre vorher, dass sich die Zahl der monatlichen Temperaturrekorde zumindest verzwölffachen wird, verglichen mit einem Szenario ohne Klimawandel." Siehe auch Coumou und Robinson, „Historic and Future Increase", die die größere globale Landmasse berechnen, die durch extreme Sommertemperaturen betroffen sein wird.

Seite 14 – **drei bis zwanzig Jahre**: Siehe Rosenzweig und Solecki, „Climate Risk Information", und Fischetti, „Drastic Action". Lin et al., „Physically Based Assessment", verwenden eine Kombination von Klima- und hydrodynamischen Modellen, um zu zeigen, dass das, was derzeit hundertjährige Fluten sind, bis Ende des Jahrhunderts alle drei bis zwanzig Jahre eintreten könnte.

Talke, Orton und Jay, „Increasing Storm Tides", schätzen die vermehrte Wahrscheinlichkeit von heutigen jährlichen Dammbrüchen im Vergleich zur Mitte des 19. Jahrhunderts. Siehe auch Kemp und Horton, „Historical Hurricane Flooding", die auf die direkte Verbindung zwischen Meeresspiegelanstiegen und vermehrten Überflutungen durch Wirbelstürme blicken.

Seite 15 – **zwischen dreißig Zentimetern und einem Meter**: Das Intervall stammt von der Summary for Policymakers der Working Group I im *IPCC Fifth Assessment Report*. Der Bericht vergleicht durchschnittliche Meeresspiegel für 2081 bis 2100 mit jenen für 1986 bis 2005. Diese Zahl liegt signifikant über den früheren Schätzungen aus dem *IPCC Fourth Assessment Report*. (Siehe „weggelassen" auf Seite 21.) Er aktualisiert (und verringert) auch die Höchstschätzungen des U. S. Army Corps of Engineers, welches mit einem Höchstszenario von 1,5 Metern agiert („Incorporating Sea-Level Change Considerations in Civil Works Programs"), sowie jene der National Oceanic and Atmospheric Administration (NOAA), die mit 2 Metern in ihrem Höchstszenario für 2100 rechnet (Parris et al., „Global Sea Level Rise Scenarios").

Seite 15 – **ein Ersatz**: Gillett et al., „Ongoing Climate Change", argumentieren, dass, falls „rapides Schmelzen der westantarktischen Eisdecke … durch ozeanische Erwärmung in mittleren Tiefen vorangetrieben würde, wie es als wahrscheinlich erachtet wird, würde auch Geo-Engineering für mehrere Jahrhunderte ineffektiv sein, was auf die Verzögerung von Unterwassererwärmung zurückgeführt werden kann". Ein vollkommenes Schmelzen der westantarktischen Eisdecke würde zu Meeresanstiegen von ungefähr 3,3 Metern führen. (Siehe „Abschmelzen Grönlands" auf Seite 65 in Kapitel 3.)

Seite 16 – **Katastrophe**: Kolbert, *Field Notes from a Catastrophe* (deutscher Titel: *Das sechste Sterben*), gehört zu den eloquentesten Darstellungen. Für eine bahnbrechende Studie über die Definition von „dangerous anthropogenic interference" („gefährliche menschliche Störung") siehe Ramanathan und Feng, „Avoiding Dangerous Anthropogenic Interference". Für eine bahnbrechende Klassifizierung von „tipping elements in the earth's climate system" („Wendepunkte im Klimasystem der Erde"), nicht alle davon unbedingt „katastrophal", siehe die gleichnamige Studie von Lenton et al. Die Liste beinhaltet das Schmelzen des arktischen Sommerseeeises, das Schmelzen der Eisdecke auf Grönland, das Schmelzen der westantarktischen Eisdecke, die Abschaltung der atlantischen thermohalinen Zirkulation, immer intensivere El Niños, Veränderungen im indischen Sommermonsun und das Sterben des Regenwaldes am Amazonas. Die Einschätzungen für viele dieser möglichen Wendepunkte gehen auseinander, was ihre Existenz noch viel signifikanter macht. (Siehe die ausführliche Diskussion des Themas Ungewissheit in Kapitel 3.)

Seite 17 – **„Freedriver“-Problem**: Siehe den Eintrag „Trittbrettfahrer und Gratis-Chauffeur“ auf Seite 52 in Kapitel 2.

Seite 18 – **Chinesischer Ruß:** Bradsher und Barboza, „Pollution from Chinese Coal“; Yienger et al., „Episodic Nature“.

Seite 18 – **das wärmste seit Beginn der Aufzeichnungen**: Trotz dieser klaren Trends haben manche auf die sogenannte „Wärmepause“ oder den „Hiatus“ im vergangenen Jahrzehnt verwiesen, was auch in der Presse Resonanz gefunden hat. Siehe beispielsweise: Ogburn, „What's in a Name?“, Ogburn, „Climate Change ‚Pause‘ into Mainstream“ und Voosen, „Provoked Scientists“. Für eine umfassende Analyse der Medienberichterstattung siehe Greenberg, Robbins und Theel, „Media Sowed Doubt“. Die neuesten Forschungen zeigen auf, dass der Rückgang in der Erwärmungsrate gar nicht erst stattfand. Die bisherigen Erkenntnisse zusammengenommen könnten sogar den vermeintlichen Rückgang übererklären („Global Warming: Who Pressed the Pause Button“).

Seite 18 – **US-Studie von 2014**: Siehe Melillo, Richmond und Yohe, „Climate Change Impacts in the United States“.

Seite 18 – **kommenden Arktis-Boom**: Borgerson, „The Coming Arctic Boom“.

Seite 19 – **Jahrzehnten an Temperaturanstiegen**: Wenn die Konzentrationen des Treibhausgases, das bereits in der Atmosphäre ist, auf dem Niveau des Jahres 2000 geblieben wären, würden wir bis 2100 immer noch wahrscheinliche Temperaturanstiege von 0,3 bis 0,9 °C im Vergleich zu 2000 sehen, mit einem Mittelwert von 0,6 °C. Diese Zahl stammt aus dem *IPCC Fourth Assessment Report*, auch zitiert in Kapitel 12 vom *IPCC Fifth Assessment Report*.

Ein vollkommener Stopp aller Emissionen würde die globalen Temperaturen nur sehr langsam wieder verringern. Ramanathan und Feng, „Avoiding Dangerous Anthropogenic Interference“, fassen Arbeiten zusammen, die zeigen, dass nur etwa ein Viertel der globalen Erderwärmung, die wir mit jetzigen Konzentrationen zu erwarten haben, bereits stattgefunden hat. Coumou und Robinson, „Historic and Future Increase“, befinden, dass falls wir alle Emissionen heute stoppen, wir die Landmasse, die von extremen Sommerhitzen betroffen sein wird, bis ins Jahr 2020 immer noch verdoppeln würden. Bis ins Jahr 2040 würde die Fläche vervierfacht werden. Erst nach 2040 wird die Häufigkeit und Stärke der Hitzewellen auf unsere Emissionsreduktionen reagieren.

Selbst die „Luftabsaugung" von Kohlendioxid hat eine lange Verzögerung. Sobald Luftabsaugung großflächig eingesetzt wird, könnte das die Rate von weiteren Klimaveränderungen verringern, aber viele der bis dahin stattgefunden Klimaveränderungen werden tatsächlich irreversibel sein. (Siehe „verschiedensten Gestalten" auf Seite 114 in Kapitel 5 sowie den Eintrag „Badewanne" auf Seite 39 in Kapitel 2.)

Seite 19 – **Jahrhunderten an höheren Meeresspiegeln**: Meehl et al., „Relative Outcomes", beobachten, dass selbst unter aggressiven Emissionsreduktionsszenarien, die die Temperaturen stabilisieren, die Meeresspiegelanstiege für zumindest mehrere Jahrhunderte nicht gestoppt werden können.

Zwei unabhängige Studien zeigen den letztendlichen Kollaps von großen Teilen der westantarktischen Eisdecke auf (Joughin, Smith und Medley, „Marine Ice Sheet Collapse", und Rignot et al., „Widespread, Rapid Grounding Line Retreat"). Es ist mittlerweile schon seit Langem klar, dass die westantarktische Eisdecke in einer immer schnelleren Rate schmilzt. Shepherd et al., „A Reconciled Estimate", schätzen den durchschnittlichen jährlichen Verlust an Masse in der westantarktischen Eisdecke zwischen 1992 und 2000 auf etwa 38 Milliarden Tonnen Eis, zwischen 1993 und 2003 auf 49 Milliarden Tonnen, zwischen 2000 und 2011 auf 85 Milliarden Tonnen und zwischen 2005 und 2010 auf 102 Milliarden Tonnen.

Siehe auch „Abschmelzen Grönlands" auf Seite 65 in Kapitel 3.

Seite 19 – **überflüssigen Kohlenstoffs in der Atmosphäre**: Solomon et al., „Irreversible Climate Change". Die Resultate unterscheiden sich in den verschiedensten Szenarien, aber als Faustregel gilt, dass ungefähr 70 Prozent des „peak enhancement level" über vorindustriellen Werten von 280 ppm auch nach 100 Jahren von null Emissionen noch vorhanden sind, etwa 40 Prozent noch nach 1000 Jahren. Dies bezieht sich auf den Nettoanstieg von Kohlendioxid in der Atmosphäre, nicht das genaue Molekül. Archer et al., „Atmospheric Lifetime", befassen sich mit den zwei oft vermengten Definitionen der „Lebenszeit" von Kohlenstoff und folgern, dass 20 bis 40 Prozent der zusätzlichen Kohlenstoffwerte noch nach Hunderten oder sogar Tausenden Jahren in der Atmosphäre bleiben („2 bis 20 Jahrhunderte"). Das oft zitierte Berner Modell berechnet, dass 20 Prozent des Kohlendioxids auch nach 1000 Jahren noch in der Atmosphäre bleiben (Joos und Bruno, „Short Description"). Der letzte IPCC-Konsensus besagt, dass rund 15 bis 40 Prozent des zusätzlichen Kohlendioxids noch nach über 1000 Jahren in der Atmosphäre bleiben (siehe *IPCC Fifth Assessment Report*, Summary for Policymakers der Working Group I). Jedes Kohlendioxidmolekül hat eine Lebenszeit zwischen 50 und 200 Jahren, gemäß der U. S. Environmental Protection Agency, „Overview of Greenhouse Gases: Carbon Dioxide Emissions". Über die exakte Zahl läuft eine beträchtliche wissenschaftliche Debatte (Inman, „Carbon Is Forever").

Seite 19/20 – **400 Teile pro Million:** 400 ppm ist die Konzentration von Kohlendioxid. Die Konzentrationen anderer Treibhausgase – einschließlich Methan, Stickstoffoxid und industrielle Gase – sind ebenfalls bekannt. Allerdings ist deren Umrechnung in Kohlendioxid-äquivalente Werte voller Unsicherheiten, da sie sich auf einige Annahmen über die relative Strahlungseffizienz verglichen zu Kohlendioxid verlässt und auch auf die verschiedensten atmosphärischen Lebenszeiten der anderen Gase. Die Schätzungen von Kohlendioxid-äquivalenten Konzentrationen gehen von rund 440 bis zu 480 ppm („World Energy Outlook 2013" sowie Butler und Montzka, „NOAA Annual Greenhouse Gas Index"). Siehe auch Monastersky, „Global Carbon Dioxide Levels", für eine detaillierte Beschreibung über den Markstein von 400 ppm.

Wenn man die verschiedensten Kühlungseffekte von Aerosolen miteinbezieht, kommt der gesamte menschliche Einfluss wieder auf rund 400 ppm. Deshalb ist 400 ppm auch ein guter Wert für den gesamten menschlichen Einfluss von *heute*. Allerdings wird der menschliche Einfluss steigen – vielleicht sogar dramatisch –, sobald die Kühlungseffekte von Aerosolen nicht mehr vorhanden sind.

Die Schwierigkeit, alle Gase in Kohlendioxid-äquivalente Werte zu übersetzen, ist einer der Gründe, warum das IPCC den menschlichen Einfluss auf das Klima hauptsächlich in Sachen Strahlungsantrieb beschreibt. Die Summary for Policymakers des *IPCC Fifth Assessment Report* der Working Group I beschreibt den gesamten Strahlungsantrieb durch Menschen seit dem Jahr 1750 mit 2,29 W m^{-2}; ein Niveau, das auch die negativen Werte der Aerosole von 0,9 W m^{-2} miteinbezieht.

Seite 20 – **globalen Durchschnittstemperaturen:** Kapitel 5, „Information from Paleoclimate Archives", des *IPCC Fifth Assessment Report* beschreibt die Fakten über die Gegebenheiten des Pliozäns. Die Temperaturen waren 2 bis 3,5 °C über vorindustriellen Werten.

Seite 20 – **in Kanada lebten Kamele**: Rybczynski et al., „Mid-Pliocene", berichten von Beweisen, dass während des Pliozäns gigantische Kamele in der kanadischen Arktis existiert haben.

Seite 20 – **Jahrzehnte bis Jahrhunderte**: Die technische Unterscheidung wird zwischen einem sogenannten „fast equilibrium“ und der „earth system sensitivity“ getroffen. Obwohl die Zeit hier relativ ist: „Fast“ trifft auf geologische Zeit zu, über Jahrzehnte und sogar ein Jahrhundert oder mehr. Über Jahrhunderte gesehen spielen auch andere Faktoren eine Rolle, zum Beispiel Albedoveränderungen, Veränderungen in biologischen Becken wie etwa Ozeanen und Landökosystemen sowie auch Kohlenstoff- und Methanausstöße durch Temperaturveränderungen. Siehe zum Beispiel Hansen et al., „Target Atmospheric CO_2“, und Hansen und Sato, „Climate Sensitivity“. Previdi et al., „Climate Sensitivity in the Anthropocene“, bauen diese langfristigen Veränderungen in eine Schätzung der „earth system sensitivity“ ein und befinden, dass die Werte doppelt so hoch liegen könnten, bei 6–8 °C für ein Verdoppeln des Kohlendioxids. Diese zusätzlichen Erwärmungen würden allerdings auf viel längere Sicht hin geschehen, über mehrere Jahrtausende. Trotzdem können manche dieser Effekte teilweise schon in diesem Jahrhundert gespürt werden.

Seite 20/21 – **ein Drittel des Meeresanstiegs**: Die Meeresanstiege durch thermale Expansion seit 1993 liegen bei rund 1,1 mm pro Jahr oder 34 Prozent des gesamten Anstiegs von ungefähr 3,2 mm pro Jahr. Der modellierte Beitrag der thermalen Expansion ist höher, bei etwa 1,49 mm pro Jahr seit 1993. Kapitel 13, „Sea Level Change“, des *IPCC Fifth Assessment Report*.

Seite 21 – **weggelassen**: Der IPCC-Bericht aus 2007 inkludierte nur die Effekte der thermalen Expansion in den Prognosen für Meeresspiegelanstiege, nicht die Effekte des Schmelzens polarer Eisflächen (Projections of Future Changes in Climate in Working Group I des *IPCC Fourth Assessment Report*); eine Vernachlässigung, die seither korrigiert worden ist. Die Summary for Policymakers in Working Group I des *IPCC Fifth Assessment Report* aus dem Jahr 2013 beschreibt mehrere Szenarien für die Meeresspiegel. Alle beinhalten die schmelzenden Polarkappen, die in den Prognosen von 2007 gefehlt haben. Schlussendlich prognostiziert der Bericht bei Unterlassen signifikanter Handlungen Meeresanstiege von bis zu einem Meter bis 2100. Siehe Clark, „What Climate Scientists Talk about Now“. Siehe auch „zwischen dreißig Zentimetern und einem Meter“ auf Seite 15.

Seite 21 – **vielleicht sogar angenehm**: Moderate Erwärmung mag tatsächlich echte, quantifizierbare Vorteile bedeuten. Nahezu alleine unter den Klima-Ökonomie-Modellen steht Richard Tols FUND-Modell, das positive globale Vorteile für niedrige und moderate Erwärmungen bis ungefähr 2 °C prognostiziert. Tol berechnet, dass für große Teile des 20. Jahrhunderts die Vorteile der Erwärmung die Nachteile überwogen haben könnten (Tol, „Economic Impact of Climate Change"). Für eine alternative Interpretation der Vorteile durch Klimawandel siehe Kahn, *Climatopolis*.

Die breitere Frage über die ökonomischen Kosten und Vorteile des Klimawandels eröffnet eine weitreichende – und oft äußerst umstrittene – Debatte. Tol, „Correction and Update", fasst 21 Schätzungen der klimatischen Auswirkungen auf den gesellschaftlichen Wohlstand zusammen. Drei dieser Schätzungen, allen voran Tols eigene („Estimates of the Damage Costs"), zeigen keine oder sogar positive ökonomische Auswirkungen des Klimawandels. (Tol, „Estimates of the Damage Costs", berechnet einen signifikanten positiven Einfluss auf Wohlstand durch eine Erwärmung von 1 °C im Rahmen von 2,3 Prozent des globalen Wohlstands. Mendelsohn et al., „Country-Specific Market Impacts", präsentieren zwei zentrale Wohlstandsberechnungen für 2,5 °C globaler Durchschnittserwärmung, beide mit praktisch null Auswirkungen.) Eine weitere Prognose, mit einem negativen zentralen Wert, beinhaltet null im Zuge ihres Konfidenzintervalls. Die anderen 17 Studien weisen wirtschaftliche Kosten, manche oft signifikante, für die verschiedensten Temperaturanstiege aus. Tol schreitet dann weiter, indem er alle 21 Schätzungen in einer Grafik darstellt und die zentrale Kurve nach der Methode der kleinsten Quadrate zeigt, einschließlich dem 95-prozentigen Konfidenzintervall („Correction and Update", Abbildung 2). Als Revidierung seiner eigenen früheren Berechnungen (reproduziert in „Correction and Update" als Abbildung 1) prognostiziert Tol, dass der zentrale Wert der Auswirkungen auf den globalen Wohlstand für jeglichen Temperaturanstieg tatsächlich negativ ist. Selbst die Obergrenze des 95-prozentigen Konfidenzintervalls geht kaum über null, eine klare Abweichung von Tols eigenen früheren Untersuchungen, die hier somit erneuert und korrigiert wurden.

Wir würden auch schnell hinzufügen, dass fast jede der 21 Berechnungen, die in Tol, „Correction and Update", präsentiert werden, nur einen unteren Grenzwert der wahren ökonomischen Kosten darstellen kann. Siehe „wahrscheinlich viel mehr" auf Seite 33 in Kapitel 1 und unsere eingehende Diskussion in Kapitel 3, besonders rund um „1,75 Euro pro Tonne" und „Nordhaus' bevorzugter ‚optimaler' Preis" auf Seite 66 sowie „*Wachstumsrate*" auf Seite 72.

Trotz der signifikanten Kosten für Gesellschaft und Natur ist die Anpassung an niedrige Temperaturanstiege ein breites Phänomen. Dies mag etwa sogar Korallenriffe miteinbeziehen, die oft als Paradebeispiel der negativen Auswirkungen des Klimawandels dargestellt werden: Viele Fische werden abwandern; Korallen können dies nicht. Die neuesten Erkenntnisse zeigen stattdessen Bewältigungsmechanismen selbst bei Korallen (Palumbi et al., „Reef Coral Resistance"). Selbst wenn sich Korallen an leicht höhere Temperaturen anpassen können, muss für maritime Ökosysteme auch mit der erhöhten ozeanischen Versauerung gerecht werden. Siehe „Ozeanische Versauerung" auf Seite 51 in Kapitel 2.

Seite 21 – **zusehends schneller**: Kapitel 2 in Working Group I des *IPCC Fifth Assessment Report* befindet, dass die globale Durchschnittsoberflächentemperatur seit 1901 um ungefähr 0,86 °C angestiegen ist. Ungefähr 0,72 °C oder 81 Prozent dieser Erwärmung fand seit 1951 statt. Der berichtete Durchschnitt von 1951 bis 2012 ist 0,106 bis 0,124 °C pro Jahrzehnt, während der 100-jährige Durchschnitt von 1901 bis 2912 nur 0,075 bis 0,083 °C pro Jahrzehnt beträgt, abhängig vom verwendeten Datensatz. Die U. S. Environmental Protection Agency, „Climate Change Indicators in the United States: U. S. and Global Temperature", zeigt, dass die Anstiegsrate in den USA seit den 1970er-Jahren bei 0,17 bis 0,25 °C pro Jahrzehnt gelegen ist, verglichen mit 0,072 °C pro Jahrzehnt seit 1901.

Etwas Ähnliches gilt für die Meeresanstiege. Die Meereshöhen sind im vergangenen Jahrhundert um etwa 0,2 Meter angestiegen. Der Trend hat sich beschleunigt. Über die vergangenen einhundert Jahre hinweg haben sich die durchschnittlichen Meereslevel um etwa 1,7 Zentimeter pro Jahrzehnt erhöht; über die vergangenen vierzig Jahre waren es 2,0 Zentimeter pro Jahrzehnt; über die vergangenen zwanzig Jahr waren es 3,2 Zentimeter pro Jahrzehnt. Der Trend wird sich in absehbarer Zukunft wahrscheinlich nur mehr weiter beschleunigen. Das IPCC prognostiziert für 2100 eine Bandbreite von 0,3 bis 1 Meter an globalen Durchschnittsanstiegen relativ zum heutigen Niveau, zusätzlich zu den 0,2 Metern, die wir bisher schon beobachtet haben. Siehe „zwischen dreißig Zentimetern und einem Meter" auf Seite 15.

Seite 21 – **Jahrzehnt ohne Erwärmung**: Siehe „das wärmste seit Beginn der Aufzeichnungen" auf Seite 18.

Seite 21 – **0,11 Grad über Land**: Von 2000 bis 2009 war der Temperaturanstieg in den USA über Land 50 Prozent höher als über dem Ozean. Carlowicz, „World of Change". Global hat sich die Bodenlufttemperatur über

Land seit 1979 um 0,25 bis 0,27 °C pro Jahrzehnt erhöht, je nachdem, welcher Datensatz verwendet wird, im Gegensatz zu 0,12 °C pro Jahrzehnt über Ozeanen (Kapitel 2 in Working Group I des *IPCC Fifth Assessment Report*).

Seite 21 – **mehr als doppelt so schnell**: Die Prognose für die Durchschnittserwärmung über der Arktis liegt bei zwischen 2,2 und 2,4 Mal den globalen Durchschnittswerten bis Ende des Jahrhunderts (Kapitel 12 in Working Group I des *IPCC Fifth Assessment Report*).

Seite 23 – **um 0,8 Grad:** Die Summary for Policymakers in Working Group I des *IPCC Fifth Assessment Report* berichtet zwei zentrale Zahlen: 0,85 °C an globalen Durchschnittsoberflächentemperaturanstiegen zwischen 1880 und 2012; und ein Anstieg von 0,78 °C zwischen den Durchschnittswerten von 1850 bis 1900 und 2003 bis 2012. Das 90-prozentige Konfidenzintervall liegt jeweils bei 0,65 bis 1,06 °C sowie 0,72 bis 0,85 °C.

Seite 23 – **700 ppm**: IEA, „World Energy Outlook 2013", nennt dieses Szenario das „New Policies Scenario". Falls wir diesen Prognosen folgen, wo alle Versprechungen für Emissionsreduktionen eingehalten werden, die Unterstützung für den Einsatz erneuerbarer Energien sowie Energieeffizienzmaßnahmen auf oder nahe dem heutigen Niveau gehalten werden und die Welt beginnt, fossile Subventionen gänzlich zurückzuschrauben, dann können wir Kohlendioxid-äquivalente Konzentrationen von 700 ppm bis 2100 erwarten. Die IEA berechnet aufgrund dieser Konzentrationen Temperaturanstiege über vorindustrielle Werte von 3,6 °C, also ein bisschen mehr als unser angenommener Durchschnittsanstieg von 3,4 °C.

Das IPCC ist viel unverbindlicher darin, wie sich die Konzentrationen entwickeln werden. *IPCC Special Report on Emissions Scenarios* stellt vier Gruppen an Szenarien zusammen, mit insgesamt 40 Fällen. Es versieht keines dieser Szenarien mit Wahrscheinlichkeiten. In späteren *Assessment Reports* verwendet das IPCC diese Szenarien, um mögliche zukünftige Treibhausgaskonzentrationen zu prognostizieren. Erschreckenderweise beinhalten diese Szenarien Schätzungen für Kohlendioxid-äquivalente Konzentrationen von bis zu 1550 ppm. Der neueste IPCC-Bericht ist leider nicht viel beruhigender. Er modelliert Szenarien mit Höchstwerten zwischen 500 ppm und bis zu 1500 ppm, verbunden mit Temperaturanstiegen in diesem Jahrhundert zwischen 0,3 und 4,8 °C (Summary for Policymakers in Working Group I des *IPCC Fifth Assessment Report*).

Seite 23 – **Mark Lynas**: Lynas, *Six Degrees*. Er beschreibt in furchterregenden Details, welche Art von Veränderungen wir bei Temperaturanstiegen zwischen 1 und 6 °C erwarten können, beginnend mit dem Verlust von Korallenriffen bis zu extremer Ressourcenknappheit und Massenmigration.

Seite 24 – **HELIX**: Kurz für „High-End cLimate Impacts and eXtremes". Das Projekt begann im November 2013. Siehe www.HELIXclimate.eu.

Seite 24 – **bei zirka zehn Prozent**: Siehe unsere Diskussion in Kapitel 3, besonders „jedenfalls viel mehr Raum" auf Seite 60 und „wissenschaftlicher Abhandlungen" auf Seite 62.

Seite 24 – **kognitiven Dissonanz**: Für die frühesten Arbeiten zum Thema kognitive Dissonanz und eng verwandte Themen siehe Kahneman und Tversky, „Subjective Probability", Kahneman und Tversky, „Prospect Theory", sowie Kahneman, Knetsch und Thaler, „Experimental Tests". Siehe auch Kahneman, *Thinking, Fast and Slow*, das eine umfangreiche und gleichzeitig zugängliche Einführung bietet. Für mehr über die Psychologie des Klimawandels siehe auch Wagner und Zeckhauser, „Climate Policy".

Seite 24 – **gigantische Badewanne:** Guy et al., „Comparing the Atmosphere to a Bathtub", führten eine Studie zum Thema Badewannenanalogie und deren Auswirkungen auf das Verstehen von Kohlendioxidstabilisierung und Präferenzen in Sachen Klimaschutz durch. Sie fanden heraus, dass die Analogie in der Kommunikation mit Nichtexperten effektiv sein kann, um deren Verständnis zum Thema Klimaschutz zu erhöhen. (Sie befragten sowohl Studenten als auch die australische Bevölkerung.) Die Studie zeigte auch, dass die Verwendung der Analogie zu höherer Unterstützung für Klimapolitik führen kann. Es gibt aber viele Facetten. Beispielsweise scheinen Worte zu helfen, Grafiken hingegen nicht. Für mehr über die Badewannenanalogie siehe den Eintrag „Badewanne" auf Seite 39 in Kapitel 2.

Seite 25 – **Genauer genommen**: Sterman, „Risk Communication". Die genaue Frage bezog sich auf zwei Grafiken. Die eine wurde Versuchspersonen gegeben und beinhaltete eine flache Linie für Konzentrationen. Die andere zeigte eine ansteigende Trendlinie für Emissionen und bat Studenten, den zukünftigen Emissionspfad auszufüllen, um stabile Konzentrationen zu erreichen. Eine große Anzahl an Versuchspersonen antwortete so, dass sie Emissionen stabilisierten, anstatt sie auf Nahe null zu bringen, um die Konzentrationen zu stabilisieren.

Seite 25 – **nicht passieren**: Im Allgemeinen hat sich der Nettoabfluss zwischen 1960 und 2010 von ungefähr 8,8 auf 18 Milliarden Tonnen Kohlendioxid pro Jahr verdoppelt (Ballantyne et al., „Increase in Observed Net Carbon Dioxide Uptake“). Das entspricht etwa 50 Prozent des Kohlendioxids, das alljährlich emittiert wird. Mit anderen Worten hat sich der Abfluss aufgrund des erhöhten Wasserstandes ebenso erhöht und das Wasser steigt noch immer. In jüngster Vergangenheit hat sich aber der Anstieg in der Abflussrate durch Ozeane verringert, was möglicherweise auf eine Sättigungsgrenze hinweist (Khatiwala, Primeau und Hall, „Reconstruction of the History“). Dasselbe scheint für europäische Wälder zu gelten (Nabuurs et al., „First Signs“). Reichstein et al., „Climate Extremes“, verweisen auf signifikante Warnungen für die Zukunft.

Seite 25 – **zu jener Zeit letzten IPCC-Bericht**: Siehe die Executive Summary der Working Group I im *IPCC Fourth Assessment Report.*

Seite 27 – **um 80 Prozent gefallen**: Liebreich, „Global Trends“. Niedrigere Herstellungskosten statt kurzfristigere Phänomene zeichnen für den Hauptanteil der jüngsten Preisverfälle verantwortlich (Bazilian et al., „Re-considering the Economics of Photovoltaic Power“).

Seite 27 – **50 Prozent seiner Elektrizität**: Kirschbaum, „Germany Sets New Solar Power Record“.

Seite 27 – **5 Prozent seiner Elektrizität**: Fotovoltaik entspricht etwa 5 Prozent des gesamten Energiekonsums in Deutschland im Jahr 2013 (Franke, „Analysis“). Siehe auch: „Statistic Data on the German Solar Power [Photovoltaic] Industry“.

Seite 27 – **Aus globaler Sicht**: „China's 12GW Solar Market Outstripped All Expectations in 2013“ und „Global Market Outlook for Photovoltaics 2013–2017“. Ein wichtiger Vorbehalt ist dabei, dass die beeindruckenden Solarkapazitätszahlen relativ kleine Kapazitätsfaktoren für Solarenergie verbergen, besonders im Vergleich zu traditionellen Energiequellen wie fossiler, nuklearer oder auch Wasserkraft-Energie. Trotzdem – um beim optimistischen Szenario zu bleiben – folgen die Anstiege in der Energieherstellung ähnlichen Trends wie jene in Sachen Kapazität und die Kapazitätsfaktoren werden sich in Zukunft nur noch weiter verbessern.

Seite 28 – **David Keith**: Siehe Keith, *A Case for Climate Engineering*, Seite 39, sowie viele andere.

Seite 28 – **solide Mehrheit der Amerikaner**: Es ist wahr, dass Umfragen im Allgemeinen Skepsis in Sachen Klimawandel zeigen. Siehe Marlon, Leiserowitz und Feinberg, „Perspectives on Climate Change“, wo 97 Prozent der Klimaforscher, aber nur 41 Prozent der amerikanischen Öffentlichkeit glauben, dass der Klimawandel tatsächlich stattfindet und von Menschen verursacht wird. Nicht überraschend: Amerikaner sind auch vielen klimapolitischen Maßnahmen wie etwa einer Kohlendioxidsteuer gegenüber negativ eingestellt (*Survey Findings on Energy and the Economy*). Allerdings gibt es auch eine Vielzahl von „grünen“ politischen Handlungen, die eine große Mehrheit der Amerikaner (bis zu 75 bis 85 Prozent) gerne sehen würden. Siehe Krosnick, „The Climate Majority“, wo Daten für eine Umfrage der Political Psychology Research Group für das Jahr 2010 zeigen, dass die Amerikaner überwiegend Grenzen für von Unternehmen verursachte Luftverschmutzung unterstützen (86 Prozent). Dasselbe gilt für Initiativen oder Regulierungen, um sparsamere Autos zu produzieren (81 Prozent), Haushaltsgeräte, die weniger Elektrizität verbrauchen (80 Prozent), und Gebäude, die weniger Energie für die Heizung oder Kühlung benötigen (80 Prozent). Darüber hinaus unterstützen junge Menschen mit überwiegenden Mehrheiten die Klimapolitik, gemäß einer jüngsten Umfrage der League of Conservation Voters (Benenson Strategy Group and GS Strategy Group): 80 Prozent der Wähler unter 35 unterstützen Präsident Obamas Klimapolitik. Über die Hälfte der unter 35-jährigen Republikaner würde einen Kandidaten weniger unterstützen, wenn dieser den Climate Action Plan des aktuellen Präsidenten nicht unterstützt. Zu guter Letzt sind gemäß einer Umfrage des Pew Research Center / USA Today 62 Prozent der Amerikaner für strengere Emissionsrichtlinien für Kraftwerke. Die Amerikaner im Allgemeinen sorgen sich allerdings über Klimawandel weniger als viele andere Nationen, gemäß dem Pew Research Center in dessen Studie „Pew Global Attitudes Project“. Nur 40 Prozent der Amerikaner sehen den Klimawandel als eine große Bedrohung für ihr Land. Der globale Durchschnittswert für 39 Länder liegt bei 54 Prozent. Derselbe Wert gilt für Europa.

Seite 29 – **Technologie ist gut**: Der technologische Fortschritt mag aus gutem Grund immer schneller werden. Dies mag auch eine gute Erklärung für jenes auf Ideen basierende Wachstum bieten, das es uns erlauben würde, eine Zukunft zu sehen, die viel mehr entmaterialisiert ist, und das Wachstum trotz planetarer Grenzen ermöglicht. Siehe Weitzman, „Recombinant Growth“.

Seite 29 – **Pferdemist**: Die Pferdemist-Geschichte wurde des Öfteren erzählt, am umfangreichsten von Eric Morris unter dem Titel „From Horse Power to Horsepower", am prominentesten von Steven Levitt und Stephen Dubner in *SuperFreakonomics* und am überzeugendsten von Elizabeth Kolbert in einer Rezension im *New Yorker* über das Klimakapitel dieses Buches („Hosed"). Kolbert stellt glücklicherweise auch einige der Fehlkonzeptionen von *SuperFreakonomics* klar. Diese Anmerkung wurde aus Wagner, *But Will the Planet Notice?*, übernommen (wo ebenso eine Zusammenfassung zu finden ist).

Seite 29 – **Zusätzlich unterschrieb er:** Richard Nixon unterzeichnete den National Environmental Policy Act von 1969 am 1. Jänner 1970. Der „Reorganization Plan No. 3" im Juli 1970 führte zur Etablierung der Environmental Protection Agency im Dezember dieses Jahres. Neben den bereits erwähnten Gesetzen unterzeichnete Nixon auch den Federal Insecticide, Fungicide, and Rodenticide Act (1972), der eine Version aus dem Jahr 1947 ersetzt, den Noise Control Act (1972) sowie den Coastal Zone Management Act (1972).

Seite 30 – **lokale Schadstoffe:** Axelrad et al., „Dose-Response Relationship", befinden, neben vielen anderen Studien, dass der vorgeburtliche Kontakt mit Quecksilber zu einem Verlust an IQ-Punkten führt: ein ungefährer Verlust von 0,18 IQ-Punkten pro 1 ppm Anstieg an Quecksilber in den Haaren der Mutter. Brauer et al., „Air Pollution", beschreiben eine positive Verbindung zwischen kindlichem Kontakt mit Ruß, unter anderen verkehrsbedingten Luftschadstoffen, und einem Risiko von Kindheitsasthma, -allergien sowie von anderen Atemwegsinfektionen. Siehe Altshuller, „Contribution of Chemical Species", und Haagen-Smit, „Los Angeles Smog". Zum Thema Ozon siehe Jerrett et al., „Ozone Exposure and Mortality".

Seite 30 – **Niccolò Machiavelli**: Das Zitat stammt aus Machiavelli, *Der Fürst*, erstmals um 1515 verbreitet und dann im Jahr 1532 nach Machiavellis Tod publiziert.

Seite 30 – **Tod**: Miller, *Coal Energy Systems*, und Rottenberg, *In the Kingdom of Coal*.

Seite 31 – **Ökonomie und Psychologie menschlichen Verhaltens**: Siehe „kognitive Dissonanz" auf Seite 24. Darüber hinaus ist kollektives Handeln vor allem in der Gegenwart von erheblichen Unsicherheiten besonders schwierig. Siehe Barrett, „Climate Treaties", der diesen Punkt theoretisch aufzeigt. Barrett und Dannenberg, „Climate Negotiations", und Barrett und Dannenberg, „Sensitivity of Collective Action", zeigen dies experimentell.

Seite 31 – **Treibhauseffekt**: Siehe den Eintrag „Klimaforschung" auf Seite 46 in Kapitel 2.

Seite 31 – **um die 940 Milliarden Tonnen**: Siehe „Tonnen Kohlendioxid" auf Seite 100 in Kapitel 5.

Seite 31 – **2 ppm**: Anstiegsrate von CO_2Now (http://co2now.org/Current-CO2/CO2-Trend/acceleration-of-atmospheric-co2.html), berechnet mit Daten von Keeling et al., „Exchanges of atmospheric CO_2". Im vergangenen Jahrzehnt (2000 bis 2010) haben sich die Treibhausgaskonzentrationen durchschnittlich um 2,2 Prozent pro Jahr erhöht, schneller als in den drei Jahrzehnten unmittelbar vor 2000 (Summary for Policymakers der Working Group III des *IPCC Fifth Assessment Report*). Die Kohlendioxidemissionen aus fossiler Verbrennung und Zementproduktion alleine haben sich im vergangenen Jahrzehnt um 2,5 Prozent pro Jahr erhöht (Friedlingstein et al., „Persistent Growth of CO_2 Emissions".)

Die Durchschnittszahlen pro Jahrzehnt könnten jüngste Veränderungen im Trend verbergen. Im Jahr 2012 zum Beispiel sind die globalen Kohlendioxidemissionen weniger angestiegen, als sie es durchschnittlich pro Jahr im vergangenen Jahrzehnt getan haben (und das trotz der globalen Rezession in den späten 2000er-Jahren). Mit anderen Worten, der Anstieg im Anstieg der Konzentrationen ging 2012 hinunter. Allerdings sind die Emissionen immer noch um 1,4 Prozent angestiegen (Olivier et al., „Trends in Global CO_2 Emissions"). Darüber hinaus hat sich der hoffnungsvolle Trend im Jahr 2013 nicht fortgesetzt, indem die Emissionen wieder um zirka 2,1 Prozent angestiegen sind (Le Quéré et al., „Global Carbon Budget 2013").

Selbst wenn wir den Anstieg verringern – den Zufluss von Emissionen zu stabilisieren, ist bei Weitem nicht genug. Wir müssen die Konzentrationen stabilisieren (und sie danach herunterbringen). Siehe den früheren Teil rund um das „Das Badewannenproblem", beginnend mit Seite 24, und den Eintrag „Badewanne" auf Seite 39 in Kapitel 2.

Seite 31 – **einen Milliarde**: Chakravarty et al., „Sharing Global CO_2 Emission Reductions".

Seite 31/32 – **über 450 Milliarden Euro pro Jahr**: Siehe „World Energy Outlook: Energy Subsidies" und „World Energy Outlook 2013" für die letzten länderspezifischen Zahlen. Der letzte Bericht verweist auf die Summe von 544 Milliarden US-Dollar, obwohl er auch Rückgänge sowohl in China als auch in Indien erwähnt. Die globalen Kohlendioxidemissionen liegen bei über 30 Milliarden Tonnen (World Resource Institute's Climate Analysis Indicators Tool). Das bringt den Durchschnitt auf über 15 Dollar oder 13 Euro pro Tonne Kohlendioxid. Siehe Clements et al., *Energy Subsidy Reform*, für weitere Schätzungen (480 Milliarden Dollar im Jahr 2011 für alle Energiesubventionen) sowie auch für weitere Lehren und Auswirkungen.

Vergleichen wir diese Subventionen mit impliziten Kohlendioxidpreisen in bestimmten Ländern durch andere Formen von Regulierung. Vivid Economics, „Implicit Price of Carbon", berechnet die impliziten Kohlendioxidpreise im Elektrizitätssektor in Australien, Südkorea, China, Japan, Großbritannien und den USA. Die Preise reichen von 0,50 $ in Südkorea bis zu 28,46 $ in Großbritannien. Der Preis in den USA wird auf rund 5 $ pro Tonne Kohlendioxid geschätzt, ungefähr gleich den direkten und indirekten fossilen Subventionen von rund 3 $ pro Tonne (Die OECD, „Fossil Fuel Subsidies", berechnet, dass die fossilen Subventionen in den USA im Jahr 2010 auf insgesamt zirka 16,3 Milliarden Dollar kommen).

Tabelle 3 in Aldy und Pizer, „Comparability of Effort in International Climate Policy Architecture", präsentiert Kohlendioxidpreise als Teil von verschiedensten Energie- und Klimamaßnahmen in gewissen Ländern, von Emissionshandelssystemen wie der Regional Greenhouse Gas Initiative (RGGI) in den USA mit einem Preis von unter 3 $ bis zu deutschen Stromabnahmepreisen für Solarenergie, die auf über 750 $ pro Tonne Kohlendioxid kommen.

Seite 32 – **Subventionen für Treibstoffe stoppte**: „Nigeria Restores Fuel Subsidy to Quell Nationwide Protests".

Seite 32 – **„Pigou-Steuer"**: Pigou selbst schrieb über Kaninchen, nicht über Verschmutzung (Pigou, *The Economics of Welfare*). Aber das Prinzip ist dasselbe.

Während Pigou-Steuern tatsächlich das effizienteste wirtschaftspolitische Instrument sind, eröffnen sie auch mögliche Probleme der Umverteilung. Siehe zum Beispiel Sterner, *Fuel Taxes*, das die Frage der Umverteilung in Sachen Benzinsteuer bespricht.

Seite 33 – **wahrscheinlich viel mehr**: Die exakte Zahl aus der ersten Tabelle im „Technical Update of the Social Cost of Carbon for Regulatory Impact Analysis under Executive Order 12866" für eine Tone Kohlendioxid, emittiert im Jahr 2015, mit einem 3-prozentigen Diskontsatz, ist 37 $. Für 2020 ist die Zahl 43 $; für 2030 ist sie 52 $. Alle Zahlen sind in realen Dollar auf Stand 2007. Die Zahl von 37 $ wäre in heutigen Dollar näher an 40 $

oder um die 35 Euro. Die Anstiege von 37 auf 43 und 52 $ unterstreichen den Punkt, dass die Schäden durch eine Tonne Kohlendioxid vor allem durch die in der Atmosphäre vorhandene Konzentration zustande kommen. Je mehr bereits dort ist, desto höher sind die Schäden einer weiteren Tonne.

Das Dokument repräsentiert die Zahlen der US-Regierung, publiziert am 1. November 2013. Diese stellen einen signifikanten Anstieg gegenüber den Zahlen aus dem Jahr 2010 dar. Damals war die zentrale Zahl 24 $ für eine Tonne Kohlendioxid, emittiert im Jahr 2015. Tabelle 1 des „Technical Update" fasst die wichtigsten Faktoren zusammen, die zu diesem Anstieg zwischen den Versionen aus den Jahren 2010 und 2013 geführt haben. Für DICE waren sie ein neues Carbon-Cycle-Modell und eine explizite Darstellung der Schäden durch die Meeresspiegelanstiege.

Siehe auch Greenstone, Kopits und Wolverton, „Developing a Social Cost of Carbon", für eine detaillierte Beschreibung der Arbeit der Interagency Working Group, die mit der Zahl für 2010 aufwartete. Kurz gesagt sind die US-Zahlen das Resultat eines vieljährigen regierungsweiten Prozesses, basierend auf drei etablierten Modellen. Unter den prominentesten dieser Modelle ist DICE von Bill Nordhaus, Yale University. Für mehr siehe den Eintrag „Ökonomisches Klimamodell DICE" auf Seite 50 in Kapitel 2 und die Diskussion um „1,75 Euro pro Tonne" und „Nordhaus' bevorzugter ‚optimaler' Preis" auf Seite 66 in Kapitel 3.

Für eine detaillierte Analyse der spezifischen Modellierungsdefizite siehe Kopp und Mignone, „Social Cost of Carbon Estimates". Van den Bergh und Botzen, „Lower Bound", argumentieren für eine Zahl von zumindest 125 $ pro Tonne Kohlendioxid. Für eine Kritik der integrierten Assessment-Modelle („Integrated Assessment Models") siehe zwei prominente Beispiele: Pindyck, „Climate Change Policy: What Do the Models Tell Us?", und Stern, „Structure of Economic Modeling". Pindycks Antwort auf die Frage im Titel ist: „Sehr wenig." Stern ist ähnlich vorsichtig dazu, dass uns die ökonomischen Klimamodelle die ganze Geschichte aufzeigen. Sowohl Pindyck als auch Stern folgern allerdings auch, dass die Zahl von 40 $ der Interagency Working Group ein guter Ausgangspunkt wäre. Stern deklariert sie als „far better than zero" – „viel besser als null". Zu guter Letzt siehe für ein Argument, das die Sozialkostenrechnung mit fetten Schwänzen in Verbindung bringt – das Thema unseres Kapitels 3: Weitzman, „Fat Tails and the Social Cost of Carbon".

Seite 33 – **8 Eurocent pro Liter Benzin** = 35 Dollarcents pro Gallone Benzin. Die EPA schätzt, dass jede Gallone Benzin durchschnittlich 0,00892 Tonnen Kohlendioxid versursacht. 40 $ pro Tonne sind daher 35,68 Dollarcents pro Gallone. „Clean Energy: Calculations and References“.

Seite 33 – **Markt für Kohlendioxid**: Emissionshandel wurde zuerst von Dales, *Pollution, Property, and Prices*, eingeführt. Die USA haben Emissionshandel als Hilfe für die Vermeidung von Fluorchlorkohlenwasserstoffen (FCKW) unter dem Montreal-Protokoll herangezogen sowie auch, um Quecksilber aus Benzin zu verbannen und – am bekanntesten – um Schwefeldioxid aus amerikanischen Schornsteinen zu verbannen und dem Waldsterben Einhalt zu gebieten.

Seite 33 – **genau dasselbe Ergebnis**: Siehe Weitzman, „Prices vs. Quantities“, für ein theoretisches Argument rund um die Minimierung von Wohlstandsverlusten durch Ungewissheiten. Newell und Pizer, „Regulating Stock Externalities under Uncertainty“, erweitern das Resultat, indem sie den Fall eines Stock-Schadstoffes wie Kohlendioxid behandeln.

Seite 33 – **endlose Debatten:** Für eine jüngste akademische Debatte über Steuern versus Emissionshandel siehe Keohane, „Cap and Trade, Rehabilitated“, für das Pro-Emissionshandel-Argument, und Metcalf, „Designing a Carbon Tax“, für das Pro-Steuern-Argument. Für einen Überblick über die Debatte siehe Goulder und Schein, „Carbon Taxes vs. Cap and Trade“.

Seite 34 – **Obergrenze für Emissionen**: Siehe Keohane und Wagner, „Judge a Carbon Market“.

Seite 34 – **Kosten oft dramatisch senken**: Siehe unter anderem Meng, „Estimating Cost of Climate Policy“.

Seite 35 – **entgegenwirkt**: Siehe Weitzman, „Negotiating a Uniform Carbon Price“.

Seite 37 – **wie effizient:** Karplus et al., „Vehicle Fuel Economy Standard“, blicken auf die Wirtschaftlichkeit des Kraftstoffverbrauchs im Vergleich zu Emissionsobergrenzen. Sie berechnen, dass die US-CAFE-Standards zwischen 6 und 14 Mal so viel kosten wie eine Benzinsteuer, um dieselben Reduktionen zu erreichen. Siehe auch Fischer, Harrington und Parry, „Automobile Fuel Economy Standards“, für einen guten Überblick. Siehe Jacobsen, „Evaluating U. S. Fuel Economy Standards“, sowie Klier und Linn, „New-Vehicle Characteristics“, für neuere Kostenberechnungen für bestimmte CAFE-Ziele. Für einen Überblick über die Effekte von Benzinsteuern siehe Sterner, *Fuel Taxes*.

Siehe 37 – **Reform des Elektrizitätsnetzes:** Bill Hogan von der Harvard University ist ein Pionier auf diesem Gebiet. Siehe beispielsweise Hogan, „Scarcity Pricing". Für einen guten Überblick über Stromnetzreformen siehe Fox-Penner, *Smart Power*.

Kapitel 2. Auskunft

Seite 40 – **5 Teile pro Million (ppm)**: Für die Originaldaten siehe Mauna Loa Observatory, http://www.esrl.noaa.gov/gmd/obop/mlo. Siehe auch „2 ppm" auf Seite 31 in Kapitel 1.

Seite 40 – **700 ppm**: Siehe „700 ppm" auf Seite 23 in Kapitel 1.

Seite 40 – **400 ppm**: Siehe „400 ppm" auf Seite 23 in Kapitel 1.

Seite 41 – **Einige Unternehmen**: Siehe Gunther, *Suck It Up*.

Seite 41 – **teurer**: Eine mögliche Technologie könnte die Formel umdrehen, zumindest in Hinblick auf jene Technologien, die Kohlendioxid entfernen: Das eingefangene Kohlendioxid könnte unter die Erde gepumpt werden und dort dabei helfen, wieder mehr Öl zu fördern. Dies wird als „enhanced oil recovery" – „sekundäre Ölfördertechniken" – bezeichnet. Es würde Kohlendioxid potenziell zu einer wertvollen Ware machen. Die Ironie – wenn dies der richtige Begriff ist – dabei ist, dass es auch zu mehr Emissionen führen würde.

Seite 42 – **Vielleicht auch nicht**: Der Planet erlebt noch nie dagewesene Raten von technologischem Fortschritt, und aus gutem Grund (siehe beispielsweise Weitzman, „Recombinant Growth"). Morris, *Why the West Rules – for Now*, nimmt diese Tatsache auf und beendet sein Magnum Opus mit einer wichtigen Debatte, die sich nicht mit der Titelfrage befasst, ob der Westen oder China die Zukunft bestimmen werden. Stattdessen spricht Morris von einer klaren Wahl zwischen „Singularität" und „Nightfall": wie man existenzielle Risiken wie den Klimawandel vermeiden kann und in Richtung des Ersteren steuern kann.

Seite 43 – **am erfolgreichsten:** Siehe van Benthem, Gillingham und Sweeney, „Learning-by-Doing".

Seite 43 – **Förderungen für fossile Energiestoffe**: Siehe „über 450 Milliarden Euro pro Jahr" auf Seite 31/32 in Kapitel 1.

Seite 44 – **gezielte Subventionen**: Für eines der besten Argumente für den Subventionsansatz siehe Acemoglu et al., „The Environment and Directed Technical Change".

Seite 44 – **eine scheinbare Ausnahme**: Jensen und Miller, „Giffen Behavior and Subsistence Consumption".

Seite 45 – **Jahrhunderte und Jahrtausende**: Siehe „überflüssigen Kohlenstoffs in der Atmosphäre" auf Seite 19 in Kapitel 1.

Seite 45 – **über 10 Meter**: Siehe „Abschmelzen Grönlands" auf Seite 65 in Kapitel 3.

Seite 45 – **zehn Prozent:** Siehe zum Beispiel McGranahan, Balk und Anderson, „The Rising Tide"; Anthoff et al., „Global and Regional Exposure"; Rowley et al., „Risk of Rising Sea Level".

Seite 45 – **mit Kohlendioxid verknüpft**: Siehe zum Beispiel Shoemaker und Schrag, „Overvaluing Methane's Influence", und Solomon et al., „Atmospheric Composition". Siehe auch „Jahrzehnten an Temperaturanstiegen" und „überflüssigen Kohlenstoffs in der Atmosphäre" auf Seite 19 in Kapitel 1.

Seite 46 – **durch eine Kohlendioxidsteuer oder durch ein Emissionshandelsgesetz**: Für eine Gegenüberstellung der beiden siehe Seite 33/34 in Kapitel 1.

Seite 46 – **1824**: In den 1820er-Jahren berechnete Joseph Fourier, dass die Erde in Bezug auf ihre Distanz von der Sonne viel kühler sein sollte, als sie es tatsächlich ist. Unter den möglichen Erklärungen für die Extra-Wärme wies Fourier auf die Atmosphäre hin und darauf, dass sie als Art Isolator fungiert. (Fourier, „Remarques generals". Die Studie wurde drei Jahre später mit wenigen Veränderungen erneut publiziert: Fourier, „Les Temperatures".)

Seite 46 – **1859**: John Tyndall erweiterte Fouriers Arbeit, als er seine Laborexperimente im Jänner 1859 begann („John Tyndall"). Die bahnbrechende Abhandlung, die zeigte, dass Gase einschließlich Wasserdampf und Kohlendioxid Wärme in der Atmosphäre einfangen können, wurde 1861 publiziert (Tyndall, „On the Absorption and Radiation of Heat").

Seite 46 – **1896**: Svante Arrhenius demonstrierte als Erster den Treibhauseffekt und berechnete die Klimasensitivität – nämlich was mit den Temperaturen passiert, wenn sich die Kohlendioxidkonzentrationen verdoppeln (Arrhenius, „On the Influence of Carbonic Acid"). Arrhenius berechnete eine Klimasensitivität von 5 bis 6 °C, größer als die heutigen Werte zwischen 1,5 und 4,5 °C, die in den 1970er-Jahren etabliert wurden (Charney et al., „Carbon Dioxide and Climate"). Siehe die umfassende Diskussion zum Thema Klimasensitivität in Kapitel 3.

Seite 46 – **Klimasensitivität:** Siehe „Jahrzehnte bis Jahrhunderte“ auf Seite 20 in Kapitel 1 und auch Knutti und Hegerl, „Equilibrium Sensitivity“. Siehe Kapitel 3 für die Geschichte rund um die Berechnung der Klimasensitivität und deren wichtige Auswirkungen.

Seite 48 – **60 Prozent der globalen Emissionen**: Berechnet für 2010, mithilfe von Daten des World Resource Institute Climate Analysis Indicators Tool.

Seite 49 – **Bücher**: Sunstein, „Of Montreal and Kyoto“, und die spätere Adaptierung in Sunstein, *Worst-Case Scenarios*, beschreiben die Geschichte und eine Analyse der Montreal- und Kyoto-Protokolle. Sunstein liefert einige Gründe, warum Montreal ein Erfolg war, während Kyoto kaum ein Schritt in die richtige Richtung war. Insbesondere argumentiert er, dass sowohl Erfolg als auch Misserfolg vor allem mit Kosten-Nutzen-Berechnungen in den USA zusammenhingen. Für einen ausgezeichneten Blick auf das Montreal-Protokoll von einem, der es mitverhandelt hat, siehe Benedick, *Ozone Diplomacy*. Barrett, *Environment and Statecraft*, verwendet teilweise den Erfolg des Montreal-Protokolls, um eine Theorie zu internationalen Umweltverhandlungen aufzustellen; dazu, was sie erfolgreich macht und warum sie oft nicht erfolgreich sind.

Seite 50 – **Ökonomisches Klimamodell DICE**: Bill Nordhaus hat DICE erstmals 1991 vorgestellt. Ein späterer Ableger, RICE, inkludiert regionale Unterschiede. Siehe zum Beispiel Nordhaus, „To Slow or Not to Slow“, und, am bekanntesten, Nordhaus, „Optimal Transition Path“. Für die umfassendste Beschreibung zu jener Zeit siehe Nordhaus, „Optimal Greenhouse Gas Reductions“. Für die neueste, umfassendste Beschreibung seiner Arbeit siehe Nordhaus, *Climate Casino*. Für ein späteres Update siehe Nordhaus, „Estimates of the Social Cost of Carbon“, das auf einen Preis von 18,6 $ pro Tonne Kohlendioxid, emittiert im Jahr 2015 (in Dollar auf Stand 2005), kommt. Für weitere eingehende Diskussionen siehe „wahrscheinlich viel mehr“ auf Seite 33 in Kapitel 1 sowie die Diskussion auf Seite 66 in Kapitel 3 rund um „1,75 Euro pro Tonne“ und „Nordhaus’ bevorzugter ‚optimaler‘ Preis“.

Seite 51 – **Ozeanische Versauerung**: Der Bericht „Economics of Ocean Acidification“, von einem internationalen Workshop der International Atomic Energy Agency im Jahr 2012 erstellt, liefert einen Überblick über das Thema, während IGBP, IOC, SCOR, „Ocean Acidification Summary for Policymakers“, die Wissenschaft des Phänomens diskutieren. Für eine gute Zusammenfassung von beidem siehe „Acid Test“. Für mehr über das marine Sterben vor 56 Millionen Jahren siehe Thomas, „Biogeography of the Late Paleocene". Zu dieser Zeit gab es kein vergleichbares Massensterben in der terrestrischen Biosphäre. Cui et al., „Slow Release of Fossil Carbon", zeigen, wie die Höchstrate des Kohlendioxidausstoßes in die Atmosphäre vor 56 Millionen Jahren viel langsamer war, als sie es heute ist.

Seite 52 – **„Alkalinitätbeimengung"**: Siehe Harvey, „Mitigating the Atmospheric CO_2 Increase", für eine umfassende Diskussion über die Zuführung von Kalksteinpulver in Ozeane. Siehe Rau, „CO_2 Mitigation", für eine alternative Methode. Royal Society, „Geoengineering the Climate", beinhaltet eine kurze Diskussion und setzt sie in einen weiteren Kontext.

Seite 52 – **Kern des globalen Problems**: Für eine der ersten und am häufigsten zitierten Abhandlungen siehe Hardin, „Tragedy of the Commons".

Seite 54 – **Vulkans Tambora:** Stothers, „The Great Tambora Eruption", schätzt einen durchschnittlichen Temperaturrückgang in der nördlichen Hemisphäre von 0,4 bis 0,7 °C. Für eine detaillierte Beschreibung der Eruption und ihrer diversen Auswirkungen siehe Klingman und Klingman, *The Year without a Summer*, sowie Stommel, *Volcano Weather*.

Kapitel 3. Am Ende kommt's dick

Seite 57 – **„eher wahrscheinlich als nicht"**: Das IPCC versucht, einfache englische Ausdrücke für Wahrscheinlichkeitsdarstellungen zu verwenden: „more likely than not" – „eher wahrscheinlich als nicht" – bedeutet eine Wahrscheinlichkeit von größer als 50 Prozent; „likely" – „wahrscheinlich" – bedeutet größer als 66 Prozent (nicht zwei Drittel, also 67 Prozent); „very likely" – „sehr wahrscheinlich" – bedeutet größer als 90 Prozent; „extremely likely" – „extrem wahrscheinlich" – bedeutet größer als 95 Prozent. Diese Ausdrücke wurden für die Wahrscheinlichkeiten menschlichen Einflusses auf das Klima im *Second, Third, Fourth* beziehungsweise *Fifth Assessment Reports* des IPCC verwendet. Gemäß Engber, „You're Getting Warmer", beinhaltete eine frühere Version des *Fourth Assessment Report* die höchste Kategorie, „virtually certain" – „praktisch sicher" –, was eine Wahrscheinlichkeit von über 99 Prozent bedeutet, bevor sich die Forscher auf „very likely" einigten. Engber diskutiert die Geschichte und Auswirkungen der IPCC-Wahrscheinlichkeitsbeschreibungen. Für die neuesten formalen Kategorien siehe Mastrandrea et al., „IPCC AR5 Guidance Note". Für mehr über die Geschichte und die wissenschaftlichen

Grundlagen siehe Giles, „Scientific Uncertainty“. Für einen Überblick darüber, wie die Wahrscheinlichkeitsbeschreibungen wahrgenommen (und oft falsch ausgelegt) werden, siehe Budescu et al., „Interpretation of IPCC“.

Seite 57 – **in das 19. Jahrhundert zurückgehen**: Siehe „Klimaforschung“ auf Seite 46 in Kapitel 2. Für mehr über die Geschichte und die Zukunft siehe Roston, *The Carbon Age*.

Seite 58 – **Wally Broecker**: Broecker, „Climatic Change“.

Seite 58 – **wenigen gesicherten Fakten**: Stocker, „Closing Door“, und Matthews et al., „Proportionality of Global Warming“, gehören zu den aktuellsten Studien, die die proportionale Verknüpfung zwischen gesamter Erwärmung und kumulativen Emissionen herstellen.

Seite 59 – **Klimasensitivität**: Siehe den Eintrag „Klimasensitivität“ auf Seite 46 in Kapitel 2.

Seite 59 – **400 ppm**: Das ist die Konzentration von Kohlendioxid. Einschließlich anderer Treibhausgase (ohne Aerosole) liegen die Kohlendioxid-äquivalenten Konzentrationen bei 440 bis 480 ppm, je nach Quelle. Siehe „400 Teile pro Million“ auf Seite 19/20 und auch „2 ppm“ auf Seite 31 in Kapitel 1.

Seite 59 – **700 ppm**: Siehe „700 ppm“ auf Seite 23 in Kapitel 1.

Seite 59 – **US-amerikanischen Akademie der Wissenschaften:** Charney et al., „Carbon Dioxide and Climate“.

Seite 59 – **wissenschaftliches Genie**: Gavin Schmidt erzählt die Geschichte auf RealClimate.org, einer ausgezeichneten Quelle für die neuesten Klimaforschungsberichte (Schmidt und Rahmstorf, „11 °C Warming“).

Seite 59 – **das „wahrscheinliche“ Intervall**: Bis 1990 war das IPCC-Intervall noch immer 1,5–4,5 °C. Selbiges galt 1995 und 2001. Im Jahr 2007 wurde das Intervall ein bisschen reduziert, allerdings in die „falsche“ Richtung: auf 2–4,5 °C. Im Jahr 2013, dem neuesten IPCC-Assessment-Bericht, stand das Intervall wieder bei 1,5–4,5 °C. Für die relevanten Teile der IPCC-Berichte siehe Working Group 1, Kapitel 5, im *IPCC First Assessment Report*, Section B: Climate Modelling, Climate Prediction and Model Validation im *IPCC Climate Change 1992* Supplementary Report, Working Group I des *IPCC Second Assessment Report*, Working Group I des *IPCC Third Assessment Report*, Working Group I des *IPCC Fourth Assessment Report* und Working Group I des *IPCC Fifth Assessment Report*.

Unser Vertrauen in dieses Intervall ist mit der Zeit gestiegen. Insbesondere gemäß Working Group I des *IPCC Fifth Assessment Report*, TFE.6: „confidence today is much higher as a result of high quality and longer observational records with a clearer anthropogenic signal, better process understanding, more and better understood evidence from paleoclimate reconstructions, and better climate models with higher resolution that capture many more processes more realistically." (Siehe auch Working Group I des *IPCC Fifth Assessment Report,* Box 12.2). Trotzdem hat sich das IPCC entschieden, das Intervall „wahrscheinlich" (66 Prozent Wahrscheinlichkeit) statt „sehr wahrscheinlich" (90 Prozent) zu nennen.

Der Stand der Dinge könnte sogar schlechter sein als zuvor. Im Jahr 1990 hat das IPCC eine „beste Schätzung" von 2,5 °C innerhalb des weiteren Intervalls gewagt. Im Jahr 2007 war der „wahrscheinlichste" Wert 3 °C. Das ist nicht der mit Sicherheit bestehende Wert, auch nicht der eigentliche Durchschnitts- oder Mittelwert, aber zumindest eine einzelne Zahl – wenn auch eine hohe. Im Jahr 2013 hat das IPCC kein Urteil in Sachen wahrscheinlichster Wert abgegeben. Das IPCC hat andere Warnungen hinzugefügt, vor allem, dass der Wert mit weniger als 5-prozentiger Wahrscheinlichkeit unter 1 °C und mit weniger als 10-prozentiger Wahrscheinlichkeit über 6 °C liegt. Siehe „jedenfalls viel mehr Raum" auf Seite 60 und „eher wahrscheinlich als nicht" auf Seite 57 für eine Definition des „wahrscheinlichen" Intervalls selbst.

Seite 59 – **definiert „wahrscheinlich"**: Siehe „eher wahrscheinlich als nicht" auf Seite 57 sowie auch die vorhergehende Anmerkung.

Seite 60 – **jedenfalls viel mehr Raum**: Der neueste IPCC-Bericht beinhaltet mehr Details. Er beschreibt alles unter 1 °C als „extrem unwahrscheinlich" (0–5 Prozent) und alles über 6 °C als „sehr unwahrscheinlich" (0–10 Prozent) (Summary for Policymakers der Working Group I im *IPCC Fifth Assessment Report*). Die zweite Zeile in dieser Tabelle übersetzt die IPCC-Statements in eigentliche Wahrscheinlichkeiten für verschiedene Klimasensitivitäten:

Klima-sensitivität	*< 0 °C*	*< 1 °C*	*< 1,5 °C*	*< > 2,6 °C*	*> 3 °C*	*> 4,5 °C*	*> 6 °C*
IPCC (2013)	Keine Daten	0–5 %	(„wahrscheinlich" zwischen 1,5 und 4,5 °C)				0–10 %
Unsere Kalibrierung	0 %	1,7 %	11 %	50 %	37 %	11 %	3,1 %
			(78 % Wahrscheinlichkeit zwischen 1,5 und 4,5 °C)				

Wir haben eine Log-Normalverteilung kalibriert, indem wir eine 11-prozentige Wahrscheinlichkeit für Werte über 4,5 °C und eine 11-prozentige Wahrscheinlichkeit für Werte unter 1,5 °C annahmen. In diesem Sinne haben wir das IPCC so konservativ wie möglich interpretiert. Das IPCC sagt beispielsweise, dass ein Wert über 6 °C „sehr unwahrscheinlich" ist. Das ist eine Wahrscheinlichkeit von 0 bis 10 Prozent – 5 Prozent als Mittelpunkt. Falls die IPCC-Autoren allerdings 5 Prozent sagen hätten wollen, hätten sie „extrem unwahrscheinlich" wählen können. Mit den Worten „sehr unwahrscheinlich" hätten sie tatsächlich eine Wahrscheinlichkeit von zwischen 5 und 10 Prozent – oder 7,5 Prozent als Mittelpunkt – meinen können. Auf jeden Fall hat unsere Kalibrierung eine Wahrscheinlichkeit von etwas mehr als 3 Prozent für die Wahrscheinlichkeit, dass die Klimasensitivität größer als 6 °C ist – eine „konservative" Zahl also, die weiter unter 7,5 Prozent liegt.

Unsere Interpretation des „wahrscheinlichen" Intervalls folgt einer ähnlichen Logik. Das IPCC definiert „wahrscheinlich" als zwischen 66 und 100 Prozent. Allerdings hätten die Autoren „sehr wahrscheinlich" wählen können, wenn sie eine Wahrscheinlichkeit über 90 Prozent gemeint hätten. Zum Vergleich siehe Mastrandrea et al., „IPCC AR5 Guidance Note". Die Autoren hätten also einen Wert zwischen 66 und 90 Prozent meinen können. Wir teilen die Distanz und verwenden eine 78-prozentige Wahrscheinlichkeit sowie je eine 11-prozentige Chance darunter und darüber.

Unser Mittelwert ist 2,6 °C. Die am öftesten zitierte Zahl ist 3 °C (5,8 °F) und ist näher an der Zwei-Drittel-Marke. Wir nehmen eine 63-prozentige Wahrscheinlichkeit an, dass die Klimasensitivität unter 3 °C liegt, sowie eine 37-prozentige Wahrscheinlichkeit für darüber. Letzterer Wert wird in der Tabelle erwähnt. Die anderen Werte befinden sich alle in der untersten Reihe der Tabelle.

Jüngste Berichte in *Science* und *Nature* haben argumentiert, dass die Klimasensitivität eher über 3 °C als darunter liegt. Fasullo und Trenberth, „A Less Cloudy Future", befinden, dass Modelle mit niedrigeren Klimasensitivitäten nur unvollständig Alebdoveränderungen durch Wolken beinhalten. Sherwood, Bony und Dufresne, „Spread in Model", greifen diese Idee auf und argumentieren, dass die Klimasensitivität daher über 3 °C sei.

Seite 60 – **Flasche Champagner**: Viele Analysen befassen sich mit der delikaten Wissenschaft, die einer guten Flasche Champagner zugrunde liegt. Die durchschnittliche 750-ml-Flasche beinhaltet 9 g Kohlendioxid und emittiert ungefähr 5 Liter, wenn sie geöffnet wird (Liger-Belair, Polidori und Jeandet, „Science of Champagne Bubbles"). Das beinhaltet freilich nicht die 200.000 Tonnen, die alljährlich ausgestoßen werden, um Champagner rund um die Welt zu transportieren (Alderman, „A Greener Champagne Bottle"). Eine Art, den Verlust von gelöstem Kohlendioxid in einer Flasche Champagner zu minimieren, ist es, sie wie eine Flasche Bier auszugießen – an die Seitenwand des Glases anstatt direkt auf den Glasboden. Es mag nicht so schön aussehen, aber Forscher versichern uns, dass das Getränk dadurch umso besser schmeckt (Liger-Belair et al., „Losses of Dissolved CO_2"). Ironischerweise könnte der feierliche Champagner nicht so gut schmecken, als wenn wir keinen Grund zur Feier hätten. Es ist nämlich zu erwarten, dass sich die Weinqualität in der Region Champagne in Frankreich durch den Klimawandel noch erhöhen wird (Jones et al., „Global Wine Quality").

Seite 61 – **„fetten Schwanz"**: Die technische Definition eines „fat tail" – eines „fetten Schwanzes" – ist eine Verteilung, die sich null polynomisch oder langsamer annähert. Umgekehrt ist die technische Definition eines „thin tail" – eines „dünnen Schwanzes" – eine Verteilung, die sich null exponentiell oder schneller annähert. Eine Log-Normalverteilung, die wir hier verwenden, liegt zwischen dünn und fett. Manche Definitionen nennen sie „heavy tailed" – „mit einem schweren Schwanz": weder dünn noch fett. Eine Log-Normalverteilung nähert sich null schneller an als polynomisch. aber langsamer als exponentiell.

All dies führt dazu, dass unsere Kalibrierung relativ konservativ ist, verglichen mit den IPCC-Zahlen. Wir haben für eine Klimasensitivität über 6 °C eine Wahrscheinlichkeit von etwas über 3 Prozent. Das ist vergleichbar mit dem „sehr unwahrscheinlichen" Intervall des IPCC von 0 bis 10 Prozent. Siehe „jedenfalls viel mehr Raum" auf Seite 60.

Seite 62 – **wissenschaftlicher Abhandlungen**: Der konzeptuelle Ausgangspunkt für unsere Berechnungen, die zur unten stehenden Tabelle führen, ist Weitzman, „Modeling and Interpreting the Economics". Eine weitere Ausarbeitung findet sich in Weitzman, „Fat-Tailed Uncertainty". Eine Version, die dieser Tabelle gleich sieht, mit Berechnungen von drei verschiedenen Verteilungen und basierend auf dem *IPCC Fourth Assessment Report*, erschien in Weitzman, „GHG Targets as Insurance". Diese Version repräsentiert eine Log-Normalverteilung für Klimasensitivität wie beschrieben in „jedenfalls viel mehr Raum" auf Seite 60:

CO_2e-Konzentrationen (ppm)	*400*	*450*	*500*	*550*	*600*	*650*	*700*	*750*	*800*
Temperaturanstieg für durchschnittliche Klimasensitivität (= 3 °C)	1,5 °C	2,1 °C	2,5 °C	2,9 °C	3,3 °C	3,6 °C	4,0 °C	4,3 °C	4,5 °C
Temperaturanstieg für mittlere Klimasensitivität (= 2,6 °C)	1,3 °C	1,8 °C	2,2 °C	2,5 °C	2,7 °C	3,2 °C	3,4 °C	3,7 °C	3,9 °C
Chance von > 6 °C, mit 2–4,5 °C als „wahrscheinlichem" Intervall (mit 70 % Wahrscheinlichkeit)	0,03 %	0,3 %	1,3 %	3,3 %	6,3 %	10,2 %	14,4 %	19,2 %	23,9 %
Chance von > 6 °C, mit 1,5–4,5 °C als „wahrscheinlichem" Intervall (mit 70 % Wahrscheinlichkeit)	0,2 %	1,1 %	2,8 %	5,2 %	8,1 %	11,3 %	14,6 %	18,0 %	21,3 %
Chance von > 6 °C, mit 1,5–4,5 °C als „wahrscheinlichem" Intervall (mit 78 % Wahrscheinlichkeit)	0,04 %	0,3 %	1,2 %	2,7 %	4,9 %	7,6 %	10,6 %	13,9 %	17,3 %

Reihe 1 zeigt die Konzentrationen für endgültige Kohlendioxid-äquivalente (CO_2e) Werte. Reihe 2 zeigt die endgültigen Temperaturanstiege basierend auf Konzentrationen und einer angenommenen Klimasensitivität von 3 °C, dem Mittelwert des im *IPCC Fourth Assessment Report* aus 2007 „wahrscheinlichen" Intervalls von 2–4,5 °C. Reihe 3 zeigt die endgültigen Temperaturanstiege für einen angenommenen Klimasensitivitätswert von 2,6 °C, den Mittelwert unserer „besten" log-normalen Kalibration für das im *IPCC Fifth Assessment Report* aus 2013 „wahrscheinliche" Intervall von 1,5–4,5 °C. Letztere Zahl ist auch das, was wir im Text präsentieren.

Dieser „wahrscheinlichste" Temperaturanstiegswert liegt unter dem Durchschnitt der zu erwartenden Zahl. Das ist der Fall, da die Verteilung rund um das „wahrscheinliche" Intervall des IPCC für Klimasensitivität als asymmetrische Log-Normalverteilung angenommen wird, die zwar null ausschließt, aber einen langen rechten Schwanz hat. Trotz aller Ungewissheiten würde niemand argumentieren, dass die Klimasensitivität negativ sein könnte. Die nächsten drei Zeilen präsentieren verschiedene andere Annahmen rund um das „wahrscheinliche" IPCC-Intervall. Reihe 4 nimmt das alte Klimasensitivitätsintervall von 2 bis 4,5 °C an, den jüngsten Konsensus vor der Herausgabe des *IPCC Fifth Assessment Report* von 2013. Reihe 5 erweitert das „wahrscheinliche" Intervall auf 1,5 °C am unteren Ende. Beide Reihen nehmen eine 70-prozentige Wahrscheinlichkeit an, dass sich die Zahl im „wahrscheinlichen" Intervall befindet, eine Aufrundung der Zahl von 66 Prozent. Die letzte Reihe teilt die Differenz zwischen 66 Prozent („wahrscheinlich") und 90 Prozent („sehr wahrscheinlich") und hat eine 78-prozentige Wahrscheinlichkeit, dass die Zahl zwischen 1,5 und 4,5 °C liegt, sowie eine 11-prozentige Wahrscheinlichkeit für über 4,5 °C. Dies resultiert in einer 3-prozentigen Wahrscheinlichkeit für über 6 °C, was konservativ niedrig ist. Die letzte Zeile ist das, was wir auch im Text präsentieren, mit etwas gerundeten Zahlen.

Seite 63 – **„schwer"**: Siehe „fetten Schwanz" auf Seite 61.

Seite 63 – **durchschnittliche:** Wir verwenden hier eine mittlere Klimasensitivität von 2,6 °C, um die Temperaturanstiege zu berechnen. Mit Verwendung der konventionelleren durchschnittlichen Klimasensitivität von 3 °C würde die Konzentration von 700 ppm in einem (durchschnittlichen) Temperaturanstieg von 4,0 °C resultieren (anstatt der mittleren Zahl von 3,4 °C, die wir im Text präsentieren).

Seite 64 – **„Schwarzen Schwan“**: Taleb, *Black Swan*.

Seite 64 – **„unbekannte Unbekannte“**: Donald Rumsfeld machte diesen Terminus im Kontext der US-Invasion des Irak bekannt und hat die Analogie mehr als einmal angewandt. Die erste Erwähnung war in einer Pentagon-Pressekonferenz am 12. Februar 2002: „Reports that say that something hasn't happened are always interesting to me, because as we know, there are known knowns; there are things we know we know. We also know there are known unknowns; that is to say we know there are some things we do not know. But there are also unknown unknowns – the ones we don't know we don't know. And if one looks throughout the history of our country and other free countries, it is the latter category that tend to be the difficult ones“ (Morris, „Certainty of Donald Rumsfeld“). Rumsfeld hat den Gedanken zumindest noch ein Mal wiederholt, nämlich bei einer NATO-Pressekonferenz am 6. Juni 2002 (Rumsfeld, „Press Conference“).

Ökonomen schreiben diese Idee typischerweise dem Chicagoer Ökonomen Frank Knight zu (Knight, „Risk, Uncertainty, and Profit“). Er machte die technische Unterscheidung zwischen „risk“ – „Risiko“ – und „uncertainty“ – „Unsicherheit“. Richard Zeckhauser hat einen dritten Terminus hinzugefügt: „Ignoranz“. Risiko beinhaltet bekannte Verteilungen. Unsicherheit bedeutet, die Verteilung selbst nicht zu kennen. Ignoranz ist, wenn unklar ist, dass es überhaupt eine Verteilung gibt. Siehe Zeckhauser, „Unknown and Unknowable“, und eine Reaktion darauf: Summers, „Comments“.

Seite 65 – **rasante Wärmerückkopplung**: Walter et al., „Methane Bubbling“, versuchen, die Methanemissionen von abschmelzenden Seen in Sibirien zu messen, und schätzen, dass die Methanemissionen von nördlichen Feuchtgebieten 10–60 Prozent höher sind als bisher angenommen. Sie befinden, dass ein großer Teil der Methanemission von schmelzendem Permafrost rund um die Seeufer kommt. Dieser Prozess wird als kritisch in früheren Phasen des Klimawandels angenommen. „Climate Science: Vast Costs of Arctic Change“ schätzt, dass die Gesamtkosten von schmelzendem Permafrost in Sibirien um die 60 Billionen Dollar liegen.

Seite 65 – **Abschmelzen Grönlands**: Die Eisdecke Grönlands beinhaltet genug Eis, um die Meeresspiegel um 7,36 Meter zu erhöhen. Ein vollkommenes Abschmelzen der Antarktis würde Meeresspiegelerhöhungen von 58,3 Metern bedeuten (siehe Kapitel 4, „Observations: Cryosphere“, in: Working Group I des *IPCC Fifth Assessment Report*). Ein vollkommenes

Schmelzen des westantarktischen Eisfeldes alleine würde die Meeresspiegel um 3,3 Meter erhöhen (Bamber et al., „Potential Sea-Level Rise"). Siehe „Jahrhunderten an höheren Meeresspiegeln" auf Seite 19 in Kapitel 1.

Der *IPCC Fifth Assessment Report* befindet, dass die Eisdecke in Grönland zwischen 2002 und 2011 durchschnittlich zu 0,59 mm an Meeresspiegelanstiegen beigetragen hat, während der Beitrag der Antarktis wahrscheinlich um die 0,4 mm pro Jahr war. Beide Werte haben sich von 1992 bis 2001 mehr als vervierfacht. Der globale durchschnittliche jährliche Meeresspiegelanstieg von 1993 bis 2010 war 3,2 mm. Das IPCC schätzt, dass der gesamte Meeresspiegelanstieg bis 2100 unter den schlimmsten Verhältnissen zwischen 0,53 und 0,97 Meter betragen kann. Die einzige Situation, in der das IPCC glaubt, dass die Meeresspiegel bis 2100 signifikant mehr ansteigen könnten, wäre, wenn große Teile des sich derzeit über Wasser befindlichen antarktischen Eisfeldes kollabieren (siehe Kapitel 13, „Sea Level Change" in Working Group I des *IPCC Fifth Assessment Report*).

Seite 65 – **DICE-Modell:** Siehe den Eintrag für „Ökonomisches Klimamodell DICE" auf Seite 50 in Kapitel 2.

Seite 66 – **1,75 Euro pro Tonne** = 2 US-Dollar pro Tonne. Nordhaus leitet eine Zahl von 5 $ pro Tonne für *Kohlenstoff* von 1990 bis 1999 ab (Nordhaus, „Optimal Transition Path"). Wir rechnen diese Zahl in Dollar pro Tonne *Kohlendioxid* um und konvertieren sie mit einem BIP-Deflator in Dollar auf Stand 2014, um auf 2 $ pro Tonne Kohlendioxid zu kommen.

Seite 66 – **Nordhaus' bevorzugter „optimaler" Preis**: Nordhaus, „Estimates of the Social Cost of Carbon", präsentiert einen Preis von 18,6 $ pro Tonne Kohlendioxid, emittiert im Jahr 2015 (in Dollar auf Stand 2005). In Dollar von 2014 sind das rund 20 $ pro Tonne. Der Artikel präsentiert sowohl Nordhaus' „optimalen" Pfad als auch verschiedenste andere Szenarien, einschließlich eines, das die globalen Durchschnittstemperaturen unter 2 °C hält. Diese Zahl von 20 $ liegt signifikant über dem „optimalen" Weg von vor nur vier Jahren. Damals war die optimale Zahl für 2015 12 $. (Nordhaus, „Economic Aspects"). Diese Zahl von 20 $ liegt auch sowohl unterhalb von Nordhaus' „illustrativen" Kohlendioxid-Preisen, um die Temperaturanstiege unter 2,5 °C zu halten (Abbildung 33 in Nordhaus, *Climate Casino*), als auch unter dem „central" – dem „zentralen" – Wert in der ersten Tabelle des „Technical Update of the Social Cost of Carbon for Regulatory Impact Analysis under Executive Order 12866" für eine Tonne Kohlendioxid, emittiert im Jahr 2015. Ersterer Preis beträgt

25 $ für eine Tonne, emittiert im Jahr 2015. Letzterer ist eher bei 40 $ pro Tonne, unter Verwendung eines Durchschnittes von drei Modellen und einem Diskontsatz von 3 Prozent. Nordhaus' eigener vorgezogener Diskontsatz liegt um die 4,2 Prozent. Er zeigt, wie der unterschiedliche Diskontsatz fast die gesamte Differenz zwischen 40 $ und seinem eigenen Wert von 20 $ erklärt.

Seite 66 – **ungefähr 35 Euro:** Siehe „wahrscheinlich viel mehr" auf Seite 33 in Kapitel 1.

Seite 67 – **mit angemesseneren und besseren Klimata:** Das volle Zitat: „By the increasing percentage of [carbon dioxide] in the atmosphere, we may hope to enjoy ages with more equable and better climates, especially with regards to the colder regions of the earth, ages when the earth will bring forth much more abundant crops than at present, for the benefit of rapidly propagating mankind" (Arrhenius, *Worlds in the Making*, 63).

Der allgemeine Geist der Wichtigkeit und der Möglichkeit, sich wärmeren Klimata anzupassen, wird vielleicht am besten präsentiert bei Kahn, *Climatopolis*. Es gibt mit Sicherheit Kosten, wie auch Kahn argumentiert, aber Adaptierungsmechanismen schaffen ihre eigenen Möglichkeiten, besonders für hoch effiziente Städte.

Seite 67 – **0,3 bis einen Meter**: Siehe „zwischen dreißig Zentimetern und einem Meter" auf Seite 15 in Kapitel 1.

Seite 68 – **hinken**: Siehe „1,75 Euro pro Tonne" und „Nordhaus' bevorzugter ‚optimaler' Preis" auf Seite 66 für eine Diskussion der Entstehungsgeschichte von Nordhaus' DICE-Berechnungen. Siehe „wahrscheinlich viel mehr" auf Seite 33 in Kapitel 1 für eine Diskussion der Zahlen der US-Regierung.

Seite 68 – **Einzelpersonen erfunden**: Bill Nordhaus hat DICE ins Leben gerufen. Richard Tol hat FUND entwickelt, das mittlerweile großteils von David Anthoff weitergeführt wird: http://www.fund-model.org/. Chris Hope war die Hauptperson hinter PAGE: http://climatecolab.org/resources/-/wiki/Main/PAGE.

Seite 68 – **massive Datensätze und Rechenleistungen**: Die zugrunde liegenden globalen Zirkulationsmodelle, die von Klimaforschern verwendet und in den IPCC-Prozess eingespeist werden, sind tatsächlich äußerst komplex. Allerdings verlassen sich klima-ökonomische Modelle wie DICE auf viel einfachere Daten. Im Fall von DICE ist es das „Model for the Assessment of Greenhouse Gas Induced Climate Chance" (MA-

GICC), das wiederum eine stark vereinfachte Version von anderen Klimamodellen ist. DICE selbst ist frei erhältlich auf Bill Nordhaus' Webseite und läuft sogar in Excel: http://www.econ.yale.edu/~nordhaus/.

Seite 69 – **Viele fehlen**: Siehe zum Beispiel Howard, „Omitted Damages". Van den Bergh und Botzen, „Lower Bound", präsentieren ganz ähnlich die Klimaeffekte, die nicht adäquat in Modellen wie DICE repräsentiert werden. Die meisten dieser Effekte würden die Schätzungen der Kohlendioxid-Kosten erhöhen. Manche könnten sie auch niedriger machen. (Siehe „wahrscheinlich viel mehr" auf Seite 33 in Kapitel 1.)

Seite 69 – **quadratische Hochrechnung**: DICE verwendet eine umgekehrt proportionale quadratische Verlustfunktion in Verbindung mit Temperatur (T), wo der Verlust definiert ist als $1 / [1 + a\,T + b\,T^2]$.

Seite 70 – **in einer Größenordnung von bis zu 6 Grad Celsius**: Tatsächlich schneidet Nordhaus, *Climate Casino*, die Grafik bei 5 °C ab, was auch impliziert, dass jegliche Temperaturanstiege jenseits dieses Wertes viel zu ungewiss (oder vielleicht rar) sind, um sich mit ihnen zu befassen.

Seite 72 – ***Wachstumsrate***: Siehe Pindyck, „Climate Change Policy", und Heal und Park, „Feeling the Heat", die Temperatur und Arbeitsproduktivität via menschliche Physiologie verbinden. Sie befinden, dass höhere Temperaturen die Produktivität in bereits heißen – und oft armen – Ländern verringern, während höhere Temperaturen die Produktivität in bereits kühlen – und typischerweise reichen – Ländern um einen ähnlichen Betrag erhöhen.

Moyer et al., „Climate Impacts on Economic Growth", zeigen auch, dass eine Änderung der Kostenrechnung von einer, in der Klimaschäden die Höhe des BIP betreffen, zu einer, wo sie die Produktivität treffen, die Kohlendioxid-Preise rasant in die Höhe gehen lässt.

Seite 73 – **dass Schäden additiv seien**: Siehe Weitzman, „Damages Function". Für eine komplementäre Analyse – fokussiert auf die Idee von „relativen Preisen" – siehe Sterner und Persson, „Even Sterner Review". Der fundamentale Unterschied zwischen multiplikativen und additiven Verlustfunktionen basiert auf der Frage der Austauschbarkeit zwischen ökonomischen Sektoren und ökologischen Dienstleistungen. Additive Schäden nehmen weniger (oder keine) Austauschbarkeit an.

Seite 76 – **Unterschätzung**: Siehe „wahrscheinlich viel mehr" auf Seite 33 in Kapitel 1.

Seite 76 – **eine jede Zahl diskontiert**: Viele Bücher und Artikel sind zu diesem Thema geschrieben worden. Unter den besten allgemeinen Einführungen ist: Gollier, *Pricing the Planet's Future*.

Seite 76 – **ist mehr wert**: Tatsächlich ist ein Euro heute typischerweise viel mehr wert als derselbe Euro morgen. Derselbe Unterschied von einem Tag einhundert Jahre in der Zukunft macht hingegen kaum einen Unterschied. Von heute aus gesehen ist einhundert Jahre plus ein Tag ziemlich dasselbe wie genau einhundert Jahre von heute. Es ist ziemlich natürlich, dass Menschen den ersten Tag mehr diskontieren als diesen einen Tag in hundert Jahren. Der technische Terminus für dieses Phänomen ist „hyperbolic discounting" – „hyperbolische Diskontierung" –, am prominentesten eingeführt von Laibson, „Golden Eggs".

Seite 77 – **um die 2 Prozent**: „10-Year Treasury Inflation-Indexed Security, Constant Maturity".

Seite 77 – **kritisiert**: Weitzman, „A Review", argumentiert, dass der *Stern Review* „richtig liegen mag, aber aus den falschen Gründen", mit dem niedrigen Diskontsatz als einem der falschen Gründe.

Seite 77 – **mit der Zeit sinken**: Siehe Weitzman, „Gamma Discounting", für die fallenden Diskontsatzraten, die wir im Text erwähnen. Für einen späteren Konsens rund um die Logik der fallenden Diskontraten, nicht unbedingt der genauen Zahlen, siehe Arrow et al., „Determining Benefits and Costs", und Cropper et al., „Declining Discount Rates". Frankreich und Großbritannien zum Beispiel verwenden fallende Zinssätze, obwohl sie nicht in der genauen Rate übereinstimmen. In Frankreich beginnt sie bei 4 Prozent und fällt auf ein bisschen über 2 Prozent nach 300 Jahren. In Großbritannien beginnt die Rate bei 3,5 Prozent und fällt nach 300 Jahren auf 1 Prozent.

Für eine Anwendung, die wichtige Unterschiede dieser Logik diskutiert, siehe Gollier und Weitzman, „Distant Future". Die Schlussfolgerung: „The long run discount rate declines over time toward its lowest possible value."

Für ein anderes Argument für fallende Diskontsätze siehe Heal und Millner, „Agreeing to Disagree". Sie meinen, dass die Wahl des richtigen Diskontsatzes eine rein ethische Entscheidung ist, womit sie dieselbe Schlussfolgerung eines fallenden Diskontsatzes ziehen.

Seite 78 – **Black-Litterman Global Asset Allocation Model**: Black und Litterman, „Global Portfolio Optimization".

Seite 79 – **wichtigen Auswirkungen**: Im englischen Original: „If climate risk dominates economic growth risk because there are enough potential scenarios with catastrophic damages, then the appropriate discount rate for emissions investments is lower tha[n] the risk-free rate and the current price of carbon dioxide emissions should be higher. In those scenarios, the ‚beta' of climate risk is a large negative number and emissions mitigation investments provide insurance benefits. If, on the other hand, growth risk is always dominant because catastrophic damages are essentially impossible and minor climate damages are more likely to occur when growth is strong, times are good, and marginal utility is low, then the ‚beta' of climate risk is positive, the discount rate should be higher than the risk-free rate, and the price of carbon dioxide emissions should be lower" (Litterman, „Right Price"). Für eine frühere Verwendung von „*beta*" im Klimakontext siehe Sandsmark und Vennemo, „Portfolio Approach", für ein Argument für ein negatives *beta* für Mitigationsinvestitionen. Gollier, „Evaluation of Long-Dated Investments", argumentiert für ein positives *beta*.

Seite 79 – **„Aktien-Risikoprämien-Puzzle"**: Für einen Überblick siehe Mehra, „Equity Premium Puzzle".

Seite 80 – **auf den Kopf stellt**: Für eine technische Diskussion dieses Arguments siehe Weitzman, „Subjective Expectations", oder Barro, „Rare Disasters". Siehe Mehra, „Equity Premium Puzzle", für eine alternative Erklärung.

Seite 80 – **„schwarzer" Tage**: Der *Black Monday* am 19. Oktober 1987 erlebte einen 22-prozentigen Fall im Dow; der *Black Tuesday* am 29. Oktober 1929 markierte den Beginn der Großen Depression; George Soros verdiente am *Black Wednesday* am 16. September 1992 eine Milliarde Pfund, indem er gegen die Bank von England spekulierte; der *Black Thursday* am 24. Oktober 1929 erlebte einen Verlust von 10 Prozent praktisch sofort nach dem Läuten der Eröffnungsglocke (Denken Sie an den *Black Tuesday*, um zu sehen, was danach passiert ist); der *Black Friday* am 24. September 1869 erlebte einen Markteinsturz nach einem misslungenen Versuch, den Goldmarkt zu kontrollieren. Nichts davon darf mit der *Black Week*, beginnend am 6. Oktober 2008, verwechselt werden, als der Dow in einer Woche um 18 Prozent gefallen ist. Die Titelseite des *Wall Street Journal* nach jedem dieser Einbrüche gibt interessante Augenzeugenberichte: Für eine Reaktion dazu, was nunmehr als *Black Monday* bekannt ist, siehe Metz et al., „Crash of '87". Nach dem *Black Tuesday* und dem

Black Thursday, den zwei Tagen, die die Große Depression eingeleitet haben, war das WSJ überraschenderweise nonchalant. „Pressure Continues: Stocks Sink Lower under Record Volume of Liquidation" (publiziert am 30. Oktober 1929) sprach über den großen Fall der Aktienpreise am vorhergehenden Tag, sagte aber auch: „industrial activity is on a large scale and sound basis with no real indications of a depression in prospect", und prognostizierte, dass „after the initial shock has worn off the decline will prove beneficial in many ways by releasing funds from market to industry". „Demoralized Trading: Stocks Break on Record Volume – Banking Support Starts Rally" (publiziert am 25. Oktober 1929) begann mit dem folgenden Satz: „Yesterday's market was in many respects the most extraordinary in the history of the Stock Exchange." Allerdings endet der Artikel auch mit einer Prognose, dass sich der Markt bald wenden werde. Zweig, „What History Tells Us", blickt auf die vorhergehende *Black Week* im Vergleich mit dem und im Kontext des „Great Crash". Für einen Titelartikel in der *Financial Times* am Tag nach dem Black Wednesday siehe Stephens, „Major Puts ERM Membership on Indefinite Hold".

Seite 81 – **Verbindung zum Klima**: Litterman, „Right Price".

Seite 82 – **werden nicht morgen passieren**: Wir wissen viel mehr über zu erwartende Erwärmungen in kurz- und mittelfristiger Sicht: Für die nächsten beiden Jahrzehnte (2016 bis 2035) befindet die Summary for Policymakers der Working Group I im *IPCC Fifth Assessment Report*, dass mit „mittlerer Sicherheit" eine „wahrscheinliche" zusätzliche Erwärmung zwischen 0,3 und 0,7 °C relativ zu den vergangenen zwei Jahrzehnten (1986–2005) zu erwarten ist.

Für die letzten beiden Jahrzehnte dieses Jahrhunderts gehen die Vorhersagen dramatisch auseinander. Je nachdem, welches Szenario man wählt, ist die durchschnittliche Erwärmung relativ zu den vergangenen zwei Jahrzehnten irgendwo zwischen 0,3–1,7 °C und 2,6–4,8 °C – ein riesiger Rahmen mit dramatisch unterschiedlichen Konsequenzen. Siehe beispielsweise „zwischen dreißig Zentimetern und einem Meter" auf Seite 15 in Kapitel 1 für die Auswirkungen auf die Meeresspiegelanstiege.

Diese Werte, einschließlich jener für die Meeresspiegelanstiege, sind relativ zu den vergangenen beiden Jahrzehnten, die 2005 geendet haben. Die Zahl von 4,8 °C für eine zusätzliche Erwärmung gegenüber „heute" würde einer gesamten Erwärmung von 5,5 °C über vorindustriellen Werten gleichen.

Seite 82 – **desto länger**: Siehe Roe und Bauman, „Climate Sensitivity", für diesen Punkt. Sie verwenden eine Standard-Zahlungswilligkeits-Struktur, um zum Schluss zu kommen, dass fette Schwänze nicht allzu teuer wären. (Für eine gegenteilige Schlussfolgerung vom selben [Erst-]Autor siehe Roe, „Costing the Earth".)

Seite 85 – **Europäischen Union**: Siehe Ellerman, Convery und de Perthuis, *Pricing Carbon*, für eine frühe, gleichzeitig weitgreifende Analyse des EU-Emissionshandelssystems.

Seite 85 – **einzige Ausnahme**: Siehe Hammar, Sterner, und Åkerfeldt, „Sweden's CO_2 Tax", und Johansson, „Economic Instruments in Practice".

Seite 85 – **Entscheidungskriterium**: Siehe Heal und Millner, „Uncertainty and Decision", und auch Millner, Dietz und Heal, „Scientific Ambiguity and Climate Policy".

Siehe 86 – **ethische Komponente**: Für einen Klimaforscher, der ein starkes moralisches Argument vorbringt, siehe Roe, „Costing the Earth". Für einen Moralphilosophen, der ein starkes Argument für Ökonomen präsentiert, sich mehr auf der moralischen Ebene zu engagieren, siehe Sandel, „Market Reasoning as Moral Reasoning".

Kapitel 4. Vorsätzliche Ignoranz

Seite 87 – **Oberste Gerichtshof der USA**: *Global-Tech Appliances, Inc., et al. v. SEB S.A.*

Seite 88 – **umgangssprachlichen Interpretation:** Für eine populäre Abhandlung von „vorsätzlicher Ignoranz" – mit ein paar äußerst kurzen Klimawandel-Gastauftritten – siehe Heffernan, *Willful Blindness*.

Seite 88 – **eine Kohlendioxidsteuer oder ein Emissionshandelsgesetz**: Siehe unsere Diskussion in Kapitel 1.

Seite 88 – **nahe null**: Siehe „über 450 Milliarden Euro pro Jahr" auf Seite 31/32 in Kapitel 1.

Seite 89 – **35 Euro pro Tonne**: Siehe „wahrscheinlich viel mehr" auf Seite 33 in Kapitel 1.

Seite 90 – **Wert eines statistischen Lebens**: Für zwei gute aktuelle Überblicke siehe Ashenfelter, „Measuring the Value of a Statistical Life", und Viscusi und Aldy, „Value of a Statistical Life".

Seite 90 – **einprozentige Chance**: Für das volle Zitat und ein Argument, warum es eine falsche Äquivalenz ist, siehe Sunstein, *Worst-Case Scenarios.*

Seite 91 – **Worst-Case-Szenarien**: Für eine Diskussion der Worst-Case-Szenarien siehe Sunstein, *Worst-Case Scenarios.* Eine weitere oft zitierte Abhandlung ist Posner, *Catastrophe: Risk and Response.* Siehe Parson, „The Big One", für eine Zusammenfassung und umfassende Kritik sowie weitere Gedanken. Für den Versuch einer umfassenden Klassifizierung, die weit über unsere Liste von acht potenziellen Existenzrisiken hinausgeht, siehe Bostrom und Ćirković, *Global Catastrophic Risks.* Für eine wissenschaftlichere Diskussion mit einer „Wir-schaffen-es"-Einstellung siehe Garrick, *Quantifying and Controlling Catastrophic Risks.*

Seite 92 – **Ihr Urteil**: Für eine Zusammenfassung siehe Parson, „The Big One".

Seite 93 – **Wahrscheinlichkeit eines viel größeren Asteroideneinschlags**: Siehe „eins in tausend Jahren" auf Seite 11 in Kapitel 1.

Seite 94 – **2 bis 3 Milliarden Dollar**: Siehe „zwei bis drei Milliarden US-Dollar" auf Seite 11 in Kapitel 1.

Seite 94 – **Leitprinzip**: Siehe neben vielen anderen Revesz und Livermore, *Retaking Rationality.*

Seite 95 – **1- bis 5-prozentige Chance:** Bostrom und Ćirković, *Global Catastrophic Risks*, beschreiben die Wahrscheinlichkeit von katastrophalem Nuklearterrorismus mit 1 bis 5 Prozent. Im Vergleich – und am extremen Ende – sagt Allison, *Nuclear Terrorism*, Seite 15, dass „eine Nuklearattacke auf Amerika im nächsten Jahrzehnt wahrscheinlicher ist als nicht". Silver, „Crunching the Risk Numbers", rechnet das auf eine 5-prozentige Wahrscheinlichkeit einer solchen Katastrophe pro Jahr im kommenden Jahrzehnt um.

Seite 97 – **Vergleichen Sie den historischen Präzedenzfall**: Diese Logik und manche Teile dieses Absatzes stammen aus Weitzman, „Modeling and Interpreting the Economics".

Kapitel 5. Ein letzter Rettungsplan für den Planeten

Seite 99 – **Ein letzter Rettungsplan für den Planeten**: Der technische englische Terminus für die Art von Geo-Engineering, die hier diskutiert wird, ist „solar geoengineering", oft auch „solar-radiation" oder „shortwave radiation management" genannt (abgekürzt als „SRM"). Das ist nicht gleich „direct carbon removal" (DCR) oder „carbon dioxide removal" (CDR).

(Für die Letzteren siehe „verschiedensten Gestalten" auf Seite 114 in Kapitel 5 und auch den Eintrag „Badewanne" auf Seite 39 in Kapitel 2.)

Trotz der Tatsache, dass die Forschung noch am Anfang steht, bekommt Geo-Engineering zusehends ein stärkeres Profil in der öffentlichen Diskussion. Für eine der besten Beschreibungen siehe Keith, *A Case for Climate Engineering*. Für eine der zugänglichsten siehe Goodell, *How to Cool the Planet*. Für eines der direktesten Gegenargumente siehe Hamilton, *Earthmasters*. Für unseren eigenen, früheren Artikel siehe Wagner und Weitzman, „Playing God".

Seite 99 – **Entwicklung nachhaltig gestalten**: United Nations, *Our Common Future*, auch bekannt als „Brundtland Report".

Seite 99 – **Durchschnittstemperaturen**: Die globalen Durchschnittstemperaturen stiegen von 1861/1880 bis 1980/1989 um 0,45 °C (Kapitel 7, „Observed Climate Variations and Change", im *IPCC First Assessment Report*).

Seite 100 – **vertrieben über 200.000 Filipinos**: McCormick, Thomason und Trepte, „Atmospheric Effects".

Seite 100 – **20 Millionen Tonnen Schwefeldioxid**: Die Schätzungen reichen von 17 Millionen Tonnen Sulfurdioxid (Self et al., „Atmospheric Impact") bis zu über 20 Millionen (Bluth et al., „Global Tracking"). Für das Gewicht von Sulfur alleine dividieren Sie die Zahlen durch zwei.

Seite 100 – **585 Milliarden Tonnen Kohlendioxid**: Wir haben diese Zahlen in ppm mithilfe von Keeling et al., *Exchanges of Atmospheric* CO_2, berechnet und haben die Konvertierungsrate von 2,13 Milliarden Tonnen Kohlenstoff pro ppm verwendet (Carbon Dioxide Information Analysis Center, „Conversion Tables"). Der allgemein akzeptierte Stand von Kohlendioxid vor der industriellen Revolution ist 280 ppm oder 2,19 Billionen Tonnen Kohlendioxid. Im Jahr 1990 war die gemessene Kohlendioxidkonzentration 355 ppm, äquivalent zu 2,77 Billionen Tonnen. Das sind 585 Milliarden Tonnen über dem natürlichen, vorindustriellen Stand. Mittlerweile betragen die durchschnittlichen Kohlendioxidkonzentrationen 400 ppm oder ungefähr 3,1 Billionen Tonnen Kohlendioxid. Das sind 940 Milliarden Tonnen über vorindustriellen Werten.

Seite 100 – **deuten immer noch nach oben**: Siehe „2 ppm" auf Seite 31 in Kapitel 1.

Seite 100 – **5000 Mal:** Little Boy war etwa 20.000 Mal so kraftvoll wie eine traditionelle Bombe zu jener Zeit (White House Press Release am 6. August 1945). Das Kraft-zu-Masse-Verhältnis von Little Boy verglichen mit einer Tonne von traditionellen Bomben liegt bei etwa 4500. Die Bombe tötete über 80.000 Menschen, obwohl sich nur 1,38 Prozent des nuklearen Kerns spalteten (Schlosser, *Command and Control*). Die kraftvollste Nuklearbombe, die jemals gezündet wurde, war Ivy King, mit einem Kraft-zu-Masse-Verhältnis von ungefähr 128.000 – einer TNT-äquivalenten Kraft von 500.000 Tonnen, obwohl sie nur 3,9 Tonnen wog („Operation Ivy").

Seite 100 – **Titan-II-Rakete**: Eric Schlossers *Command and Control* beschreibt auf fantastische Weise die Evolution der nuklearen Bomben und die verschiedensten Wege, die die Welt ausprobiert hat – und mit denen sie in manchen Fällen fast gescheitert ist –, um sie zu kontrollieren.

Seite 101 – **eine Million zu eins**: Keith, *A Case for Climate Engineering*, Seite 67, vergleicht die gesamten Tonnen Kohlendioxid mit dem Effekt von einer Million Tonnen Sulfur pro Jahr. Das resultierende Hebelverhältnis ist fast eine Million zu eins.

Seite 101 – **2 bis 3 Prozent**: Der Pinatubo-Ausbruch war die am besten untersuchte vulkanische Eruption, mit Dutzenden an Studien, die den gesamten Effekt auf die Sonneneinstrahlung gemessen haben. Viele davon präsentieren die Resultate in Watt pro Quadratmeter. Die direkte Sonneneinstrahlung ging um bis zu 25–30 Prozent nach unten, als direktes Resultat der vulkanischen Eruption. Auf die ersten zehn Monate aufgerechnet, ging die monatliche durchschnittliche wolkenlose Sonneneinstrahlung um bis zu 5 Prozent und durchschnittlich um 2,7 Prozent nach unten (Dutton und Christy, „Solar Radiative Forcing"). Modelle haben ähnliche Resultate gefunden (Stenchikov et al., „Radiative Forcing"). Das NASA Earth Observatory bestätigt die Zahlen ebenso.

Seite 101 – **versauert**: Caldeira und Wickett, „Oceanography". Siehe auch den Eintrag „Ozeanische Versauerung" auf Seite 51 in Kapitel 2.

Seite 101 – **schuf**: Tatsächlich ist eines dieser Probleme *nicht*, dass die Ozeane selbst mehr versauern. Kohlendioxid versauert Ozeane. Sulfur – in Form von Schwefelsäure – tut dies ebenso, nachdem es aus der Atmosphäre gewaschen wird. Allerdinge ist die Versauerung durch Kohlendioxid 100 Mal stärker als die Effekte durch Sulfur, zumindest über den Weg des sauren Regens. Siehe Kravitz et al., „Sulfuric Acid Deposition".

Seite 102 – **Ozonwerte in der Stratosphäre**: McCormick, Thomason und Trepte, „Atmospheric Effects", schätzen, dass die Eruption des Pinatubo für einen Rückgang von bestimmten Ozonwerten um die 6–8 Prozent verantwortlich sein könnte. Self et al., „Atmospheric Impact", zeigen, wie der beobachtete Ozonrückgang nach der Eruption höher war als jemals zuvor. Heckendorn et al., „Impact of Geoengineering Aerosols", verwenden die Ozonrückgangsrate durch den Pinatubo als Fallstudie für die Schlussfolgerung, dass Geo-Engineering mit kleinen Sulfur-Teilchen zu „signifikantem Verlust der Ozonschicht" führen könnte.

Die direkten Effekte des Pinatubo sollten allerdings nicht eins zu eins mit den allgemeinen Effekten von zukünftigem Geo-Engineering in Zusammenhang gebracht werden, da globale Temperaturanstiege selbst zum Rückgang von Ozon führen könnten; ein Effekt, der durch Geo-Engineering möglicherweise gestoppt werden könnte. Siehe zum Beispiel Kirk-Davidoff et al., „Effect of Climate Change", und Keith, „Photophoretic Levitation".

Seite 102 – **globalen Dürreperiode**: Trenberth und Dai, „Effects of Mount Pinatubo". Siehe auch Jones, Sparks und Valdes, „Supervolcanic Ash Blankets".

Seite 103 – **wo sollten wir stoppen**: Alan Robock stellt die Frage, wer das globale Thermostat kontrolliert, neben 19 anderen praktischen Problemen und beschreibt diese als Gründe, warum Geo-Engineering mehr Nach- als Vorteile haben könnte. Robock, „20 Reasons". Eine weitere Zahl von Fragen ohne einfache Antworten befasst sich mit der Moralität des „Planeten-Klempnern". Siehe Stephen Gardiner, „Arming the Future".

Seite 104 – **subventioniert**: Siehe „über 450 Milliarden Euro pro Jahr" auf Seite 31/32 in Kapitel 1.

Seite 105 – **etwa eine Tonne Kohlendioxid**: Es gibt genügend andere direkte und indirekte Effekte des Flugverkehrs. Siehe zum Beispiel Dorbian, Wolfe und Waitz, „Climate and Air Quality Benefits", und Barrett, Britter und Waitz, „Global Mortality".

Seite 105 – **35 Euro an Schäden**: Siehe „wahrscheinlich viel mehr" auf Seite 33 in Kapitel 1.

Seite 105 – **Transatlantikflüge**: Ein Hin- und Retourflug von Europa nach New York hat einen Kohlendioxidfußabdruck von 2–3 Tonnen pro Passagier. Rosenthal, „Biggest Carbon Sin".

Seite 105 – **30 Millionen; drei Milliarden Passagiere**: Zahlen für 2012 von International Civil Aviation Organization (ICAO), „The World of Civil Aviation: Facts and Figures".

Seite 106 – **Freiwillige Koordination**: Der bereits verstorbene Ronald Coase, der Schöpfer der Idee, dass – unter bestimmten, strikten Bedingungen – die Koordination unter Personen („Coasian bargaining" – „Coas'sches Verhandeln") die gesellschaftlich optimale Lösung erreichen kann, hätte dem zugestimmt. Siehe Glaeser, Johnson und Shleifer, „Coase vs. the Coasians". Eine großes Hindernis in einer Situation mit vielen Verhandlern sind die hohen Transaktionskosten. Coase selbst hatte die Idee der Transaktionskosten eingeführt, mit der er die Rolle von Firmen erklärt hat (Coase, „The Nature of the Firm"). Siehe vor allem seinen Artikel zum Thema: Coase, „The Problem of Social Cost".

Seite 106 – **zu billig, um es zu ignorieren**: Royal Society, „Geoengineering the Climate", schätzt die Kosten auf 0,2 Milliarden Dollar pro Jahr und W/m^2. Dies kann man mit den Kosten der Kohlendioxidreduzierung von etwa 200 Milliarden Dollar pro Jahr und W/m^2 vergleichen. Schelling, „Economic Diplomacy of Geoengineering", ist unter den ersten Ökonomen, die dieses Argument gebracht haben. Barrett, „Incredible Economics of Geoengineering", mag unter den prominentesten sein. Keith, „Geoengineering the Climate", und Royal Society, „Geoengineering the Climate", sind die autoritativsten. Goes, Tuana und Keller, „Economics (or Lack Thereof)", und Klepper und Rickels, „Real Economics of Climate Engineering", haben seitdem wichtige Warnungen hinzugefügt. McClellan, Keith und Apt, „Cost Analysis", bieten die neuesten Perspektiven. Bickel und Agrawal, „Reexamining the Economics", schlussendlich erweitern die Arbeit von Goes et al., ändern einige Annahmen und befinden schließlich, dass Geo-Engineering die Kosten-Nutzen-Rechnungen unter mehreren Szenarien bestehen würde.

Seite 109 – **„Asilomar-Prozess"**: Berg, „Asilomar and Recombinant Dann". Für das Original-Asilomar-Statement siehe Berg et al., „Summary Statement".

Seite 109 – **letzte dieser Schlagzeilen**: Giles, „Hacking the Planet".

Seite 109 – **„Asilomar 2.0"**: Der Environmental Defense Fund war einer der Co-Sponsoren des Treffens.

Seite 110 – **Bericht aus erster Hand**: Schneider, *Science as a Contact Sport*.

Seite 110 – **abschließende Stellungnahme**: „Asilomar Conference Recommendations", vorbereitet vom Asilomar Scientific Organizing Committee.

Seite 110 – **nach dem Vorbild des Pinatubo**: Geo-Engineering hat seit der Publikation von Crutzen, „Albedo Enhancement", aus 2006, womit ein lange bestehendes Tabu gebrochen wurde, viel Aufmerksamkeit auf sich gezogen. Eine informelle Untersuchung der 77 Artikel zum Thema „Geo-Engineering“ in der Fachzeitschrift *Climatic Change* zeigt, dass 19 Artikel in den 18 Jahren zwischen 1977 und 2005 publiziert wurden. Zwischen 2006 und 2013 waren es 58. Im Jahr 2013 alleine kamen 23 Artikel über Geo-Engineering heraus, und das nur in dieser einen Fachzeitschrift.

Seite 110 – **Zielkonflikt**: Viele Ökonomen nennen dies „Moral Hazard“, ein Terminus, den David Keith wahrscheinlich als Erster in Zusammenhang mit Geo-Engineering gebraucht hat (Keith, „Geoengineering the Climate“). Die Beschreibung hat bis heute überlebt, obwohl Scott Barrett überzeugend argumentiert hat, dass sie technisch gesehen nicht richtig ist. „Moral Hazard“ befasst sich mit Leistungsansporn-Problemen unter zwei Personen. Schneller zu fahren aufgrund eines vorhandenen Gurtes, ist einfach nicht vorhandene Selbstkontrolle. Ähnlich beschreibt Keith, *A Case for Climate Engineering*, auf Seite 139 so manche Debatte als „moralische Verwirrung, nicht ‚moral hazard‘“.

Seite 111 – **überwiegende Mehrheit**: Tony Leiserowitz präsentierte die Ergebnisse auf der Asilomar-Konferenz im März 2010. Er hat die Frage seither nicht mehr gestellt.

Seite 112 – **Hausdächer weiß anzustreichen**: Siehe Menon et al., „Radiative Forcing“. Royal Society, „Geoengineering the Climate“, beschreibt dies als eine der am wenigsten effektivsten und teuersten Methoden. Der Report schätzt, dass die Methode 10.000 Mal mehr pro W/m^2 kostet als Geo-Engineering im Stile des Pinatubo.

Seite 112 – **Teufelskreis**: Curry, Schramm und Ebert, „Sea Ice–Albedo“.

Seite 112 – **in Städten anderswo**: Oleson, Bonan und Feddema, „Effects of White Roofs“, befinden, dass Hausdächer weiß anzustreichen den „Urban Heat Island“-Effekt um ein Drittel reduzieren könnte und somit die tägliche Maximaltemperatur um 0,6 °C.

Seite 112 – **alles noch schlimmer**: Jacobson und Ten Hoeve, „Urban Surfaces and White Roofs“.

Seite 112 – **ein Zehntel der Wirkung**: Menon et al., „Radiative Forcing“, schätzen, dass die Wirkung etwa 57 Milliarden Tonnen entsprechen kann. Der Pinatubo hingegen hatte die Wirkung gleich einer Reduzierung von 585 Milliarden Tonnen Kohlendioxid.

Seite 113 – **verringerter Klimatisierungskosten**: „Cool Roof Fact Sheet“.

Seite 113 – **ernsthafte Vorschläge**: Siehe zum Beispiel Latham et al., „Marine Cloud Brightening", Jones, Haywood und Boucher, „Geoengineering Marine Stratocumulus Clouds", Latham et al., „Global Temperature Stabilization", sowie Salter, Sortino und Latham, „Sea-Going Hardware".

Seite 113 – **Der indische Monsun**: Siehe Keith, *A Case for Climate Engineering*, Seiten 57–60, Siehe auch Robock, Oman und Stenchikov, „Regional Climate Responses", zum Vergleich mit Pongratz et al., „Crop Yields".

Seite 114 – **verschiedensten Gestalten**: Siehe Royal Society, „Geoengineering the Climate", für einen umfassenden Überblick über verschiedenste Methoden. Alle haben ihre eigenen Probleme und Ausnahmen. Die Effektivität von manchen wird ernstlich angezweifelt. Eine neuere Studie zum Thema Biokohle zeigt beispielsweise, dass diese nicht so gut funktioniert, wie zuvor angenommen (Jaffé et al., „Global Charcoal Mobilization"). Viele andere Studien zeigen Schätzungen der „mean residence time" von Biokohle, von 8,3 Jahren (Nguyen et al., „Long-term Black Carbon") bis zu 3624 Jahren (Major et al., „Fate of Soil-Applied Black Carbon"). Gurwick et al., „Systematic Review of Biochar Research", blicken auf 300 wissenschaftliche Abhandlungen über Biokohle und kommen zum Schluss, dass es unmöglich ist, definitive Statements abzugeben.

Seite 114 – **„Ozeanische Düngung"**: Viele Forscher glauben, dass ozeanische Düngung eine äußerst ineffiziente Möglichkeit darstellt. Strong et al., „Ocean Fertilization".

Seite 116 – **1 Grad Celsius**: Siehe „um 0,8 Grad" auf Seite 23 in Kapitel 1. Mittlerweile sind die globalen Durchschnittstemperaturen um etwa 1 Grad gestiegen.

Seite 116 – **Bis 2100**: Siehe die Summary for Policymakers in Working Group I des *IPCC Fifth Assessment Report*, der 3–5 °C als das ungefähre Intervall für die Temperaturanstiege bis 2100 für das RCP8.5-Szenario aufweist. Die US-EPA schätzt die Temperaturanstiege auf bis zu über 6 °C bis 2100 („Future Climate Change").

Seite 116 – **schwerwiegende Probleme**: Siehe „Mark Lynas" und „HELIX" auf Seite 23/24 in Kapitel 1.

Seite 116 – **Ein plötzlicher Sprung**: Der technische Begriff ist „termination effect". Siehe zum Beispiel Jones et al., „Impact of Abrupt Suspension", und Matthews und Caldeira, „Transient Climate–Carbon Simulations".

Seite 117 – **Bedrohung der nationalen Sicherheit**: Siehe Gwynne Dyer, *Climate Wars*, für eines der anschaulichsten Beispiele. Siehe auch U. S.

Department of Defense, „Quadrennial Defense Review Report". Hsiang, Meng und Cane, „Civil Conflicts", zeigen, dass in der jüngsten Vergangenheit El Niño eine Rolle bei einem Fünftel aller Konflikte seit 1950 gespielt hat. Hsiang, Burke und Miguel, „Influence of Climate", betrachten 60 Studien zum Thema Klima und menschliche Konflikte und finden signifikante Verbindungen.

Seite 118 – **globalen Niederschläge verringern**: Siehe Ricke, Morgan und Allen, „Regional Climate Response". Self et al., „Atmospheric Impact", stellen fest, dass die Mississippi-Überflutungen auf den Pinatubo zurückgehen könnten. Siehe auch Christensen und Christensen, „Climate Modelling". Für mehr über die Zuschreibungswissenschaft und Klima im Allgemeinen siehe „Zuschreibungswissenschaft" auf Seite 14 in Kapitel 1.

Seite 118 – **bestimmte Geo-Engineering-Maßnahmen**: Siehe „Zuschreibungswissenschaft" auf Seite 14 in Kapitel 1.

Seite 119 – **Fehlbedienung ist schwerwiegender**: Siehe Samuelson und Zeckhauser, „Status Quo Bias", und Kahneman, Knetsch und Thaler, „Anomalies".

Für ein eng verwandtes Konzept, die „doctrine of double effect", siehe Thomson, „The Trolley Problem". Siehe auch „Unterlassungsfehler so schlimm ist" auf Seite 131 in Kapitel 6.

Seite 119 – **am besten untersuchte**: McCormick, Thomason und Trepte, „Atmospheric Effects".

Seite 119 – **mit der Atmosphäre selbst zu experimentieren**: Siehe Robock, „Is Geoengineering Research Ethical?", für ein ethisches Argument gegen Geo-Engineering außerhalb des Labors. Es gibt tatsächlich eine breitere Kategorie von Aspekten, die manchmal als „Collingridge-Dilemma" bezeichnet werden: Wir können die Auswirkungen einer Technologie nicht kennen, bis wir sie tatsächlich verfügbar haben; und wenn wir sie haben, treiben uns fundamentale Kräfte dazu, sie auch zu verwenden (Collingridge, *The Social Control of Technology*).

Seite 119 – **seit dem 19. Jahrhundert**: Siehe den Eintrag „Klimaforschung" auf Seite 46 in Kapitel 2.

Seite 119 – **„globale Erwärmung"**: Siehe „Wally Broecker" auf Seite 58 in Kapitel 3.

Seite 120 – **viele andere ähnliche Anstrengungen**: Asilomar 2.0 ist nur ein Beispiel. Ein weiteres ist die „Solar Radiation Management Governance Initiative", die von der British Royal Society, der Academy of Sciences for the Developing World und dem Environmental Defense Fund ins Leben gerufen wurde. Gemäß manchen Analysen war Asilomar selbst nur eine Erweiterung der „Oxford Principles“ für das Geo-Engineering. Diese Prinzipien wurden im Jahr 2009 in UK House of Commons Science and Technology Select Committee, „The Regulation of Geoengineering“, publiziert und danach sowohl von diesem Komitee also auch von der britischen Regierung unterstützt. Siehe auch Rayner et al., „The Oxford Principles“.

Seite 121 – **Für ein Ende des Stillstandes**: Parson und Keith, „End the Deadlock“. Dies ist bei Weitem nicht David Keiths erste Arbeit in Sachen Anleitungen für verantwortungsbewusste Politik. Siehe http://www.keith.seas.harvard.edu/geo-engineering/.

Kapitel 6. Agent 007

Seite 127 – **Möglichkeit eines „Greenfingers“**: Wood, „Re-engineering the Earth“. Tatsächlich würden manche argumentieren, dass dies in einem kleinen Ausmaß bereits geschehen ist. Im Jahr 2012 waren Gegner von Geo-Engineering sowie Forscher erzürnt, als sie entdeckten, dass der amerikanische Geschäftsmann Russ George ein eigenes „Experiment“ in Sachen Ozeandüngung unternommen hat, indem er 100 Tonnen an Eisensulfaten (fünf Mal mehr als in jedem anderen Experiment) in den Pazifik schütten ließ, um das Planktonwachstum anzukurbeln. Er glaubte, dies würde Kohlenstoff aus der Atmosphäre entfernen und der lokalen Lachsfischerei helfen. Georges „Experiment“ wurde als unwissenschaftlich, illegitim und unverantwortlich beschrieben und George selbst wurde „der erste Geo-Einzelkämpfer“ genannt (Specter, „The First Geo-Vigilante“; Fountain, „Rogue Climate Experiment“). Es hat sich herausgestellt, dass das Fischerdorf Old Massett des Ureinwohnervolkes der Haida abgestimmt hatte, der „Haida Salmon Restoration Corporation“ Geld zu leihen, in der Hoffnung, dass das Experiment die lokale Lachsfischerei wiederbeleben könnte. George wurde erst später als Chefwissenschaftler angeheuert. Es ist noch unklar, ob das Experiment der Lachsfischerei geholfen hat (Tollefson, „Ocean-Fertilization“).

Seite 127 – **andere Fragezeichen**: Siehe auch Weitzman, „The Geoengineered Planet“. Für die vielleicht umfangreichste Diskussion der Wissenschaft, Politik und Ethik – mit einem starken Argument – siehe (abermals) Keith, *A Case for Climate Engineering*.

Seite 128 – **Zig Millionen mehr**: Von den großen ostasiatischen Flüssen sind Brahmaputra und Indus wahrscheinlich am stärksten vom Abschmelzen der Gletscher des Himalaya betroffen, was wiederum die Ernährungssicherheit von 60 Millionen Menschen gefährden könnte (Immerzeel, van Beek und Bierkens, „Asian Water Towers").

Seite 130 – **negativen Auswirkungen auf die Gesundheit**: Die potenziellen Gesundheitsauswirkungen von Sulfaten im Zuge von Geo-Engineering sind ein Gebiet, das noch nicht umfassend erforscht worden ist. Anfängliche Resultate aus einer Studie von David Keith und Sebastian Eastham zeigen, dass die stratosphärische Injektion kleiner Partikel zu bis zu mehreren Tausend Toten pro Jahr führen könnte. Eine andere Frage, gänzlich unabhängig von den direkten Gesundheitseffekten, ist die Wirkung von Sulfur in den Ozeanen oder anderen Ökosystemen. Siehe „schuf" auf Seite 101 in Kapitel 5 zu diesem Punkt.

Seite 130 – **mehr als 3,5 Millionen Menschen**: In „Ambient (Outdoor) Air Quality and Health" schätzt die Weltgesundheitsorganisation, dass die aus menschlichen Aktivitäten resultierende Luftverschmutzung im Freien jährlich 3,7 Millionen Menschen tötet. Luftverschmutzung in Innenräumen tötet jährlich nochmals 3,3 Millionen, was eine Summe von 7 Millionen Menschen ergibt („7 Million Premature Deaths Annually Linked to Air Pollution").

Seite 131 – **Schuldvermeidung**: Weaver, *Politics of Blame Avoidance.*

Seite 131 – **Unterlassungsfehler so schlimm ist**: Das Gedankenexperiment ist stark in der Moralphilosophie verankert, mit keiner eindeutig guten Lösung. Es ist eine Frage der Größenordnungen. Siehe Parfit, „Five Mistakes in Moral Mathematics". Dieselbe Frage wird oft als sogenanntes „Trolley-Problem" präsentiert. Siehe Michael Sandel, *Justice*, David Edmonds, *Would You Kill the Fat Man?*, und Thomson, „The Trolley Problem".

Seite 132 – **Die mathematische Ableitung**: Für die technische Ableitung siehe Weitzman, „Voting Architecture". Die Arbeit leitet das ideale Entscheidungskriterium unter Berücksichtigung von Typ-I- und Typ-II-Fehlern ab. Für eine kritische Diskussion siehe Barrett, „Solar Geoengineering's Brave New World".

Kapitel 7. Was Sie tun können

Seite 135 – **1 zu 60 Millionen**: Gelman, Silver und Edlin, „What Is the Probability".

Seite 135 – **Bruchteil eines Cents**: Brennan, *Ethics of Voting*, Seite 19, berechnet die präzise Zahl in diesem hypothetischen Beispiel: 4,77 \$ $\times 10^{-2650}$: also zirka null.

Seite 137 – **Folk-Theorie der Wahlethik**: Brennan, *Ethics of Voting*.

Seite 137 – ***But Will the Planet Notice?***: Wagner, *But Will the Planet Notice?* Eine Version des Arguments erschien als Wagner, „Going Green but Getting Nowhere".

Seite 138 – **Wenn jeder ein wenig tut**: MacKay, *Sustainable Energy – without the Hot Air*.

Seite 139 – **„Selbstwahrnehmungstheorie"**: Bem, „Self-Perception Theory". Siehe auch Thøgersen und Crompton, „Simple and Painless?".

Seite 139 – **zur Arbeit zu radeln**: Siehe zum Beispiel: „Bike City", „Copenhagen: Bike City for More Than a Century", und „Bicycling History", *Cycling Embassy of Denmark*.

Seite 139 – **Umweltschutzbewegung**: Siehe „Zusätzlich unterschrieb er" auf Seite 29 in Kapitel 1.

Seite 140 – **„Einzelaktions-Effekt"**: Im Englischen der „single-action bias". Siehe den „CRED Guide" des Center for Research on Environmental Decisions der Columbia University.

Seite 140 – **wenig erforscht**: Manche Forschungen beginnen, diese Verbindung zu untersuchen (siehe Willis und Schor, „Changing a Light Bulb"). Allerdings bereitet diese Form von Forschung Ökonomen Unwohlsein. Leute zu fragen, wie sie handeln, ist eine Sache. Sie zu beobachten, ist etwas ganz anderes.

Seite 140 – **weniger tugendhaftem Verhalten**: Titmuss, *The Gift Relationship*, war unter den Ersten, die diese Hypothese aufstellten. Frey und Oberholzer-Gee, „Cost of Price Incentives", haben die Theorie etabliert. Andere haben die Theorie empirisch gezeigt, vor allem im Kontext des Blutspendens (Mellström und Johannesson, „Crowding Out in Blood Donation").

Seite 141 – **mehr Strom verbrauchen**: Siehe Jacobsen, Kotchen und Vandenbergh, „Behavioral Response".

Seite 143 – **Sir Richard Branson**: Sir Richard Branson, Präsident der Virgin Airlines, sprach diese Worte am 26. April 2012 bei der US-State-Department-Konferenz zum Thema „Global Impact Economy" („Interview of Virgin Group Ltd Chairman Sir Richard Branson by The Economist New York Bureau Chief Matthew Bishop").

Seite 146 – **zwei „hundertjährigen" Stürmen**: Siehe „49 Menschen" und „Sandy tötete 147 Personen" auf Seite 12 in Kapitel 1.

Seite 146 – **Preis für Kohlendioxid**: Siehe „über 450 Milliarden Euro pro Jahr" auf Seite 31/32 in Kapitel 1.

Seite 147 – **Versicherungen und Rückversicherungen**: Leurig und Dlugolecki, *Insurer Climate Risk*, schreiben, dass sich vor allem kleinere Versicherungsgesellschaften besser auf den Klimawandel vorbereiten müssen.

Seite 147 – **Wiederaufbau von Gebäuden**: WNYC und ProPublica analysierten die Daten und fanden heraus, dass über 10.000 Haus- und Geschäftsladenbesitzer Katastrophenkredite der Small Business Administration erhalten haben, um Häuser in Überflutungszonen wiederaufzubauen (Lewis und Shaw, „After Sandy"). New York hat 171 Millionen Dollar in einem Buyout-Programm vorgesehen, als Teil eines staatlichen Hilfspakets in Höhe von 51 Milliarden Dollar. Allerdings bauten viele Hausbesitzer wieder in Überflutungszonen, statt in neue Gebiete zu ziehen (Kaplan, „Homeowners").

Seite 148 – **den durchschnittlichen New Yorker Deich überschreiten**: Siehe „drei bis zwanzig Jahre" auf Seite 14 in Kapitel 1.

Seite 148 – **Hunderten Milliarden Euro**: Der „Fiscal Year 2014 Tentative Assessment Roll" des New York Department of Finance schätzt den Wert aller Gebäude in New York auf 873,7 Milliarden Dollar.

Seite 149 – **vorgegebenen Emissionsreduktionsziele**: Siehe „700 ppm" auf Seite 23 in Kapitel 1.

Seite 149 – **6 Grad**: Siehe Tabelle 3.1 in Kapitel 3.

Seite 150 – **Kohlendioxid**: Siehe „400 Teile pro Million" auf Seite 19/20 und „2 ppm" auf Seite 31 in Kapitel 1.

Seite 150 – **atmosphärische Badewanne**: Siehe „Badewannenproblem", beginnend auf Seite 24 in Kapitel 1, und den Eintrag zum Thema „Badewanne" auf Seite 39 in Kapitel 2.

Seite 151 – **Bill McKibben**: McKibben, „Global Warming's Terrifying New Math". Für eine zusätzliche Analyse siehe Generation Foundation, „Stranded Carbon Assets". Für eine gute Zusammenfassung siehe „A Green Light".

Seite 152 – **bessere Renditen erzielen**: Margolis, Elfenbein und Walsh, „Does It Pay to Be Good", finden kleine positive Effekte. Eccles, Ioannou und Serafeim, „Corporate Culture of Sustainability", finden große positive Effekte. Siehe auch Litterman, „The Other Reason for Divestment". Investitionen in ungewissen Situationen sind selbst ein wichtiges Thema. Optionstheorie in Sachen Klimaschutz ist ein wichtiges Thema für weitere Forschungsprogramme.

Seite 152 – **Tabak-Aktien**: Das australische Höchstgericht entschied in *British American Tobacco Australasia Limited and Ors v. The Commonwealth of Australia* für den Tobacco Plain Packaging Act (2011). Siehe „Tobacco Shares Fall on Australian Packaging Rule".

Nachwort: Eine andere Art von Optimismus

Seite 155 – **Was wir wissen**: Siehe whatweknow.aaas.org. Das direkte Zitat stammt von „What We Know", publiziert von der American Association for the Advancement of Science (AAAS). Siehe auch Melillo, Richmond und Yohe, „Climate Change Impacts in the United States", und Risky Business Project, *Risky Business*. Letzteres hebt hervor, warum der Klimawandel hauptsächlich ein Problem des Risikomanagements ist.

Seite 156 – **35 Euro pro Tonne**: Siehe „wahrscheinlich viel mehr" auf Seite 33 in Kapitel 1.

Seite 156 – ***minus 13 Euro***: Siehe „über 450 Milliarden Euro pro Jahr" auf Seite 31/32 in Kapitel 1.

Seite 156 – **0,3 bis 1 Meter**: Siehe „zwischen dreißig Zentimetern und einem Meter" auf Seite 15 in Kapitel 1.

Seite 156 – **20 Metern**: Siehe „globalen Durchschnittstemperaturen" auf Seite 20 in Kapitel 1.

Seite 156 – **10 Prozent**: Siehe Tabelle 3.1 in Kapitel 3.

Seite 157 – **stark reduziert**: Siehe „Badewannenproblem", beginnend auf Seite 24 in Kapitel 1, und den Eintrag zum Thema „Badewanne" auf Seite 39 in Kapitel 2.

Seite 157 – **bereits festzementiert**: Siehe „Jahrzehnten an Temperaturanstiegen" und „Jahrhunderten an höheren Meeresspiegeln" auf Seite 19 in Kapitel 1.

Seite 158 – **eigenständiges Ziel**: Siehe Piketty, *Capital*, für das vielleicht umfangreichste und jüngste Argument.

Seite 158 – **„Stein- und Stinkreichen zu besteuern"**: Siehe Klein, „Capitalism vs. the Climate", für das Originalzitat, sowie auch Wagner, „Naomi Klein", für eine Antwort. Klein, *This Changes Everything*, unterstreicht ihr früheres Argument. Der Untertitel des Buches: „Capitalism vs. the Climate".

Bibliografie

„7 Million Premature Deaths Annually Linked to Air Pollution". World Health Organization (25. März 2014). http://www.who.int/mediacentre/news/releases/2014/air-pollution/en/.

„10-Year Treasury Inflation-Indexed Security, Constant Maturity". FRED Economic Data (17. März 2014). http://research.stlouisfed.org/fred2/series/DFII10/.

Acemoglu, Daron, Philippe Aghion, Leonardo Bursztyn und David Hemous. „The Environment and Directed Technical Change". *American Economic Review* 102.1 (2012): 131–66. http://dspace.mit.edu/openaccess-disseminate/1721.1/61749.

„Acid Test". *Economist* (23. November 2013). http://www.economist.com/news/science-and-technology/21590349-worlds-seas-are-becoming-more-acidic-how-much-matters-not-yet-clear.

Alderman, Liz. „A Greener Champagne Bottle". *New York Times* (1. September 2010): B1. http://www.nytimes.com/2010/09/01/business/energy-environment/01champagne.html.

Aldy, Joseph E. und William A. Pizer. „Comparability of Effort in International Climate Policy Architecture". The Harvard Project on Climate Agreements Discussion Paper 14–62 (Jänner 2014). http://belfercenter.ksg.harvard.edu/files/dp62_aldy-pizer.pdf.

Allison, Graham T. *Nuclear Terrorism: The Ultimate Preventable Catastrophe.* Times Books, 2004. http://books.google.com/books?id=jDFY6FY4aakC&dq=isbn:0805076514.

Altshuller, A. P. „Assessment of the Contribution of Chemical Species to the Eye Irritation Potential of Photochemical Smog". *Journal of the Air Pollution Control Association* 28.6 (1978): 594–598. http://www.tandfonline.com/doi/abs/10.1080/00022470.1978.10470634#.UfkVeSTD99.

„Ambient (Outdoor) Air Quality and Health". World Health Organization (März 2014). http://www.who.int/mediacentre/factsheets/fs313/en/.

Anthoff, David, Robert J. Nicholls, Richard SJ Tol und Athanasios T. Vafeidis. „Global and Regional Exposure to Large Rises in Sea-Level: A Sensitivity Analysis". Tyndall Centre for Climate Change Research Working Paper 96 (2006). http://www.tyndall.ac.uk/sites/default/files/wp96_0.pdf.

Anttila-Hughes, Jesse Keith und Solomon M. Hsiang. „Destruction, Disinvestment, and Death: Economic and Human Losses Following Environmental Disaster" (18. Februar 2013). Verfügbar unter SSRN: http://dx.doi.org/10.2139/ssrn.2220501.

Archer, David, Michael Eby, Victor Brovkin, Andy Ridgwell, Long Cao, Uwe Mikolajewicz, Ken Caldeira et al. „Atmospheric Lifetime of Fossil Fuel Carbon Dioxide". *Annual Review of Earth and Planetary Sciences* 37 (2009): 117–34. http://forecast.uchicago.edu/Projects/archer.2009.ann_rev_tail.pdf.

Arrhenius, Svante. „On the Influence of Carbonic Acid in the Air upon the Temperature of the Ground". *London, Edinburgh, and Dublin Philosophical Magazine and Journal of Science* 41.251 (1896): 237–276. http://www.tandfonline.com/doi/abs/10.1080/14786449608620846#.Ufl0myTD99A.

———. *Worlds in the Making: The Evolution of the Universe*. Harper, 1908. http://books.google.com/books/about/Worlds_in_the_making.html.

Arrow, K., M. Cropper, C. Gollier, B. Groom, G. Heal, R. Newell, W. Nordhaus et al. „Determining Benefits and Costs for Future Generations". *Science* 341.6144 (2013): 349–350. http://www.sciencemag.org/content/341/6144/349.full.

Artemieva, Natalia. „Solar System: Russian Skyfall". *Nature* 503.7475 (2013): 202–203. http://www.nature.com/nature/journal/v503/n7475/full/503202a.html.

Ashenfelter, Orley. „Measuring The Value of A Statistical Life: Problems and Prospects". *Economic Journal*, 116.510 (2006): C10–C23. http://www.nber.org/papers/w11916.

„The Asilomar Conference Recommendations on Principles for Research into Climate Engineering Techniques: Conference Report", verfasst vom Asilomar Scientific Organizing Committee, Climate Institute (2010). http://climateresponsefund.org/images/Conference/finalfinalreport.pdf.

Avila, Lixion A. und John Cangialosi. „Tropical Cyclone Report: Hurricane Irene". National Hurricane Center (Dezember 2011). http://www.nhc.noaa.gov/data/tcr/AL092011_Irene.pdf.

Axelrad, Daniel A., David C. Bellinger, Louise M. Ryan und Tracey J. Woodruff. „Dose–Response Relationship of Prenatal Mercury Exposure and IQ: An Integrative Analysis of Epidemiologic Data". *Environmental Health Perspectives* 115. 4 (2007): 609. http://www.ncbi.nlm.nih.gov/pmc/articles/PMC1852694/.

Ballantyne, A. P., C. B. Alden, J. B. Miller, P. P. Tans und J.W.C. White. „Increase in Observed Net Carbon Dioxide Uptake by Land and Oceans During the Past 50 Years“. *Nature* 488.7409 (2012): 70–72. http://www.nature.com/nature/journal/v488/n7409/full/nature11299.html.

Bamber, Jonathan L., Riccardo E. M. Riva, Bert L. A. Vermeersen und Anne M. LeBrocq. „Reassessment of the Potential Sea-Level Rise from a Collapse of the West Antarctic Ice Sheet“. *Science* 324.5929 (2009): 901–903. http://www.sciencemag.org/content/324/5929/901.short.

Barreca, Alan, Karen Clay, Olivier Deschenes, Michael Greenstone und Joseph S. Shapiro. „Adapting to Climate Change: The Remarkable Decline in the U.S. Temperature-Mortality Relationship over the 20th Century“. NBER Working Paper No. 18692 (Jänner 2013). http://www.nber.org/papers/w18692.

Barrett, Scott. „Climate Treaties and Approaching Catastrophes“. *Journal of Environmental Economics and Management* 66.2 (2013): 235–250. http://www.sciencedirect.com/science/article/pii/S0095069612001222.

———. *Environment and Statecraft: The Strategy of Environmental Treaty-Making*. Oxford University Press, 2003. http://global.oup.com/academic/product/environment-and-statecraft-9780199257331?cc=us&lang=en&tab=reviews.

———. „The Incredible Economics of Geoengineering“. *Environmental and Resource Economics* 39 (2008): 45–54. http://link.springer.com/article/10.1007%2Fs10640-007-9174-8.

———. „Solar Geoengineering’s Brave New World: Thoughts on the Governance of an Unprecedented Technology“. *Review of Environmental Economics and Policy* 8.2 (2014): 249–269. http://reep.oxfordjournals.org/content/8/2/249.abstract.

Barrett, Scott und Astrid Dannenberg. „Climate Negotiations under Scientific Uncertainty“. *Proceedings of the National Academy of Sciences* 109.43 (2012): 17372–17376. http://www.pnas.org/content/109/43/17372.short.

———. „Sensitivity of Collective Action to Uncertainty about Climate Tipping Points“. *Nature Climate Change* 4.1 (2014): 36–39. http://www.nature.com/nclimate/journal/v4/n1/full/nclimate2059.html.

Barrett, Steven R. H., Rex E. Britter und Ian A. Waitz. „Global Mortality Attributable to Aircraft Cruise Emissions“. *Environmental science & Technology* 44.19 (2010): 7736–7742. http://pubs.acs.org/doi/abs/10.1021/es101325r.

Barro, Robert J. „Rare Disasters, Asset Price, and Welfare Costs". *American Economic Review* 99.1 (2009): 243–264. http://www.nber.org/papers/w13690.

Bazilian, Morgan, Ijeoma Onyeji, Michael Liebreich, Ian MacGill, Jennifer Chase, Jigar Shah, Dolf Gielen, Doug Arent, Doug Landfear und Shi Zhengrong. „Re-considering the Economics of Photovoltaic Power". *Renewable Energy* 53 (2013): 329–338. http://www.sciencedirect.com/science/article/pii/S0960148112007641.

Bem, Daryl. „Self-Perception Theory". In: *Advances in Experimental Social Psychology*, hrsg. von Leonard Berkowitz, vol. 6. Academic Press, 1972. 1–62.

Benedick, Richard Elliot. *Ozone Diplomacy: New Directions in Safeguarding the Planet*. Harvard University Press, 1998. http://www.amazon.com/Ozone-Diplomacy-Directions-Safeguarding-Enlarged/dp/0674650034.

Benenson Strategy Group und GS Strategy Group. „Recent Polling on Youth Voters" (Juli 2013). http://www.lcv.org/issues/polling/recent-polling-on-youth.pdf.

Berg, Paul. „Asilomar and Recombinant DNA". *Nobelprize.org* (17. Juli 2013). http://www.nobelprize.org/nobel_prizes/chemistry/laureates/1980/berg-article.html.

Berg, Paul, D. Baltimore, S. Brenner, R. O. Robin und M. F. Singer. „Summary Statement of the Asilomar Conference on Recombinant DNA Molecules". *Proceedings of the National Academy of Sciences of USA* 72.6 (1975): 1981–1984. http://www.ncbi.nlm.nih.gov/pmc/articles/PMC432675/pdf/pnas00049-0007.pdf.

Bickel, J. Eric und Shubham Agrawal. „Reexamining the Economics of Aerosol Geoengineering". *Climatic Change* (2011): 1–14. http://link.springer.com/article/10.1007/s10584-012-0619-x.

„Bicycling History". Cycling Embassy of Denmark. http://www.cycling-embassy.dk/facts-about-cycling-in-denmark/cycling-history/.

„Bike City". *Visitcopenhagen.com*. http://www.visitcopenhagen.com/copenhagen/bike-city.

Black, Fischer und Robert B. Litterman. „Global Portfolio Optimization". *Financial Analysts Journal* 48.5 (1992): 28–43. http://www.jstor.org/discover/10.2307/4479577?uid=2&uid=4&sid=21102739263593.

Blake, Eric S., Todd B. Kimberlain, Robert J. Berg, John P. Cangialosi und John L. Beven II. *Tropical Cyclone Report: Hurricane Sandy*. National

Hurricane Center (Februar 2013). http://www.nhc.noaa.gov/data/tcr/AL182012_Sandy.pdf.

Bluth, Gregg J. S., Scott D. Doiron, Charles C. Schnetzler, Arlin J. Krueger und Louis S. Walter. „Global Tracking of the SO2 Clouds from the June, 1991 Mount Pinatubo Eruptions". *Geophysical Research Letters* 19.2 (1992): 151–54. http://so2.gsfc.nasa.gov/pdfs/Bluth_Pinatubo1991_GRL91GL02792.pdf.

Borgerson, Scott G. „The Coming Arctic Boom". *Foreign Affairs* (Juli/August 2013). http://www.foreignaffairs.com/articles/139456/scott-g-borgerson/the-coming-arctic-boom.

Bostrom, Nick und Milan M. Ćirković, Hrsg. *Global Catastrophic Risks*. Oxford University Press, 2011. http://www.global-catastrophic-risks.com/book.html.

Bradsher, Keith und David Barboza. „Pollution from Chinese Coal Casts a Global Shadow". *New York Times* (11. Juni 2006): A1. http://www.nytimes.com/2006/06/11/business/worldbusiness/11chinacoal.html.

Brauer, Michael, G. Hoek, H. A. Smit, J. C. de Jongste, J. Gerritsen, D. S. Postma, M. Kerkhof und B. Brunekreef. „Air Pollution and Development of Asthma, Allergy and Infections in a Birth Cohort". *European Respiratory Journal* 29.5 (2007): 879–88. http://erj.ersjournals.com/content/29/5/879.full.

Brennan, Jason. *The Ethics of Voting*. Princeton University Press, 2011. http://press.princeton.edu/titles/9704.html.

British American Tobacco Australasia Limited and Ors v. the Commonwealth of Australia, no. S389/2411 (High Court of Australia 2012). http://www.hcourt.gov.au/cases/case-s389/2011.

Broecker, Wallace S. „Climatic Change: Are We on the Brink of a Pronounced Global Warming?" *Science* 189.4201 (1975). http://www.sciencemag.org/content/189/4201/460.abstract.

Brown, P. G., J. D. Assink, L. Astiz, R. Blaauw, M. B. Boslough, J. Borovicka, N. Brachet et al. „A 500-Kiloton Airburst over Chelyabinsk and an Enhanced Hazard from Small Impactors". *Nature* 503.7475 (2013): 238–41. http://www.nature.com/nature/journal/v503/n7475/full/nature12741.html.

Budescu, David V., Han-Hui Por, Stephen B. Broomell und Michael Smithson. „The Interpretation of IPCC Probabilistic Statements around the World". *Nature Climate Change* 4.6 (2014): 508–12. http://www.nature.com/nclimate/journal/vaop/ncurrent/full/nclimate2194.html.

Butler, James H. und Stephen A. Montzka. „The NOAA Annual Greenhouse Gas Index (AGGI)". *NOAA Earth System Research Laboratory* (2013). http://www.esrl.noaa.gov/gmd/ccgg/aggi.html.

Caldeira, Ken und Michael E. Wickett. „Oceanography: Anthropogenic Carbon and Ocean pH". *Nature* 425.6956 (2003): 365. http://www.nature.com/nature/journal/v425/n6956/full/425365a.html.

Carlowicz, M. „World of Change: Global Temperatures". NASA Earth Observatory (2010). http://earthobservatory.nasa.gov/Features/WorldOfChange/decadaltemp.php.

Chakravarty, Shoibal, Ananth Chikkatur, Heleen de Coninck, Stephen Pacala, Robert Socolow und Massimo Tavoni. „Sharing Global CO_2 Emission Reductions among One Billion High Emitters". *Proceedings of the National Academy of Sciences* 106.29 (2009): 11884–88. http://cmi.princeton.edu/research/pdfs/one_billion_emitters.pdf.

Charney, Jule G., Akio Arakawa, D. James Baker, Bert Bolin, Robert E. Dickinson, Richard M. Goody, Cecil E. Leith, Henry M. Stommel und Carl I. Wunsch. „Carbon Dioxide and Climate: A Scientific Assessment". National Academy of Sciences, 1979. http://www.atmos.ucla.edu/~brianpm/download/charney_report.pdf.

„China's 12GW Solar Market Outstripped All Expectations in 2013". *Bloomberg New Energy Finance* (23. Jänner 2014). http://about.bnef.com/files/2014/01/BNEF_PR_2014-01-23_China_Investment-final.pdf.

Christensen, Jens H. und Ole B. Christensen. „Climate Modelling: Severe Summertime Flooding in Europe". *Nature* 421.6925 (2003): 805–6. http://www.nature.com/nature/journal/v421/n6925/abs/421805a.html.

Christidis, Nikolaos, Peter A. Stott, Adam A. Scaife, Alberto Arribas, Gareth S. Jones, Dan Copsey, Jeff R. Knight und Warren J. Tennant. „A New HadGEM3-A Based System for Attribution of Weather and Climate-Related Extreme Events". *Journal of Climate* 26.9 (2013). http://journals.ametsoc.org/doi/abs/10.1175/JCLI-D-12-00169.1.

Clark, Pilita. „What Climate Scientists Talk about Now". *Financial Times* (2. August 2013). http://www.ft.com/intl/cms/s/2/4084c8ee-fa36-11e2-98e0-00144feabdc0.html#axzz2cQegckSd.

„Clean Energy: Calculations and References". *U.S. Environmental Protection Agency* (last updated April 2013). http://www.epa.gov/cleanenergy/energy-resources/refs.html.

Clements, Benedict J., David Coady, Stefania Fabrizio, Sanjeev Gupta, Trevor Serge, Coleridge Alleyne und Carlo A. Sdralevich, Hrsg. *Energy Subsidy Reform: Lessons and Implications*. International Monetary Fund, 2013. http://www.amazon.com/Energy-Subsidy-Reform-Lessons-Implications/dp/1475558112/.

„Climate Science: Vast Costs of Arctic Change". *Nature* 499.7459 (2013): 401–403. http://www.nature.com/nature/journal/v499/n7459/full/499401a.html.

CO_2Now. „Accelerating Rise of Atmospheric CO_2". http://co2now.org/Current-CO2/CO2-Trend/acceleration-of-atmospheric-co2.html.

Coase, Ronald H. „The Nature of the Firm". *Economica* 4.16 (1937): 386–405. http://onlinelibrary.wiley.com/doi/10.1111/j.1468-0335.1937.tb00002.x/full.

———. „The Problem of Social Cost". *The Journal of Law & Economics* 3 (1960): 1. http://heinonline.org/HOL/LandingPage?collection=journals&handle=hein.journals/jlecono3&div=2&id=&page=.

Collingridge, David. *The Social Control of Technology*. Pinter, 1980. http://www.amazon.com/Social-Control-Technology-David-Collingridge/dp/031273168X.

„Conversion Tables". Carbon Dioxide Information Analysis Center (last updated September 2012). http://cdiac.ornl.gov/pns/convert.html.

„Cool Roof Fact Sheet". *US Department of Energy Building Technologies* (August 2009). http://www1.eere.energy.gov/buildings/pdfs/cool_roof_fact_sheet.pdf.

„Copenhagen: Bike City for More Than a Century". *Denmark.dk*. http://denmark.dk/en/green-living/bicycle-culture/copenhagen-bike-city-for-more-than-a-century/.

Coumou, Dim und Alexander Robinson. „Historic and Future Increase in the Global Land Area Affected by Monthly Heat Extremes". *Environmental Research Letters* 8 (2013). http://iopscience.iop.org/1748-9326/8/3/034018/article.

Coumou, Dim, Alexander Robinson und Stefan Rahmstorf. „Global Increase in Record-Breaking Monthly-Mean Temperatures". *Climatic Change* 118.3–4 (2013): 771–782. http://link.springer.com/article/10.1007%2Fs10584-012-0668-1.

Cropper, Maureen L., Mark C. Freeman, Ben Groom und William A. Pizer. „Declining Discount Rates". *American Economic Review: Papers and Proceedings* 104.5 (2014): 538–543. http://dx.doi.org/10.1257/aer.104.5.538.

Crutzen, Paul J. „Albedo Enhancement by Stratospheric Sulfur Injections: A Contribution to Resolve a Policy Dilemma?“ *Climatic Change* 77.3 (2006): 211–220. http://link.springer.com/article/10.1007%2Fs10584-006-9101-y.

Cui, Ying, Lee R. Kump, Andy J. Ridgwell, Adam J. Charles, Christopher K. Junium, Aaron F. Diefendorf, Katherine H. Freeman, Nathan M. Urban und Ian C. Harding. „Slow Release of Fossil Carbon during the Palaeocene-Eocene Thermal Maximum“. *Nature Geoscience* 4.7 (2011): 481–485. http://www.nature.com/ngeo/journal/v4/n7/full/ngeo1179.html.

Curry, Judith A., Julie L. Schramm und Elizabeth E. Ebert. „Sea Ice–Albedo Climate Feedback Mechanism“. *Journal of Climate* 8.2 (1995): 240–247. http://journals.ametsoc.org/doi/abs/10.1175/1520-0442(1995)008%3C0240:SIACFM%3E2.0.CO%3B2.

Dales, John H. *Pollution, Property, and Prices: An Essay in Policy-Making and Economics*. University of Toronto Press, 1968.

„Defending Planet Earth: Near-Earth Object Surveys and Hazard Mitigation Strategies“. National Academies Press, 2010. http://www.nap.edu/download.php?record_id=12842.

„Demoralized Trading: Stocks Break on Record Volume–Banking Support Starts Rally“. *Wall Street Journal* (25. Oktober 1929).

Deschênes, Olivier und Enrico Moretti. „Extreme Weather Events, Mortality, and Migration“. *Review of Economics and Statistics* 91.4 (2009): 659–681. http://www.mitpressjournals.org/doi/pdf/10.1162/rest.91.4.659.

Diffenbaugh, Noah S. und Christopher B. Field. „Changes in Ecologically Critical Terrestrial Climate Conditions“. *Science* 341.6145 (2013): 486–492. http://www.sciencemag.org/content/341/6145/486.full.

Dorbian, Christopher S., Philip J. Wolfe und Ian A. Waitz. „Estimating the Climate and Air Quality Benefits of Aviation Fuel and Emissions Reductions“. *Atmospheric Environment* 45.16 (2011): 2750–2759. http://www.sciencedirect.com/science/article/pii/S1352231011001592.

Dreifus, Claudia. „Chasing the Biggest Story on Earth“. *New York Times* (11. Februar 2014): D5. http://www.nytimes.com/2014/02/11/science/the-sixth-extinction-looks-at-human-impact-on-the-environment.html.

Dutton, Ellsworth G. und John R. Christy. „Solar Radiative Forcing at Selected Locations and Evidence for Global Lower Tropospheric Cooling Following the Eruptions of El Chichón and Pinatubo“. *Geophysical Re-*

search Letters 19.23 (1992): 2313–2316. http://onlinelibrary.wiley.com/doi/10.1029/92GL02495/abstract.

Dyer, Gwynne. *Climate Wars: The Fight for Survival as the World Overheats.* Scribe Publications, 2008. http://www.amazon.com/Climate-Wars-Fight-Survival-Overheats/dp/1851688145.

Eccles, Robert, Ioannis Ioannou, George Serafeim. „The Impact of a Corporate Culture of Sustainability on Corporate Behavior and Performance". HBS working paper 12-035 (25. November 2011). http://www.hbs.edu/research/pdf/12-035.pdf.

„Economics of Ocean Acidification". International Atomic Energy Agency workshop (November 2012). http://medsea-project.eu/wp-content/uploads/2013/10/ebook-Economics-of-Ocean-Acidification.pdf.

Edmonds, David. *Would You Kill the Fat Man? The Trolley Problem and What Your Answer Tells Us about Right and Wrong.* Princeton University Press, 2013. http://press.princeton.edu/titles/10074.html.

Ellerman, Denny, Frank Convery und Christian de Perthuis. *Pricing Carbon: The European Union Emissions Trading Scheme.* Cambridge University Press, 2010. http://www.cambridge.org/us/academic/subjects/economics/natural-resource-and-environmental-economics/pricing-carbon-european-union-emissions-trading-scheme.

Emanuel, Kerry A. „Downscaling CMIP5 Climate Models Shows Increased Tropical Cyclone Activity over the 21st Century". *Proceedings of the National Academy of Sciences* (8. Juli 2013). http://www.pnas.org/content/early/2013/07/05/1301293110.abstract.

———. „Increasing Destructiveness of Tropical Cyclones over the Past 30 Years". *Nature* 436.7051 (2005): 686–688. http://www.nature.com/nature/journal/v436/n7051/abs/nature03906.html.

———. „MIT Climate Scientist Responds on Disaster Costs and Climate Change". FiveThirtyEight (31. März 2014). http://fivethirtyeight.com/features/mit-climate-scientist-responds-on-disaster-costs-and-climate-change/.

Engber, Daniel. „You're Getting Warmer … " *Slate* (Original 2007; neu veröffentlicht am 20. August 2013). http://www.slate.com/articles/health_and_science/science/2007/02/youre_getting_warmer_.html.

Fasullo, John T. und Kevin E. Trenberth. „A Less Cloudy Future: The Role of Subtropical Subsidence in Climate Sensitivity". *Science* 338.6108 (2012): 792–794. http://www.sciencemag.org/content/338/6108/792.

Fiscal Year 2014 Tentative Assessment Roll. NYC Finance (15. Jänner 2013). http://www.nyc.gov/html/dof/downloads/pdf/press_release/pr_assessment_14.pdf.

Fischer, Carolyn, Winston Harrington und Ian WH Parry. „Should Automobile Fuel Economy Standards Be Tightened?“ *Energy Journal* 28.4 (2007): 1–29. http://iaee.org/documents/vol28_4.pdf.

Fischetti, Mark. „New York City and the U.S. East Coast Must Take Drastic Action to Prevent Ocean Flooding“. *Scientific American* 308.6 (2013): 58–67. http://www.scientificamerican.com/article.cfm?id=new-york-city-east-coast-drastic-actions-prevent-flooding-hurricane-sandy.

Fountain, Henry. „A Rogue Climate Experiment Outrages Scientists“. *New York Times* (19. Oktober 2012). http://www.nytimes.com/2012/10/19/science/earth/iron-dumping-experiment-in-pacific-alarms-marine-experts.html.

Fourier, Jean-Baptiste Joseph. „Les Temperatures du Globe Terrestre et des espaces planetaires“. *Mémoires de l'Académie des sciences de l'Institut de France* 7 (1827): 569–604. http://www.math.umn.edu/~mcgehee/Seminars/ClimateChange/references/Fourier1827.pdf.

———. „Remarques générales sur les températures du globe terrestre et des espaces planétaires“. *Annales de Chimie et de Physique* 27 (1824): 136–167.

Fox-Penner, Peter. *Smart Power: Climate Change, the Smart Grid, and the Future of Electric Utilities*. Island Press, 2010. http://www.smartpowerbook.com/.

Franke, Andreas. „Analysis: German 2013 Wind, Solar Output Up 4% at Record 77TWh“. *Platts* (7. Jänner 2014). http://www.platts.com/latest-news/electric-power/london/analysis-german-2013-wind-solar-power-output-26598276.

Frey, Bruno S. und Felix Oberholzer-Gee. „The Cost of Price Incentives: An Empirical Analysis of Motivation Crowding Out“. *American Economic Review* 87: 746–755 (1997). http://www.jstor.org/stable/2951373.

Friedlingstein, P., R. M. Andrew, J. Rogelj, G. P. Peters, J. G. Canadell, R. Knutti, G. Luderer, M. R. Raupach, M. Schaeffer, D. P. van Vuuren und C. Le Quéré. „Persistent Growth of CO_2 Emissions and Implications for Reaching Climate Targets“. *Nature Geoscience* 7.10 (2014). doi:10.1038/ngeo2248. http://www.nature.com/ngeo/journal/vaop/ncurrent/full/ngeo2248.html.

„Future climate change". U. S. EPA. http://www.epa.gov/climatechange/science/future.html.

Gardiner, Stephen. „Is 'Arming the Future' with Geoengineering Really the Lesser Evil? Some Doubts about the Ethics of Intentionally Manipulating the Climate System". In: *Climate Ethics: Essential Readings*, hrsg. von Stephen M. Gardiner, Simon Caney, Dale Jamieson und Henry Shue. Oxford University Press, 2010. 284–312. http://papers.ssrn.com/sol3/papers.cfm?abstract_id=1357162.

Garrick, B. John. *Quantifying and Controlling Catastrophic Risks*. Academic Press, 2008. http://www.amazon.com/Quantifying-Controlling-Catastrophic-Risks-Garrick/dp/0123746019.

Gelman, Andrew, Nate Silver und Aaron Edlin. „What Is the Probability Your Vote Will Make a Difference?" *Economic Inquiry* 50.2 (2012): 321–326. http://www.stat.columbia.edu/~gelman/research/published/probdecisive2.pdf.

Generation Foundation. „Stranded Carbon Assets: Why and How Carbon Risks Should Be Incorporated in Investment Analysis". White Paper (30. Oktober 2013). http://genfound.org/media/pdf-generation-foundation-stranded-carbon-assets-v1.pdf.

Giles, Jim. „Hacking the Planet, Who Decides?" *New Scientist* (29. März 2010). http://www.newscientist.com/article/dn18713-hacking-the-planet-who-decides.html?full=true#.UioxwyTD99A.

———. „Scientific Uncertainty: When Doubt Is a Sure Thing". *Nature* 418.6897 (2002): 476–478. http://www.nature.com/nature/journal/v418/n6897/full/418476a.html.

Gillett, Nathan P., Vivek K. Arora, Kirsten Zickfeld, Shawn J. Marshall und William J. Merryfield. „Ongoing Climate Change Following a Complete Cessation of Carbon Dioxide Emissions". *Nature Geoscience* 4.2 (2011): 83–87. http://www.nature.com/ngeo/journal/v4/n2/abs/ngeo1047.html.

Gillingham, Kenneth, Richard G. Newell und Karen Palmer. „Energy Efficiency Economics and Policy". *Annual Review of Resource Economics* 1 (2009): 597–620. http://www.annualreviews.org/doi/abs/10.1146/annurev.resource.102308.124234.

Glaeser, Edward, Simon Johnson und Andrei Shleifer. „Coase vs. the Coasians". *Quarterly Journal of Economics* 116.3 (2001): 853–899. http://qje.oxfordjournals.org/content/116/3/853.short.

„Global Market Outlook for Photovoltaics 2013–2017". *European Photovoltaic Industry Association* (Mai 2013). http://www.epia.org/fileadmin/user_upload/Publications/GMO_2013_-_Final_PDF.pdf.

„Global Warming: Who Pressed the Pause Button". *Economist* (8. März 2014). http://www.economist.com/news/science-and-technology/21598610-slowdown-rising-temperatures-over-past-15-years-goes-being.

Goes, Marlos, Nancy Tuana und Klaus Keller. „The Economics (or Lack Thereof) of Aerosol Geoengineering". *Climatic Change* 109.3–4 (2011): 719–744. http://www.aoml.noaa.gov/phod/docs/Goes_etal_2011.pdf.

Gollier, Christian. „Evaluation of Long-Dated Investments under Uncertain Growth Trend, Volatility and Catastrophes". CESifo Working Paper Series No. 4052 (2012). http://papers.ssrn.com/sol3/papers.cfm?abstract_id=2202094.

———. *Pricing the Planet's Future: The Economics of Discounting in an Uncertain World.* Princeton University Press, 2012. http://press.princeton.edu/titles/9894.html.

Gollier, Christian und Martin L. Weitzman. „How Should the Distant Future Be Discounted When Discount Rates Are Uncertain?" *Economics Letters* 107.3 (2010): 350–353. http://scholar.harvard.edu/files/weitzman/files/howshoulddistantfuture.pdf.

Goodell, Jeff. *How to Cool the Planet: Geoengineering and the Audacious Quest to Fix Earth's Climate.* Houghton Mifflin Harcourt, 2010. http://books.google.com/books?id=5hAnBB-wmH4C.

Goulder, Lawrence H. und Andrew R. Schein. „Carbon Taxes vs. Cap and Trade: A Critical Review". NBER Working Paper No. 19338 (August 2013). http://www.nber.org/papers/w19338.

„A Green Light". *Economist* (29. März 2014). http://www.economist.com/news/business/21599770-companies-are-starting-open-up-about-their-environmental-risks-they-need-do-more-green.

Greenberg, Max, Denise Robbins und Shauna Theel. „Media Sowed Doubt in Coverage of UN Climate Report". MediaMatters.org (10. Oktober 2013). http://mediamatters.org/research/2013/10/10/study-media-sowed-doubt-in-coverage-of-un-clima/196387.

Greenstone, Michael, Elizabeth Kopits und Ann Wolverton. „Developing a Social Cost of Carbon for US Regulatory Analysis: A Methodology and Interpretation". *Review of Environmental Economics and Policy* 7.1 (2013): 23–46. http://reep.oxfordjournals.org/content/7/1/23.abstract.

Gunther, Marc. *Suck It Up: How Capturing Carbon from the Air Can Help Solve the Climate Crisis*. Amazon Kindle Single, 2012. http://www.marcgunther.com/suck-it-up-my-book-about-climate-change-geoengineering-and-air-capture-of-co2/.

Gurwick, Noel P., Lisa A. Moore, Charlene Kelly und Patricial Elias. „A Systematic Review of Biochar Research, with a Focus on Its Stability in Situ and Its Promise as a Climate Mitigation Strategy". *Plos One* 8.9 (2013). http://www.plosone.org/article/info%3Adoi%2F10.1371%2Fjournal.pone.0075932.

Guy, Sophie, Yoshihisa Kashima, Iain Walker und Saffron O'Neill. „Comparing the Atmosphere to a Bathtub: Effectiveness of Analogy for Reasoning about Accumulation". *Climatic Change* 121.4 (2013): 579–594. http://link.springer.com/article/10.1007/s10584-013-0949-3.

Haagen-Smit, A. J. „Chemistry and Physiology of Los Angeles smog". *Industrial and Engineering Chemistry* 44.6 (1952): 1342–1346. http://pubs.acs.org/doi/abs/10.1021/ie50510a045?journalCode=iechad.

Hamilton, Clive. *Earthmasters: The Dawn of the Age of Climate Engineering*. Yale University Press, 2013. http://books.google.com/books?lr=&id=x61F2HkKtVEC.

Hammar, H., T. Sterner und S. Åkerfeldt. „Sweden's CO_2 Tax and Taxation Reform Experiences". In: *Reducing Inequalities: A Sustainable Development Challenge*, hrsg. von R. Genevey, R. Pachauri, L., Tubiana. New Delhi: TERI Press (2013). 169–174. http://www.efdinitiative.org/publications/swedens-co2-tax-and-taxation-reform-experiences.

Hansen, James und Makiko Sato. „Climate Sensitivity Estimated from Earth's Climate History". NASA Goddard Institute for Space Studies and Columbia University Earth Institute. New York (Mai 2012). http://www.columbia.edu/~jeh1/mailings/2012/20120508_ClimateSensitivity.pdf.

Hansen, James, Makiko Sato, Pushker Kharecha, David Beerling, Valerie Masson-Delmotte, Mark Pagani, Maureen Raymo, Dana L. Royer und James C. Zachos. „Target Atmospheric CO_2: Where Should Humanity Aim?" *NASA Goddard Institute for Space Studies, Columbia University Earth Institute* (2008). http://www.columbia.edu/~jeh1/2008/TargetCO2_20080407.pdf.

Hardin, Garrett. „Tragedy of the Commons". *Science* 162.3859 (1968): 1243–1248. http://citeseerx.ist.psu.edu/viewdoc/download?doi=10.1.1.124.3859&rep=rep1&type=pdf.

Harvey, L. D. D. „Mitigating the Atmospheric CO_2 Increase and Ocean Acidification by Adding Limestone Powder to Upwelling Regions". *Journal of Geophysical Research: Oceans (1978–2012)* 113.C4 (2008). http://onlinelibrary.wiley.com/doi/10.1029/2007JC004373/abstract.

Heal, Geoffrey M. und Antony Millner. „Agreeing to Disagree on Climate Policy". *Proceedings of the National Academy of Sciences* 111.10 (2014). http://www.pnas.org/content/early/2014/02/19/1315987111.short.

———. „Uncertainty and Decision in Climate Change Economics". NBER Working Paper No. 18929 (2013). http://www.nber.org/papers/w18929.

Heal, Geoffrey M. und Jisung Park. „Feeling the Heat: Temperature, Physiology and the Wealth of Nations". National Bureau of Economic Research (NBER) Working Paper No. w19725 (2013). http://www.nber.org/papers/w19725.

Heckendorn, P., D. Weisenstein, S. Fueglistaler, B. P. Luo, E. Rozanov, M. Schraner, L. W. Thomason und T. Peter. „The Impact of Geoengineering Aerosols on Stratospheric Temperature and Ozone". *Environmental Research Letters* 4.4 (2009). http://iopscience.iop.org/1748-9326/4/4/045108/fulltext/.

Heffernan, Margaret. *Willful Blindness*. Walker, 2011. http://books.google.com/books?id=3rQiXitkUpMC.

High-End cLimate Impacts and eXtremes (HELIX). http://www.HELIXclimate.eu.

Hogan, William W. „Scarcity Pricing: More on Locational Operating Reserve Demand Curves". Harvard Electricity Policy Group. Presentation, San Diego, März 2013. http://www.hks.harvard.edu/fs/whogan/Hogan_hepg_031309r.pdf.

House of Commons Science and Technology Committee. „The Regulation of Geoengineering". London, UK (2010). http://www.publications.parliament.uk/pa/cm200910/cmselect/cmsctech/221/221.pdf.

Howard, Peter. „Omitted Damages: What's Missing from the Social Cost of Carbon". Cost of Carbon Project (2014). http://costofcarbon.org/files/Omitted_Damages_Whats_Missing_From_the_Social_Cost_of_Carbon.pdf.

Hsiang, Solomon M., Marshall Burke und Edward Miguel. „Quantifying the Influence of Climate on Human Conflict". *Science* 341.6151 (2013): 1235367. http://www.sciencemag.org/content/341/6151/1235367.

Hsiang, Solomon M., Kyle C. Meng und Mark A. Cane. „Civil Conflicts Are Associated with the Global Climate". *Nature* 476.7361 (2011): 438–441. http://www.nature.com/nature/journal/v476/n7361/full/nature10311.html.

IGBP, IOC, SCOR. „Ocean Acidification Summary for Policymakers – Third Symposium on the Ocean in a High-CO_2 World". International Geosphere-Biosphere Programme, Stockholm, Sweden (2013). http://www.igbp.net/download/18.30566fc6142425d6c91140a/1384420272253/OA_spm2-FULL-lorez.pdf.

Immerzeel, Walter W., Ludovicus P. H. van Beek und Marc F. P. Bierkens. „Climate Change Will Affect the Asian Water Towers". *Science* 328.5984 (2010): 1382–1385. http://www.sciencemag.org/content/328/5984/1382.full.

„Incorporating Sea-Level Change Considerations in Civil Works Programs". USACE EC 1165–2-212 (2011). http://www.flseagrant.org/wp-content/uploads/2012/02/USACE_SLR_policy_2011-2013.pdf.

Inman, Mason, „Carbon Is Forever". *Nature Reports Climate Change* 12 (2008). http://www.nature.com/climate/2008/0812/full/climate.2008.122.html.

Intergovernmental Panel on Climate Change (IPCC). *Climate Change 1992: The Supplementary Report to the IPCC Scientific Assessment* (1992). http://www.ipcc.ch/publications_and_data/publications_ipcc_supplementary_report_1992_wg1.shtml.

———. *IPCC Fifth Assessment Report: Climate Change 2013* (AR5) (2013–2014). http://www.ipcc.ch/report/ar5/.

———. *IPCC First Assessment Report* (1990).

———. *IPCC Fourth Assessment Report: Climate Change 2007* (AR4) (2007). http://www.ipcc.ch/publications_and_data/ar4/syr/en/contents.html.

———. *IPCC Second Assessment Report: Climate Change 1995 (SAR)* (1995). http://www.ipcc.ch/pdf/climate-changes-1995/ipcc-2nd-assessment/2nd-assessment-en.pdf.

———. *IPCC Third Assessment Report: Climate Change 2001 (TAR)* (2001). http://www.grida.no/publications/other/ipcc_tar/.

———. *Special Report: Managing the Risks of Extreme Events and Disasters to Advance Climate Change Adaptation* (2012). http://ipcc-wg2.gov/SREX/images/uploads/SREX-All_FINAL.pdf.

———. *IPCC Special Report on Emissions Scenarios (SRES)* (2000). https://www.ipcc.ch/pdf/special-reports/spm/sres-en.pdf.

„Interview of Virgin Group Ltd Chairman Sir Richard Branson by *The Economist* New York Bureau Chief Matthew Bishop", Transkript der Konferenz des U.S. Department of State über „Global Impact Economy", am 20. April 2012. http://www.state.gov/s/partnerships/releases/2012/189100.htm.

„Irene by the Numbers". *NOAA* (August 2011). http://www.noaa.gov/images/Hurricane%20Irene%20by%20the%20Numbers%20-%20Factoids_V4_083111.pdf.

Jacobsen, Grant D., Matthew J. Kotchen und Michael P. Vandenbergh. „The Behavioral Response to Voluntary Provision of an Environmental Public Good: Evidence from Residential Electricity Demand". *European Economic Review* 56: 946–960 (2012). http://www.nber.org/papers/w16608.

Jacobsen, Mark R. „Evaluating U. S. Fuel Economy Standards in a Model with Producer and Household Heterogeneity". *American Economic Journal: Economic Policy* 5.2 (2013): 148–187. http://www.aeaweb.org/articles.php?doi=10.1257/pol.5.2.148.

Jacobson, Mark Z. und John E. Ten Hoeve. „Effects of Urban Surfaces and White Roofs on Global and Regional Climate". *Journal of Climate* 24.3 (2012): 1028–1044. http://journals.ametsoc.org/doi/abs/10.1175/JCLI-D-11-00032.1?journalCode=clim.

Jaffé, Rudolf, Yan Ding, Jutta Niggermann, Anssi V. Vähätalo, Aron Stubbins, Robert G. M. Spencer, John Campbell und Thorsten Dittmar. „Global Charcoal Mobilization from Soils via Dissolution and Riverine Transport to the Oceans". *Science* 340.6130 (2013): 345–347. http://www.sciencemag.org/content/340/6130/345.full.

Jensen, Robert T. und Nolan H. Miller. „Giffen Behavior and Subsistence Consumption". *American Economic Review* 98.4 (2008): 1553. http://www.aeaweb.org/articles.php?doi=10.1257/aer.98.4.1553.

Jerrett, Michael, Richard T. Burnett, C. Arden Pope III, Kazuhiko Ito, George Thurston, Daniel Krewski, Yuanli Shi, Eugenia Calle und Michael Thun. „Long-Term Ozone Exposure and Mortality". *New England Journal of Medicine* 360.11 (2009): 1085–1095. http://www.nejm.org/doi/full/10.1056/NEJMoa0803894.

Johansson, Bengt. „Economic Instruments in Practice 1: Carbon Tax in Sweden". *Swedish Environmental Protection Agency* (2001). http://www.oecd.org/science/inno/2108273.pdf.

„John Tyndall". *NASA Earth Observatory.* http://earthobservatory.nasa.gov/Features/Tyndall/.

Jones, Andy, Jim Haywood und Olivier Boucher. „Climate Impacts of Geoengineering Marine Stratocumulus Clouds". *Journal of Geophysical Research: Atmospheres (1984–2012)* 114.D10 (2009). http://onlinelibrary.wiley.com/doi/10.1029/2008JD011450/abstract.

Jones, Andy, Jim M. Haywood, Kari Alterskjær, Olivier Boucher, Jason N. S. Cole, Charles L. Curry, Peter J. Irvine et al. „The Impact of Abrupt Suspension of Solar Radiation Management (Termination Effect) in Experiment G2 of the Geoengineering Model Intercomparison Project (GeoMIP)". *Journal of Geophysical Research: Atmospheres* 118.17 (2013): 9743–9752. http://onlinelibrary.wiley.com/doi/10.1002/jgrd.50762/abstract.

Jones, Gregory V., Michael A. White, Owen R. Cooper und Karl Storchmann. „Climate Change and Global Wine Quality". *Climatic Change* 73.3 (2005): 319–343. http://www.recursosdeenologia.com/docs/2005/2005_climate_change_and_global_wine_quality.pdf.

Jones, Morgan T., Stephen J. Sparks und Paul J. Valdes. „The Climatic Impact of Supervolcanic Ash Blankets". *Climate Dynamics* 29.6 (2007): 553–564. http://link.springer.com/article/10.1007%2Fs00382-007-0248-7.

Joos, Fortunat und M. Bruno, „A Short Description of the Bern Model". (September 1996). http://www.climate.unibe.ch/~joos/model_description/model_description.html.

Joughin, Ian, Benjamin E. Smith und Brooke Medley. „Marine Ice Sheet Collapse Potentially under Way for the Thwaites Glacier Basin, West Antarctica". *Science* 344.6185 (2014): 735–738. http://www.sciencemag.org/content/344/6185/735.abstract.

Kahn, Matthew E. *Climatopolis: How Our Cities Will Thrive in the Hotter Future.* Basic Books, 2010. http://books.google.com/books/about/Climatopolis.html?id=nQjxjwEACAAJ.

Kahneman, Daniel. *Thinking, Fast and Slow*. New York: Farrar, Straus and Giroux, 2011. http://www.amazon.com/Thinking-Fast-Slow-Daniel-Kahneman/dp/0374533555.

Kahneman, Daniel und Amos Tversky. „Prospect Theory: An Analysis of Decision under Risk“. *Econometrica* 47.2 (1979): 263–292. http://pages.uoregon.edu/harbaugh/Readings/GBE/Risk/Kahneman%201979%20E,%20Prospect%20Theory.pdf.

———. „Subjective Probability: A Judgment of Representativeness“. *Cognitive Psychology* 3.3 (1972): 430–454. http://www.sciencedirect.com/science/article/pii/0010028572900163.

Kahneman, Daniel, Jack L. Knetsch und Richard H. Thaler. „Anomalies: The Endowment Effect, Loss Aversion, and Status Quo Bias“. *Journal of Economic Perspectives* 5.1 (1991): 193–206. http://econ.ucdenver.edu/beckman/Econ%204001/thaler-loss-aversion.pdf.

———. „Experimental Tests of the Endowment Effect and the Coase theorem“. *Journal of Political Economy* 98.6 (1990): 1325–1348. http://teaching.ust.hk/~bee/papers/040918/1990-Kahneman-endowment_effect_coase_theorem.pdf.

Kaplan, Thomas. „Homeowners in Flood Zones Opt to Rebuild, Not Move“. *New York Times* (27. April 2013): A17. http://www.nytimes.com/2013/04/27/nyregion/new-yorks-storm-recovery-plan-gets-federal-approval.html.

Karplus, Valerie J., Sergey Paltsev, Mustafa Babiker und John M. Reilly. „Should a Vehicle Fuel Economy Standard Be Combined with an Economy-Wide Greenhouse Gas Emissions Constraint? Implications for Energy and Climate Policy in the United States“. *Energy Economics* 36 (2013): 322–333. http://www.sciencedirect.com/science/article/pii/S0140988312002150.

Keeling, C. D., S. C. Piper, R. B. Bacastow, M. Wahlen, T. P. Whorf, M. Heimann und H. J. Meijer. *Exchanges of Atmospheric CO_2 and I3CO_2 with the Terrestrial Biosphere and Oceans from 1978 to 2013. Global Aspects.* SIO Reference Series, No. 01–06, Scripps Institution of Oceanography, San Diego (aufgerufen 2013). http://scrippsco2.ucsd.edu/data/in_situ_co2/monthly_mlo.csv.

Keith, David W. *A Case for Climate Engineering.* A Boston Review Book / MIT Press, 2013. http://mitpress.mit.edu/books/case-climate-engineering.

———. „Geoengineering the Climate: History and Prospect“. *Annual Review of Energy and the Environment* 25.1 (2000): 245–284. http://www.annualreviews.org/doi/abs/10.1146/annurev.energy.25.1.245?journalCode=energy.2.

———. „Photophoretic Levitation of Engineered Aerosols for Geoengineering“. *Proceedings of the National Academy of Sciences* 107.38 (2010): 16428–16431. http://www.pnas.org/content/107/38/16428.full.

Kemp, A. C. und B. P. Horton. „Contribution of Relative Sea-Level Rise to Historical Hurricane Flooding in New York City“. *Journal of Quarternary Science* 28.6 (2013): 537–541. http://onlinelibrary.wiley.com/doi/10.1002/jqs.2653/abstract.

Keohane, Nathaniel O. „Cap and Trade, Rehabilitated: Using Tradable Permits to Control U.S. Greenhouse Gases“. *Review of Environmental Economics and Policy* 3.1 (2009): 42–62. http://reep.oxfordjournals.org/content/3/1/42.abstract.

Keohane, Nathaniel O. und Gernot Wagner. „Judge a Carbon Market by Its Cap, Not Its Prices“. *Financial Times* (17. Juli 2013). http://www.ft.com/cms/s/0/de783c62-ee23-11e2-816e-00144feabdc0.html.

Khatiwala, S., F. Primeau und T. Hall. „Reconstruction of the History of Anthropogenic CO_2 Concentrations in the Ocean“. *Nature* 462.7271 (2009): 346–349. http://www.nature.com/nature/journal/v462/n7271/full/nature08526.html.

Kirk-Davidoff, Daniel B., Eric J. Hintsa, James G. Anderson und David W. Keith. „The Effect of Climate Change on Ozone Depletion through Changes in Stratospheric Water Vapour“. *Nature* 402.6760 (1999): 399–401. http://www.nature.com/nature/journal/v402/n6760/abs/402399a0.html.

Kirschbaum, Erik. „Germany Sets New Solar Power Record, Institute Says“. Reuters (Mai 2012). http://www.reuters.com/article/2012/05/26/us-climate-germany-solaridUSBRE84P0FI20120526.

Klepper, Gernot und Wilfried Rickels. „The Real Economics of Climate Engineering“. *Economics Research International* 2012.316564 (2012). http://www.hindawi.com/journals/econ/2012/316564/.

Klein, Naomi. „Capitalism vs. the Climate“. *Nation* (28. November 2011). http://www.thenation.com/article/164497/capitalism-vs-climate.

———. *This Changes Everything: Capitalism vs. the Climate*. Penguin, 2014.

Klier, Thomas und Joshua Linn. „New-Vehicle Characteristics and the Cost of the Corporate Average Fuel Economy Standard“. *RAND Journal of Economics* 43.1 (2012): 186–213. http://www.rff.org/rff/Documents/RFF-DP-10-50.pdf.

Klingman, William K. und Klingman, Nicholas P. *The Year without a Summer: 1816 and the Volcano That Darkened the World and Changed History.* St. Martin's Press, 2013.

Knight, Frank H. *Risk, Uncertainty, and Profit.* Hart, Schaffner and Marx, 1921. http://www.econlib.org/library/Knight/knRUP.html.

Knutti, Reto und Gabriele C. Hegerl. „The Equilibrium Sensitivity of the Earth's Temperature to Radiation Changes". *Nature Geoscience* 1.11 (2008): 735–743. http://www.nature.com/ngeo/journal/v1/n11/abs/ngeo337.html.

Kolbert, Elizabeth. *Field Notes from a Catastrophe: Man, Nature, and Climate Change.* Bloomsbury, 2006. http://books.google.com/books?id=Bd-uEKO7g4oC.

———. com/arts/critics/books/2009/11/16/091116crbo_books_kolbert.

———. *The Sixth Extinction: An Unnatural History.* Henry Holt, 2014.

Kopp, Robert E. und Bryan K. Mignone. „The U. S. Government's Social Cost of Carbon Estimates after Their First Two Years: Pathways for Improvement". *Economics: The Open-Access, Open-Assessment E-Journal* 6 (2012–2015): 1–41. http://dx.doi.org/10.5018/economics-ejournal.ja.2012-15.

Kravitz, Ben, Alan Robock, Luke Oman, Georgiy Stenchikov und Allison B. Marquardt. „Sulfuric Acid Deposition from Stratospheric Geoengineering with Sulfate Aerosols". *Journal of Geophysical Research: Atmospheres (1984–2012)* 114.D14 (2009). http://onlinelibrary.wiley.com/doi/10.1029/2009JD011918/abstract.

Krosnick, Jon A. „The Climate Majority". *New York Times* (8. Juni 2010). http://www.nytimes.com/2010/06/09/opinion/09krosnick.html?pagewanted=all&_r=1&.

„Kyoto Protocol to the united nations framework convention on climate change". *United Nations Framework Convention on Climate Change* (1997). http://unfccc.int

Laibson, David. „Golden Eggs and Hyperbolic Discounting". *Quarterly Journal of Economics* 112.2 (1997): 443–477. http://scholar.harvard.edu/laibson/publications/golden-eggs-and-hyperbolic-discounting.

Latham, John, Keith Bower, Tom Choularton, Hugh Coe, Paul Connolly, Gary Cooper, Tim Craft et al. „Marine Cloud Brightening". *Philosophical Transactions of the Royal Society: Mathematical, Physical and Engineering Sciences* 370.1974 (2012): 4217–4262. http://rsta.royalsocietypublishing.org/content/370/1974/4217.short.

Latham, John, Philip Rasch, Chih-Chieh Chen, Laura Kettles, Alan Gadian, Andrew Gettelman, Hugh Morrison, Keith Bower und Tom Choularton. „Global Temperature Stabilization via Controlled Albedo Enhancement of Low-Level Maritime Clouds". *Philosophical Transactions of the Royal Society* 366.1882 (2008): 3969–3987. http://rsta.royalsocietypublishing.org/content/366/1882/3969.short.

Lenton, Timothy M., Hermann Held, Elmar Kriegler, Jim W. Hall, Wolfgang Lucht, Stefan Rahmstorf und Hans Joachim Schellnhuber. „Tipping Elements in the Earth's Climate System". *Proceedings of the National Academy of Sciences* 105.6 (2008): 1786–1793. http://www.pnas.org/content/105/6/1786.full.pdf.

Le Quéré, C., G. P. Peters, R. J. Andres, R. M. Andrew, T. Boden, P. Ciais, P. Friedlingstein et al. „Global Carbon Budget 2013". *Earth System Science Data Discussions* 6.1 (2014): 235–263. http://www.earth-syst-sci-data.net/6/235/2014/essd-6-235-2014.html.

Leurig, Sharlene und Andrew Dlugolecki. *Insurer Climate Risk Disclosure Survey: 2012 Findings and Recommendations*. Ceres (März 2013). http://www.ceres.org/resources/reports/naic-report.

Levitt, Steven und Stephen Dubner. *SuperFreakonomics*. Harper Collins, 2010. http://www.superfreakonomicsbook.com/.

Lewis, Robert und Al Shaw. „After Sandy, Government Lends to Rebuild in Flood Zones". *ProPublica* und WNYC (März 2013). http://www.propublica.org/article/after-sandy-government-lends-to-rebuild-in-flood-zones.

Li, Qingxiang, Jiayou Huang, Zhihong Jiang, Liming Zhou, Peng Chu und Kaixi Hu. „Detection of Urbanization Signals in Extreme Winter Minimum Temperature Changes over Northern China". *Climatic Change* 122.4 (2014): 595–608. http://link.springer.com/article/10.1007/s10584-013-1013-z.

Liebreich, Michael. „Global Trends in Clean Energy Investment". *Bloomberg New Energy Finance*. Presentation given at the Clean Energy Ministerial in Delhi (17. April 2013). http://about.bnef.com/presentations/global-trends-in-clean-energy-investment/.

Liger-Belair, Gérard, Marielle Bourget, Sandra Villaume, Philippe Jeandet, Hervé Pron und Guillaume Polidori. „On the Losses of Dissolved CO_2 during Champagne Serving". *Journal of Agricultural and Food Chemistry* 58.15 (2010): 8768–8775. http://pubs.acs.org/doi/abs/10.1021/jf101239w.

Liger-Belair, Gérard, Guillaume Polidori und Philippe Jeandet. „Recent Advances in the Science of Champagne Bubbles". *Chemical Society Reviews* 37.11 (2008): 2490–2511. http://www.ncbi.nlm.nih.gov/pubmed/18949122.

Lin, Ning, Kerry Emanuel, Michael Oppenheimer und Erik Vanmarcke. „Physically Based Assessment of Hurricane Surge Threat under Climate Change". *Nature Climate Change* 2 (2012): 462–467. http://www.nature.com/nclimate/journal/v2/n6/abs/nclimate1389.html.

Litterman, Robert B. „The Other Reason for Divestment". Ensia.com (5. November 2013). http://ensia.com/voices/the-other-reason-for-divestment/.

———. „What Is the Right Price for Carbon Emissions?" *Regulation* (Sommer 2013). http://www.cato.org/sites/cato.org/files/serials/files/regulation/2013/6/regulation-v36n2-1-1.pdf.

Lott, Fraser C., Nikolaos Christidis und Peter A. Stott. „Can the 2011 East African Drought Be Attributed to Human-Induced Climate Change?" *Geophysical Research Letters* 40.6 (2013): 1177–1181. http://onlinelibrary.wiley.com/doi/10.1002/grl.50235/abstract.

Lovett, Ken. „Gov. Cuomo: Sandy as Bad as Anything I've Experienced in New York". *New York Daily News* (30. Oktober 2012). http://www.nydailynews.com/blogs/dailypolitics/2012/10/gov-cuomo-sandy-as-bad-as-anything-ive-experienced-in-new-york.

Lynas, Mark. *Six Degrees: Our Future on a Hotter Planet*. Fourth Estate, 2007.

Machiavelli, Niccolò. *Der Fürst*. Übersetzt von A. W. Rehberg. 1532. http://www.gutenberg.org/files/39816/39816-h/39816-h.html.

MacKay, David J.C. *Sustainable Energy – without the Hot Air*. UIT Cambridge, 2009. www.withouthotair.com.

Major, Julie, Johannes Lehmann, Marco Rondon und Christine Goodale. „Fate of Soil-Applied Black Carbon: Downward Migration, Leaching and Soil Respiration". *Global Change Biology* 16 (2010): 1366–1379. http://www.css.cornell.edu/faculty/lehmann/publ/GlobalChangeBiol%2016,%201366-1379,%202010%20Major.pdf.

Margolis, Joshua D., Hillary Anger Elfenbein und James P. Walsh. „Does It Pay to Be Good … and Does It Matter? A Meta-Analysis of the Relationship between Corporate Social and Financial Performance". SSRN Working paper (1. März 2009). http://ssrn.com/abstract=1866371.

Marlon, J.R., Leiserowitz, A. und Feinberg, G. „Scientific and Public Perspectives on Climate Change". Yale University, Yale Project on Climate Change Communication (2013). http://environment.yale.edu/climate-communication/files/ClimateNote_Consensus_Gap_Mai2013_FINAL6.pdf.

Mastrandrea, Michael D., Katharine J. Mach, Gian-Kasper Plattner, Ottmar Edenhofer, Thomas F. Stocker, Christopher B. Field, Kristie L. Ebi und Patrick R. Matschoss. „The IPCC AR5 Guidance Note on Consistent Treatment of Uncertainties: A Common Approach across the Working Groups". *Climatic Change* 108.4 (2011): 675–691. http://link.springer.com/content/pdf/10.1007/s10584-011-0178-6.pdf.

Matthews, H. Damon und Ken Caldeira. „Transient Climate–Carbon Simulations of Planetary Geoengineering". *Proceedings of the National Academy of Sciences* 104.24 (2007): 9949–9954. http://www.pnas.org/content/104/24/9949.short.

Matthews, H. Damon, Nathan P. Gillett, Peter A. Stott und Kirsten Zickfeld. „The Proportionality of Global Warming to Cumulative Carbon Emissions". *Nature* 459.7248 (2009): 829–832. http://www.nature.com/nature/journal/v459/n7248/full/nature08047.html.

Mauna Loa Observatory, National Oceanic and Atmospheric Administration (NOAA). http://www.esrl.noaa.gov/gmd/obop/mlo/.

McClellan, Justin, David W. Keith und Jay Apt. „Cost Analysis of Stratospheric Albedo Modification Delivery Systems". *Environmental Research Letters* 7.3 (2012): 034019. http://iopscience.iop.org/1748-9326/7/3/034019.

McCormick, M. Patrick, Larry W. Thomason und Charles R. Trepte. „Atmospheric Effects of the Mt. Pinatubo Eruption". *Nature* 373.6513 (1995): 399–404. http://www.nature.com/nature/journal/v373/n6513/abs/373399a0.html.

McGranahan, Gordon, Deborah Balk und Bridget Anderson. „The Rising Tide: Assessing the Risks of Climate Change and Human Settlements in Low Elevation Coastal Zones". *Environment and Urbanization* 19.1 (2007): 17–37. http://eau.sagepub.com/content/19/1/17.

McKibben, Bill. „Global Warming's Terrifying New Math". *Rolling Stone* (2. August 2012). http://www.rollingstone.com/politics/news/global-warmings-terrifying-new-math-20120719.

Meehl, Gerald A., Aixue Hu, Claudia Tebaldi, Julie M. Arblaster, Warren M. Washington, Haiyan Tang, Benjamin M. Sanderson, Toby Ault, Warren

G. Strand und James B. White III. „Relative Outcomes of Climate Change Mitigation Related to Global Temperature versus Sea-Level Rise". *Nature Climate Change* 2 (2012): 576–580. http://www.nature.com/nclimate/journal/v2/n8/full/nclimate1529.html.

Mehra, Rajnish. „The Equity Premium Puzzle: A Review". *Foundations and Trends in Finance*, 2.1 (2008): 1–81. http://papers.ssrn.com/sol3/papers.cfm?abstract_id=1624986.

Melillo, Jerry M., Terese (T.C.) Richmond und Gary W. Yohe, Hrsg.: *Climate Change Impacts in the United States: The Third National Climate Assessment*. U.S. Global Change Research Program (2014). doi:10.7930/J0Z-31WJ2.

Mellström, Carl und Magnus Johannesson. „Crowding Out in Blood Donation: Was Titmuss Right?" *Journal of the European Economic Association* 6.4 (2008): 845–863. http://onlinelibrary.wiley.com/doi/10.1162/JEEA.2008.6.4.845/abstract.

Mendelsohn, Robert, Kerry Emanuel, Shun Chonabayashi und Laura Bakkensen. „The Impact of Climate Change on Global Tropical Cyclone Damage". *Nature Climate Change* 2.3 (2012): 205–209. http://www.nature.com/nclimate/journal/v2/n3/full/nclimate1357.html.

Mendelsohn, Robert, Wendy Morrison, Michael E. Schlesinger und Natalia G. Andronova. „Country-Specific Market Impacts of Climate Change". *Climatic Change* 45.3–4 (2000): 553–569. http://link.springer.com/article/10.1023%2FA%3A1005598717174.

Meng, Kyle C. „Estimating the Cost of Climate Policy Using Prediction Markets and Lobbying Records". Ph. D. dissertation, Columbia University, 2013. https://dl.dropboxusercontent.com/u/3015077/Website/Meng_cap_trade_Aug2013.pdf.

Menon, Surabi, Hashem Akbari, Sarith Mahanama, Igor Sednev und Ronnen Levinson. „Radiative Forcing and Temperature Response to Changes in Urban Albedos and Associated CO_2 Offsets", *Environmental Research Letters* 5.1 (2010). http://iopscience.iop.org/1748-9326/5/1/014005.

Metcalf, Gilbert E., „Designing a Carbon Tax to Reduce U.S. Greenhouse Gas Emissions". *Review of Environmental Economics and Policy* 3.1 (2009): 63–83. http://reep.oxfordjournals.org/content/3/1/63.abstract.

Metz, Tim, Alan Murray, Thomas E. Ricks und Beatrice E. Garcia. „The Crash of '87: Stocks Plummet 508 Amid Panicky Selling". *Wall Street Journal*

(20. Oktober 1987). http://online.wsj.com/article/SB10000872396390444734804578064571593598196.html.

Miller, Bruce G. *Coal Energy Systems.* Elsevier Academic Press, 2005. http://books.google.com/books/about/Coal_Energy_Systems.html?id=PYyJEEyJN94C.

Millner, Antony, Simon Dietz und Geoffrey Heal. „Scientific Ambiguity and Climate Policy“. *Environmental and Resource Economics* 55.1 (2013): 21–46.

Monastersky, R. „Global Carbon Dioxide Levels Near Worrisome Milestone“. *Nature* 497.7447 (2013): 13. http://www.nature.com/news/global-carbon-dioxide-levels-near-worrisome-milestone-1.12900.

Morris, Eric. „From Horse Power to Horsepower“. *Access* 30 (2007): 2–9. http://www.uctc.net/access/30/Access%2030%20-%2002%20-%20Horse%20Power.pdf.

Morris, Errol. „The Certainty of Donald Rumsfeld“. *New York Times* Opinionator, 4-part series (März 2014). http://opinionator.blogs.nytimes.com/2014/03/25/the-certainty-of-donald-rumsfeld-part-1/.

Morris, Ian. *Why the West Rules – for Now: The Patterns of History and What They Reveal about the Future.* Farrar Straus and Giroux, 2010. http://books.google.com/books?id=qNVrfoSubmIC.

Moyer, Elisabeth, Michael D. Woolley, Michael Glotter und David A. Weisbach. „Climate Impacts on Economic Growth as Drivers of Uncertainty in the Social Cost of Carbon“. *Center for Robust Decision Making on Climate and Energy Policy Working Paper* 13 (2013): 25. http://www.law.uchicago.edu/files/file/652-ejm-mdw-mjg-daw-climate-new.pdf.

Nabuurs, Gert-Jan, Marcus Lindner, Pieter J. Verkerk, Katja Gunia, Paola Deda, Roman Michalak und Giacomo Grassi. „First Signs of Carbon Sink Saturation in European Forest Biomass“. *Nature Climate Change* 3.9 (2013): 792–796. http://www.nature.com/nclimate/journal/v3/n9/full/nclimate1853.html.

„NASA Authorization Act of 2005“ (Public Law No. 109–155, 119 Stat. 2895, 2005). http://www.gpo.gov/fdsys/pkg/PLAW-109publ155/pdf/PLAW-109publ155.pdf.

National Disaster Risk Reduction and Management Council. Situation Report No. 38 re Effects of Typhoon „PABLO“ (BOPHA), 25. Dezember 2012. http://www.ndrrmc.gov.ph/attachments/article/835/Update%20Sitrep%20No.%2038.pdf.

„Near-Earth Object Survey and Deflection Analysis of Alternatives". NASA, 2007. http://www.nasa.gov/pdf/171331main_NEO_report_march07.pdf.

Newell, Richard G. und William A. Pizer. „Regulating Stock Externalities under Uncertainty", *Journal of Environmental Economics and Management* 45.2 (2003): 416–432. http://www.sciencedirect.com/science/article/pii/S0095069602000165.

Nguyen B. T., J. Lehmann, J. Kinyangi, R. Smernik, S. J. Riha und M. H. Engelhard. „Long-Term Black Carbon Dynamics in Cultivated Soil". *Biogeochemistry* 89.3 (2008): 295–308. http://link.springer.com/article/10.1007%2Fs10533-008-9220-9.

„Nigeria Restores Fuel Subsidy to Quell Nationwide Protests". *Guardian* (16. Jänner 2012). http://www.guardian.co.uk/world/2012/jan/16/nigeria-restores-fuel-subsidy-protests.

Nordhaus, William D. *The Climate Casino: Risk, Uncertainty, and Economics for a Warming World.* Yale University Press, 2013. http://www.amazon.com/The-Climate-Casino-Uncertainty-Economics/dp/030018977X.

———. „Economic Aspects of Global Warming in a Post-Copenhagen Environment". *Proceedings of the National Academy of Sciences* 107.26 (2010): 11721–11726. http://www.pnas.org/content/107/26/11721.full.

———. „Estimates of the Social Cost of Carbon: Concepts and Results from the DICE-2013R Model and Alternative Approaches". *Journal of the Association of Environmental and Resource Economists* 1.1 (2014): 273–312. http://dx.doi.org/10.1086/676035.

———. „Optimal Greenhouse Gas Reductions and Tax Policy in the 'DICE' Model". *American Economic Review* 83.2 (1993): 313–317. http://ideas.repec.org/a/aea/aecrev/v83y1993i2p313-17.html.

———. „An Optimal Transition Path for Controlling Greenhouse Gases". *Science* 258.5086 (1992): 1315–1319. http://www.sciencemag.org/content/258/5086/1315.

———. „To Slow or Not to Slow: The Economics of the Greenhouse Effect". *Economic Journal* 101.407 (1991): 920–937. http://ideas.repec.org/a/ecj/econjl/v101y1991i407p920-37.html.

Normile, Dennis. „Clues to Supertyphoon's Ferocity Found in the Western Pacific". *Science* 342.6162 (2013): 1027. http://www.sciencemag.org/content/342/6162/1027.short.

OECD. *Inventory of Estimated Budgetary Support and Tax Expenditures for Fossil Fuels 2013.* OECD Publishing, 2013. http://dx/doi.org/10.1787/9789264187610-en.

Office of Management and Budget (OMB). „Circular No. A-94 Revised" (29. Oktober 1992). http://www.whitehouse.gov/omb/circulars_a094.

Ogburn, Stephanie Paige. „How Media Pushed Climate Change 'Pause' into the Mainstream". *Environment and Energy Publishing* (4. November 2013). http://www.eenews.net/stories/1059989863.

———. „What's in a Name? Would 'the Pause' by Any Other Name Help Scientists Communicate?" *Environment and Energy Publishing* (1. November 2013). http://www.eenews.net/stories/1059989790.

Oleson, Keith W., G. B. Bonan und J. Feddema. „Effects of White Roofs on Urban Temperature in a Global Climate Model". *Geophysical Research Letters* 37.3 (2010). http://onlinelibrary.wiley.com/doi/10.1029/2009GL042194/abstract.

Olivier, Jos, Greet Janssens-Maenhous, Marilena Muntean und Jeroen Peters. „Trends in Global CO_2 Emissions: 2013 Report". PBL Netherlands Environmental Assessment Agency and European Commission Joint Research Center, 2013. http://edgar.jrc.ec.europa.eu/news_docs/pbl-2013-trends-in-global-co2-emissions-2013-report-1148.pdf.

„Operation Ivy". U. S. Nuclear Weapons Archive (zuletzt geändert 1999). http://nuclearweaponarchive.org/Usa/Tests/Ivy.html.

Otto, F. E. L., N. Massey, G. J. Oldenborgh, R. G. Jones und M. R. Allen. „Reconciling Two Approaches to Attribution of the 2010 Russian Heat Wave". *Geophysical Research Letters* 39.4 (2012). http://onlinelibrary.wiley.com/doi/10.1029/2011GL050422/abstract.

Pall, Pardeep, Tolu Aina, Daithi A. Stone, Peter A. Stott, Toru Nozawa, Arno G. J. Hilberts, Dag Lohmann und Myles R. Allen. „Anthropogenic Greenhouse Gas Contribution to Flood Risk in England and Wales in Autumn 2000". *Nature* 470.7334 (2011): 382–385. http://www.nature.com/nature/journal/v470/n7334/abs/nature09762.html.

Palumbi, Stephen R., Daniel J. Barshis, Nikki Traylor-Knowles und Rachael A. Bay. „Mechanisms of Reef Coral Resistance to Future Climate Change". *Science* 344.6186 (2014): 895–898. http://www.sciencemag.org/content/early/2014/04/23/science.1251336.abstract.

Parfit, Derek „Five Mistakes in Moral Mathematics". Kap. 3 in: *Reasons and Persons*. Oxford University Press, 1986. 67–86. http://www.oxfordscholarship.com/view/10.1093/019824908X.001.0001/acprof-9780198249085.

Parris, A., P. Bromirski, V. Burkett, D. Cayan, M. Culver, J. Hall, R. Horton, K. Knuuti, R. Moss, J. Obeysekera, A. Sallenger und J. Weiss. „Global Sea Level Rise Scenarios for the United States National Climate Assessment". National Oceanic and Atmospheric Administration Tech Memo OAR CPO (2012). http://cpo.noaa.gov/sites/cpo/Reports/2012/NOAA_SLR_r3.pdf.

Parson, Edward A. „The Big One: A Review of Richard Posner's Catastrophe: Risk and Response". *Journal of Economic Literature* 45.1 (2007): 147–164. http://www.jstor.org/discover/10.2307/27646750.

Parson, Edward A. und David W. Keith. „End the Deadlock on Governance of Geoengineering Governance". *Science* 339.6125 (2013): 1278–1279. http://www.sciencemag.org/content/339/6125/1278.

Peterson, Thomas C., Peter A. Stott und Stephanie Herring. „Explaining Extreme Events of 2011 from a Climate Perspective". *Bulletin of the American Meteorological Society* 93.7 (2012): 1041–1067. http://journals.ametsoc.org/doi/abs/10.1175/BAMS-D-12-00021.1.

Pew Global Attitudes Project (Juni 2013). http://www.pewglobal.org/files/2013/06/Pew-Research-Center-Global-Attitudes-Project-Global-Threats-Report-FINAL-June-24-20131.pdf.

Pew Research Center / USA Today Survey (21. Februar 2013). http://www.people-press.org/files/legacy-pdf/02-21-13%20Political%20Release.pdf.

„Philippines: Typhoon Haiyan Situation Report No. 34". United Nations Office for the Coordination of Humanitarian Affairs (2013). http://reliefweb.int/sites/reliefweb.int/files/resources/OCHAPhilippinesTyphoonHaiyanSitrepNo.34.28Jan2014.pdf.

Pigou, Arthur. 1920. *The Economics of Welfare*. 4th ed. Macmillan, 1932. http://www.econlib.org/library/NPDBooks/Pigou/pgEW20.html#Part II, Chapter 9.

Piketty, Thomas. *Capital in the 21st Century*. Harvard University Press, 2014. http://www.hup.harvard.edu/catalog.php?isbn=9780674430006.

Pindyck, Robert S., „Climate Change Policy: What Do the Models Tell Us?" *Journal of Economic Literature* 51.3 (2013): 860–872. http://www.aeaweb.org/articles.php?f=s&doi=10.1257/jel.51.3.860.

Pongratz, Julia, D. B. Lobell, L. Cao und K. Caldeira. „Crop Yields in a Geoengineered Climate“. *Nature Climate Change* 2.2 (2012): 101–105. http://www.nature.com/nclimate/journal/v2/n2/full/nclimate1373.html.

Posner, Richard A. *Catastrophe: Risk and Response*. Oxford University Press, 2004. http://books.google.com/books/about/Catastrophe_Risk_and_Response.html?id=SDe59lXSrY8C.

„Pressure Continues: Stocks Sink Lower under Record Volume of Liquidation“. *Wall Street Journal* (30. Oktober 1929).

Previdi, M., B. G. Liepert, D. Peteet, J. Hansen, D. J. Beerling, A. J. Broccoli, S. Frolking et al. „Climate Sensitivity in the Anthropocene“. *Quarterly Journal of the Royal Meteorological Society* 139.674 (2013): 1121–1131. http://onlinelibrary.wiley.com/doi/10.1002/qj.2165/abstract.

Pun, Iam-Fei, I-I. Lin und Min-Hui Lo. „Recent Increase in High Tropical Cyclone Heat Potential Area in the Western North Pacific Ocean“. *Geophysical Research Letters* 40.17 (2013): 4680–4684. http://onlinelibrary.wiley.com/doi/10.1002/grl.50548/abstract.

Rahmstorf, Stefan und Dim Coumou. „Increase of Extreme Events in a Warming World“. *Proceedings of the National Academy of Sciences* 108.44 (2011): 17905–17909. http://www.pnas.org/content/108/44/17905.short.

Ramanathan, Veerabhadran und Yan Feng. „On Avoiding Dangerous Anthropogenic Interference with the Climate System: Formidable Challenges Ahead“. *Proceedings of the National Academy of Sciences* 105.38 (2008): 14245–14250. http://www.pnas.org/content/105/38/14245.short.

Rau, Greg H. „CO_2 Mitigation via Capture and Chemical Conversion in Seawater“. *Environmental Science and Technology* 45.3 (2010): 1088–1092. http://pubs.acs.org/doi/abs/10.1021/es102671x.

Rayner, Steve, Clare Heyward, Tim Kruger, Nick Pidgeon, Catherine Redgwell und Julian Savulescu. „The Oxford Principles“. *Climatic Change* 121.3 (2013): 499–512. http://link.springer.com/article/10.1007/s10584-012-0675-2#page-1.

Reichstein, Markus, Michael Bahn, Philippe Ciais, Dorothea Frank, Miguel D. Mahecha, Sonia I. Seneviratne, Jakob Zscheischier et al. „Climate Extremes and the Carbon Cycle“. *Nature* 500.7462 (2013): 287–295. http://www.nature.com/nature/journal/v500/n7462/full/nature12350.html.

„Report: The After Action Review / Lessons Learned Workshops for Typhoon Bopha Response“. United Nations Office for the Coordination of Humanitarian Affairs (2013). http://reliefweb.int/sites/reliefweb.int/files/resources/Bopha%20AAR-LLR%20Report%202013_FINAL_14%20June%202013.pdf.

Revesz, Richard und Michael Livermore. *Retaking Rationality: How Cost-Benefit Analysis Can Better Protect the Environment and Our Health.* Oxford University Press, 2008. http://www.amazon.com/Retaking-Rationality-Benefit-Analysis-Environment/dp/0195368576.

Ricke, Katharine L., M. Granger Morgan und Myles R. Allen. „Regional Climate Response to Solar-Radiation Management“. *Nature Geoscience* 3.8 (2010): 537–541. http://www.nature.com/ngeo/journal/v3/n8/full/ngeo915.html.

Rignot, E., J. Mouginot, M. Morlighem, H. Seroussi und B. Scheuchl. „Widespread, Rapid Grounding Line Retreat of Pine Island, Thwaites, Smith and Kohler Glaciers, West Antarctica from 1992 to 2011“. *Geophysical Research Letters* 41.10 (2014): 3502–3509. http://onlinelibrary.wiley.com/doi/10.1002/2014GL060140/abstract.

Risky Business Project. Risky Business: The Economic Risks of Climate Change in the United States. 2014. http://riskybusiness.org.

Robine, Jean-Marie, Siu Lan K. Cheung, Sophie Le Roy, Herman Van Oyen, Claire Griffiths, Jean-Pierre Michel, François Richard Herrmann. „Death Toll Exceeded 70,000 in Europe during the Summer of 2003“. Comptes rendus biologies 331.2 (2008): 171–178. http://www.sciencedirect.com/science/article/pii/S1631069107003770.

Robock, Alan. „20 Reasons Why Geoengineering May Be a Bad Idea“. Bulletin of the Atomic Scientists 64.2 (2008): 14–18, 59. http://www.atmos.washington.edu/academics/classes/2012Q1/111/20Reasons.pdf.

———. „Is Geoengineering Research Ethical?“ Peace and Security 4 (2012): 226–229. http://climate.envsci.rutgers.edu/pdf/GeoResearchEthics.pdf.

Robock, Alan, L. Oman und G. L. Stenchikov. „Regional Climate Responses to Geoengineering with Tropical and Arctic SO_2 Injections“. Journal of Geophysical Research 113.D16 (2008): D16101. http://onlinelibrary.wiley.com/doi/10.1029/2008JD010050/abstract.

Roe, Gerard. „Costing the Earth: A Numbers Game or a Moral Imperative?“ Weather, Climate, and Society 5.4 (2013): 378–380. http://journals.ametsoc.org/doi/abs/10.1175/WCAS-D-12-00047.1.

Roe, Gerard H. und Yoram Bauman. „Climate Sensitivity: Should the Climate Tail Wag the Policy Dog?“ Climatic Change 117.4 (2013): 647–662. http://link.springer.com/article/10.1007/s10584-012-0582-6.

Rosenthal, Elisabeth. „Your Biggest Carbon Sin May Be Air Travel“. New York Times (27. Jänner 2013): SR4. http://www.nytimes.com/2013/01/27/sunday-review/the-biggest-carbon-sin-air-travel.html.

Rosenzweig, C. und W. Solecki, Hrsg. „Climate Risk Information 2013: Observations, Climate Change Projections, and Maps“. New York City Panel on Climate Change (Juni 2013). http://www.nyc.gov/html/planyc2030/downloads/pdf/npcc_climate_risk_information_2013_report.pdf.

Roston, Eric. The Carbon Age: How Life's Core Element Has *Become Civilization's Greatest Threat*. Bloomsbury Publishing USA, 2009. http://www.ericroston.com/.

Rottenberg, Dan. *In the Kingdom of Coal*. Routledge, 2003. http://books.google.com/books/about/In_the_Kingdom_of_Coal.html?id=-VL8YWx2X8asC.

Rowley, Rex J., John C. Kostelnick, David Braaten, Xingong Li und Joshua Meisel. „Risk of Rising Sea Level to Population and Land Area“. *Eos, Transactions American Geophysical Union* 88.9 (2007): 105–107. http://onlinelibrary.wiley.com/doi/10.1029/2007EO090001/abstract.

Royal Society. „Geoengineering the Climate: Science, Governance and Uncertainty“ (September 2009). http://royalsociety.org/uploadedFiles/Royal_Society_Content/policy/publications/2009/8693.pdf.

Rumsfeld, Donald. „Press Conference at NATO Headquarters“. Brüssel, Belgien (6. Juni 2002). http://www.defense.gov/transcripts/transcript.aspx?transcriptid=3490.

Rybczynski, Natalia, John C. Gosse, C. Richard Harington, Roy A. Wogelius, Alan J. Hidy und Mike Buckley. „Mid-Pliocene Warm-Period Deposits in the High Arctic Yield Insight into Camel Evolution“. *Nature Communications* 4 (2013): 1550. http://www.nature.com/ncomms/journal/v4/n3/full/ncomms2516.html.

Salter, Stephen, Graham Sortino und John Latham, „Sea-Going Hardware for the Cloud Albedo Method of Reversing Global Warming“. *Philosophical Transactions of the Royal Society* 366.1882 (2008): 3989–4006. http://rsta.royalsocietypublishing.org/content/366/1882/3989.full.

Samuelson, William und Richard Zeckhauser. „Status Quo Bias in Decision Making“. *Journal of Risk and Uncertainty* 1.1 (1988): 7–59. http://dtserv2.compsy.uni-jena.de/__C125757B00364C53.nsf/0/F0CC3CAE039C8B-42C125757B00473C77/$FILE/samuelson_zeckhauser_1988.pdf.

Sandel, Michael J. Justice: What's the Right Thing to Do? Farrar Strauss and Giroux, 2009. http://www.justiceharvard.org/.

———. „Market Reasoning as Moral Reasoning: Why Economists Should Re-engage with Political Philosophy“. Journal of Economic Perspectives 27.4 (2013): 121–140. http://pubs.aeaweb.org/doi/pdfplus/10.1257/jep.27.4.121.

Sandsmark, Maria und Haakon Vennemo, „A Portfolio Approach to Climate Investments: CAPM and Endogenous Risk“. Environmental and Resource Economics 37.4 (2007): 681–695. http://link.springer.com/article/10.1007/s10640-006-9049-4#page-1.

Schelling, Thomas, „The Economic Diplomacy of Geoengineering“. Climatic Change 33.3 (1996): 303–307. http://link.springer.com/article/10.1007%2FBF00142578.

Schlosser, Eric. Command and Control. Penguin, 2013.

Schmidt, Gavin und Stefan Rahmstorf. „11 °C Warming, Climate Crisis in 10 Years?“ RealClimate.org (29. Jänner 2005). http://www.realclimate.org/index.php/archives/2005/01/climatepredictionnet-climate-challenges-and-climate-sensitivity/.

Schneider, Stephen H. Science as a Contact Sport. National Geographic Society, 2009. http://www.amazon.com/Science-Contact-Sport-Inside-Climate/dp/1426205406.

Self, Stephen, Jing-Xia Zhao, Rick E. Holasek, Ronnie C. Torres und Alan J. King. „The Atmospheric Impact of the 1991 Mount Pinatubo Eruption“. U. S. Geological Survey, 1999. http://pubs.usgs.gov/pinatubo/self/index.html.

Shepherd, Andrew, Erik R. Ivins, A. Geruo, Valentina R. Barletta, Mike J. Bentley, Srinivas Bettadpur, Kate H. Briggs et al. „A Reconciled Estimate of Ice-Sheet Mass Balance“. Science 338.6111 (2012): 1183–1189. http://www.sciencemag.org/content/338/6111/1183.

Sherwood, Steven C., Sandrine Bony und Jean-Louis Dufresne. „Spread in Model Climate Sensitivity Traced to Atmospheric Convective Mixing“. Nature 505.7481 (2014): 37–42. http://www.nature.com/nature/journal/v505/n7481/full/nature12829.html.

Shoemaker, Julie K. und Daniel P. Schrag. „The Danger of Overvaluing Methane's Influence on Future Climate Change". Climatic Change 120.4 (2013): 903–914. http://link.springer.com/article/10.1007/s10584-013-0861-x.

Silver, Nate. „Crunching the Risk Numbers". *Wall Street Journal* (8. Jänner 2010). http://online.wsj.com/news/articles/SB1000142405274870348100457464696371306511.

Socolow, Robert. „Truths We Must Tell Ourselves to Manage Climate Change". Vanderbilt Law Review 65.6 (2012): 1455–1478. http://www.vanderbiltlawreview.org/content/articles/2012/11/Socolow_-65_Vand_L_Rev_1455.pdf.

Solomon, Pierrehumbert, Damon Matthews, John S. Daniel und Pierre Friedlingstein. „Atmospheric Composition, Irreversible Climate Change, and Mitigation Policy". In: *Climate Science for Serving Society.* Springer Netherlands, 2013. 415–436. http://link.springer.com/chapter/10.1007/978-94-007-6692-1_15.

Solomon, Susan, Gian-Kasper Plattner, Reto Knutti und Pierre Friedlingstein. „Irreversible Climate Change Due to Carbon Dioxide Emissions". Proceedings of the National Academy of Sciences 106.6 (2009): 1704–1709. http://www.pnas.org/content/early/2009/01/28/0812721106.abstract.

Specter, Michael. „The First Geo-Vigilante". *New Yorker* (Oktober 2012). http://www.newyorker.com/online/blogs/newsdesk/2012/10/the-first-geo-vigilante.html.

„Statistic Data on the German Solar Power (Photovoltaic) Industry". *Bundesverband Solarwirtschaft* (Juni 2013). http://www.solarwirtschaft.de/fileadmin/media/pdf/2013_2_BSW-Solar_fact_sheet_solar_power.pdf.

Stenchikov, Georgiy L., Ingo Kirchner, Alan Robock, Hans-F. Graf, Juan Carlos Antuna, R. G. Grainger, Alyn Lambert und Larry Thomason. „Radiative Forcing from the 1991 Mount Pinatubo Volcanic Eruption". *Journal of Geophysical Research: Atmospheres (1984–2012)* 103.D12 (1998): 13837–13857. http://onlinelibrary.wiley.com/doi/10.1029/98JD00693/abstract.

Stephens, Phillip. „Major Puts ERM Membership on Indefinite Hold". *Financial Times* (25. September 1992).

Sterman, John D. „Risk Communication on Climate: Mental Models and Mass Balance". *Science* 322.5901 (2008): 532–533. http://www.sciencemag.org/content/322/5901/532.summary.

Stern, Nicholas. „The Structure of Economic Modeling of the Potential Impacts of Climate Change: Grafting Gross Underestimation of Risk onto Already Narrow Science Models“. *Journal of Economic Literature* 51.3 (2013): 838–859. http://www.aeaweb.org/articles.php?doi=10.1257/jel.51.3.838.

Sterner, Thomas, ed. *Fuel Taxes and the Poor: The Distributional Consequences of Gasoline Taxation and Their Implications for Climate Policy*. RFF Press, 2011. http://www.routledge.com/books/details/9781617260926/.

Sterner, Thomas und U. Martin Persson. „An Even Sterner Review: Introducing Relative Prices into the Discounting Debate“. *Review of Environmental Economics and Policy* 2.1 (2008): 61–76. http://reep.oxfordjournals.org/content/2/1/61.short.

Stocker, Thomas F. „The Closing Door of Climate Targets“. *Science* 339.6117 (2013): 280–282. http://www.sciencemag.org/content/339/6117/280.full?sid=a0ad9885-1715-4bff-a27f-54d5f68c15e2#ref-2.

Stommel, Henry M. *Volcano Weather: The Story of 1816, the Year without a Summer*. Seven Seas Press, 1983.

Stothers, Richard B. „The Great Tambora Eruption in 1815 and Its Aftermath“. *Science* 224.4654 (1984): 1191–1198. http://www.sciencemag.org/content/224/4654/1191.short.

Stott, Peter A., Myles Allen, Nikolaos Christidis, Randall M. Dole, Martin Hoerling, Chris Huntingford, Pardeep Pall, Judith Perlwitz und Dáithí Stone. „Attribution of Weather and Climate-Related Events“. In: *Climate Science for Serving Society*, hrsg. von Ghassem R. Asrar and James W. Hurrell. Netherlands: Springer, 2013. 307–337. http://link.springer.com/chapter/10.1007%2F978-94-007-6692-1_12.

Stott, Peter A., Dáithí Stone und Myles Allen. „Human Contribution to the European Heatwave of 2003“. *Nature* 432.7017 (2. Dezember 2004): 610–614. http://www.nature.com/nature/journal/v432/n7017/abs/nature03089.html.

Strong, Aaron, Sallie Chisholm, Charles Miller und John Cullen. „Ocean Fertilization: Time to Move on“. *Nature* 461.7262 (2009): 347–348. http://www.nature.com/nature/journal/v461/n7262/full/461347a.html.

Summers, Lawrence H. „Comments on Richard Zeckhauser's Investing in the Unknown and Unknowable“. *Capitalism and Society 1.2 (September 2006)*. http://dx.doi.org/10.2202/1932-0213.1012.

Sunstein, Cass R. „Of Montreal and Kyoto: A Tale of Two Protocols". *Harvard Environmental Law Review* 31 (2007): 1. http://heinonline.org/HOL/LandingPage?collection=journals&handle=hein.journals/helr31&div=5&id=&page=.

———. *Worst-Case Scenarios*. Harvard University Press, 2007. http://www.hup.harvard.edu/catalog.php?isbn=9780674032514.

Survey Findings on Energy and the Economy. Institute for Energy Research, 12. Juli 2013. http://www.instituteforenergyresearch.org/wp-content/uploads/2013/07/IER-National-Survey.-Key-Findings.pdf.

Taleb, Nassim Nicholas. *The Black Swan: The Impact of the Highly Improbable Fragility*. Random House, 2010. http://www.fooledbyrandomness.com.

Talke, S. A., P. Orton und D. A. Jay. „Increasing Storm Tides in New York Harbor, 1844–2013". *Geophysical Research Letters* 41.9 (2014): 3149–355. http://onlinelibrary.wiley.com/doi/10.1002/2014GL059574/abstract.

„Technical Update of the Social Cost of Carbon for Regulatory Impact Analysis under Executive Order 12866". United States Government Interagency Working Group on Social Cost of Carbon (1. November 2013). http://www.whitehouse.gov/sites/default/files/omb/assets/inforeg/technical-update-social-cost-of-carbon-for-regulator-impact-analysis.pdf.

Thomas, E. „Biogeography of the Late Paleocene Benthic Foraminiferal Extinction". In: *Late Paleocene–Early Eocene Climatic and Biotic Events in the Marine and Terrestrial Records*, hrsg. von M. P. Aubry, S. C. Lucas und W. A. Berggren. Columbia University Press, 1998. 214–243. http://books.google.com/books?hl=en&lr=&id=BR-zAQAAQBAJ&oi.

Thomson, Judith Jarvis. „The Trolley Problem". *Yale Law Journal* 94.6 (1985): 1395–1415.

Thøgersen, John und Tom Crompton. „Simple and Painless? The Limitations of Spillover in Environmental Campaigning". WWF United Kingdom (2009). http://www.wwf.org.uk/research_centre/research_centre_results.cfm?uNewsID=2728.

„Threat of Space Objects Demands International Coordination, UN Team Says". UN News Center (Februar 2013). http://www.un.org/apps/news/story.asp?NewsID=44186&Cr=outer+space&Cr1=#.UnAt3JQ-vvA.

Titmuss, Richard M. *The Gift Relationship*. Allen and Unwin, 1970.

„Tobacco Shares Fall on Australian Packaging Rule". *Telegraph* (15. August 2013). http://www.telegraph.co.uk/finance/newsbysector/retailandconsumer/9476621/Tobacco-shares-fall-on-Australian-packaging-ruling.html.

Tol, Richard S. J. „Correction and Update: The Economic Effects of Climate Change“. *Journal of Economic Perspectives* 28.2 (2014): 221–226. http://pubs.aeaweb.org/doi/pdfplus/10.1257/jep.28.2.221.

———. „The Economic Impact of Climate Change in the 20th and 21st Centuries“. *Climatic Change* 117.4 (2013): 795–808. http://link.springer.com/article/10.1007%2Fs10584-012-0613-3.

———. „Estimates of the Damage Costs of Climate Change – Part I: Benchmark Estimates“. *Environmental and Resource Economics* 21.1 (2002): 47–73. http://link.springer.com/article/10.1023%2FA%3A1014500930521.

Tollefson, Jeff. „Hurricane Sandy Spins Up Climate Discussion“. *Nature: News* (30. Oktober 2012). http://www.nature.com/news/hurricane-sandy-spins-up-climate-discussion-1.11706.

———. „Ocean-Fertilization Project off Canada Sparks Furore“. *Nature* 490.7421 (2012): 458–459. http://www.nature.com/news/ocean-fertilization-project-off-canada-sparks-furore-1.11631.

Trenberth, Kevin E. und Aiguo Dai. „Effects of Mount Pinatubo Volcanic Eruption on the Hydrological Cycle as an Analog of Geoengineering“. *Geophysical Research Letters* 34: L15702 (2007). http://onlinelibrary.wiley.com/doi/10.1029/2007GL030524/abstract.

Tyndall, John. „XXIII. On the Absorption and Radiation of Heat by Gases and Vapours, and on the Physical Connexion of Radiation, Absorption, and Conduction—the Bakerian Lecture“. *London, Edinburgh, and Dublin Philosophical Magazine and Journal of Science* 22.146 (1861): 169–194. http://www.gps.caltech.edu/~vijay/Papers/Spectroscopy/tyndall-1861.pdf.

United Nations. *Our Common Future*. Report of the World Commission on Environment and Development (1987). http://www.un-documents.net/our-common-future.pdf.

U. S. Department of Defense. „Quadrennial Defense Review Report“. (Februar 2010). http://www.defense.gov/qdr/qdr%20as%20of%2026jan10%200700.pdf.

U. S. Environmental Protection Agency. „Climate Change Indicators in the United States: U. S. and Global Temperature“. 2012. http://www.epa.gov/climatechange/science/indicators/weather-climate/temperature.html.

———. „Drinking Water Contaminants“ (zuletzt aktualisiert im Juni 2013). http://water.epa.gov/drink/contaminants/.

———. „Overview of Greenhouse Gases: Carbon Dioxide Emissions“. http://www.epa.gov/climatechange/ghgemissions/gases/co2.html.

U. S. Global Change Research Program. „Climate Change Impacts in the United States“. 2014. http://nca2014.globalchange.gov/.

U. S. Supreme Court. Global-Tech Appliances, Inc., et al. v. SEB S.a. 563 No. 10–6 (31. Mai 2011). http://www.supremecourt.gov/opinions/10pdf/10-6.pdf.

van Benthem, Arthur, Kenneth Gillingham und James Sweeney. „Learning-by-Doing and the Optimal Solar Policy in California“. *Energy Journal* 29.3 (2008): 131–152. http://ideas.repec.org/a/aen/journl/2008v29-03-a07.html.

van den Bergh, J.C.J.M. und W.J.W. Botzen. „A Lower Bound to the Social Cost of CO_2 Emissions“. *Nature Climate Change* 4.4 (2014): 253–258. http://www.nature.com/nclimate/journal/v4/n4/full/nclimate2135.html.

Viscusi, W. Kip und Joseph E. Aldy. „The Value of a Statistical Life: A Critical Review of Market Estimates throughout the World“. *Journal of Risk and Uncertainty* 27.1 (2003): 5–76. http://www.nber.org/papers/w9487.

Vivid Economics. „The Implicit Price of Carbon in the Electricity Sector of Six Major Economies“. Report Prepared for the Climate Institute (Oktober 2010). http://www.vivideconomics.com/docs/Vivid%20Econ%20Implicit%20Carbon%20Prices.pdf.

Voosen, Paul. „Provoked Scientists Try to Explain Lag in Global Warming“. Environment and Energy Publishing, 2011. http://www.eenews.net/stories/1059955427.

Wagner, Gernot. *But Will the Planet Notice? How Smart Economics Can Save the World*. Hill and Wang, 2011. http://www.gwagner.com/planet.

———. „Going Green but Getting Nowhere“. *New York Times* (8. September 2011). http://www.nytimes.com/2011/09/08/opinion/going-green-but-getting-nowhere.html.

———. „Naomi Klein Is Half Right: Distorted Markets Are the Real Problem“. Grist.org (14. März 2012). http://grist.org/climate-change/naomi-klein-is-half-right-distorted-markets-are-the-real-problem/.

Wagner, Gernot und Martin L. Weitzman. „Playing God“. Foreign Policy.com (24. Oktober 2012). http://www.foreignpolicy.com/articles/2012/10/22/playing_god.

Wagner, Gernot und Richard J. Zeckhauser. „Climate Policy: Hard Problem, Soft Thinking". *Climatic Change* 110.3–4 (2012): 507–521. http://link.springer.com/article/10.1007%2Fs10584-011-0067-z.

Walter, K. M., S. A. Zimov, Jeff P. Chanton, D. Verbyla und F. S. Chapin III. „Methane Bubbling from Siberian Thaw Lakes as a Positive Feedback to Climate Warming". *Nature* 443.7107 (2006): 71–75. http://www.nature.com/nature/journal/v443/n7107/abs/nature05040.html.

Weaver, R. Kent. „The Politics of Blame Avoidance". *Journal of Public Policy* 6.4 (1986): 371–398. http://dx.doi.org/10.1017/S0143814X00004219.

Weitzman, Martin L. „Can Negotiating a Uniform Carbon Price Help to Internalize the Global Warming Externality?" NBER Working Paper No. 19644 (November 2013), in Vorbereitung im *Journal of the Association of Environmental and Resource Economists*. http://www.nber.org/papers/w19644.pdf.

———. „Fat-Tailed Uncertainty in the Economics of Catastrophic Climate Change". *Review of Environmental Economics and Policy* 5.2 (2011): 275–292. http://scholar.harvard.edu/weitzman/publications/fat-tailed-uncertainty-economics-catastrophic-climate-change-0.

———. „Fat Tails and the Social Cost of Carbon". *American Economic Review: Papers and Proceedings* 104.5 (2014): 544–546. http://dx.doi.org/10.1257/aer.104.5.544.

———. „Gamma discounting". *American Economic Review* 91.1 (2001): 260–271. http://scholar.harvard.edu/files/weitzman/files/gamma_discounting.pdf.

———. „GHG Targets as Insurance against Catastrophic Climate Damages". *Journal of Public Economic Theory* 14.2 (2012): 221–244. http://scholar.harvard.edu/weitzman/publications/ghg-targets-insurance-against-catastrophic-climate-damages-0.

———. „The Geoengineered Planet". In *In 100 Years*, hrsg. von Ignacio Palacios-Huerta. MIT Press, 2013. 145–163. http://scholar.harvard.edu/weitzman/publications/one-hundred-years-chapter-10-geoengineered-planet.

———. „On Modeling and Interpreting the Economics of Catastrophic Climate Change". *Review of Economics and Statistics* 91.1 (2009):1–19. http://scholar.harvard.edu/weitzman/publications/modeling-and-interpreting-economics-catastrophic-climate-change.

———. „Prices vs. Quantities". *Review of Economic Studies* 41.4 (1974): 477–491. http://www.jstor.org/discover/10.2307/2296698.

———. „Recombinant Growth". *Quarterly Journal of Economics* 113.2 (1998): 331–360. http://qje.oxfordjournals.org/content/113/2/331.short.

———. „A Review of the Stern Review on the Economics of Climate Change". *Journal of Economic Literature* 45.3 (2007): 703–724. http://www.aeaweb.org/articles.php?doi=10.1257/jel.45.3.703.

———. „Subjective Expectations and Asset-Return Puzzles". *American Economic Review* 97.4 (2007): 1102–1130. http://www.jstor.org/discover/10.2307/30034086.

———. „A Voting Architecture for the Governance of Free-Driver Externalities, with Application to Geoengineering". *Scandinavian Journal of Economics*, in Vorbereitung. http://scholar.harvard.edu/weitzman/publications/voting-architecture-governance-free-driver-externalities-application.

———. „What Is the 'Damages Function' for Global Warming – and What Difference Might it Make?" *Climate Change Economics* 1.1(2010): 57–69. http://scholar.harvard.edu/weitzman/publications/what-damages-function%E2%80%9F-global-warming-%E2%80%93-and-what-difference-might-it-make.

„What We Know: The Realities, Risks and Response to Climate Change". American Association for the Advancement of Science (2014). http://whatweknow.aaas.org/wp-content/uploads/2014/03/AAAS-What-We-Know.pdf.

White House Press Release. 6. August 1945, Harry S. Truman Library. https://www.trumanlibrary.org/whistlestop/study_collections/bomb/large/documents/index.php?documentdate=1945-08-06&documentid=59&studycollectionid=abomb&pagenumber=1.

Willis, Margaret M. und Juliet B. Schor. „Does Changing a Light Bulb Lead to Changing the World? Political Action and the Conscious Consumer". *Annals of the American Academy of Political and Social Science* 644.1 (2012): 160–90. http://ann.sagepub.com/content/644/1/160.abstract.

Wood, Graeme. „Re-engineering the Earth". *Atlantic* (Juni 2009). http://www.theatlantic.com/magazine/archive/2009/07/re-engineering-the-earth/307552/.

„The World of Civil Aviation: Facts and Figures". International Civil Aviation Organization. http://www.icao.int/sustainability/Pages/FactsFigures.aspx.

„World Energy Outlook: Energy Subsidies". International Energy Agency (November 2011). http://www.worldenergyoutlook.org/resources/energysubsidies/.

„World Energy Outlook 2013". International Energy Agency (2013). http://www.worldenergyoutlook.org/publications/weo-2013/.

World Resource Institute (WRI). Climate Analysis Indicators Tool. http://cait.wri.org.

Yienger, James J., Meredith Galanter, Tracey A. Holloway, Mahesh J. Phadnis, Sarath K. Guttikunda, Gregory R. Carmichael, Waller J. Moxim und Hiram Levy II. „The Episodic Nature of Air Pollution Transport from Asia to North America". *Journal of Geophysical Research* 105. D22 (2000): 26931–26945. http://onlinelibrary.wiley.com/doi/10.1029/2000JD900309/abstract.

Zeckhauser, Richard J. „Investing in the Unknown and Unknowable". *Capitalism and Society* 1.2, article 5 (2006). http://www.hks.harvard.edu/fs/rzeckhau/InvestinginUnknownandUnknowable.pdf.

Zweig, Jason. „What History Tells Us about the Market". *Wall Street Journal* (11. Oktober 2008). http://online.wsj.com/news/articles/SB122368241652024977.